Heibonsha Library

ョン

平凡社ライブラリー

Heibonsha Library

大森荘蔵セレクション

大森荘蔵著
飯田隆・丹治信春
野家啓一・野矢茂樹編

平凡社

本諸は、平凡社ライブラリーのオリジナル編集である。

底本には『大森荘蔵著作集』全一〇巻（岩波書店、一九九八―九九年）を用いた。

明らかな誤りを訂正したほか、平凡社ライブラリー編集に際しての注記は［　］で括った。

なお、本文中「本書」とあるのはその論文が収録された元の書物のことであり、記された頁数もその本におけるものである。

目次

はじめに

大森荘蔵のことをクワインは“difficult man”と評したという。むろん、大森は「気難しい」人でも「頑固な」人でもなかった。また、その論文が「難解」というわけでもない。“difficult”とはさしずめ「手ごわい」あるいは「一筋縄ではいかない」といった含意であろうか。少なくとも大森の哲学的議論は、戦後アメリカを代表する哲学者にそう形容させるだけの何かをもっていたということであろう。本書は、徹底した思索を平明達意の日本語に結晶させた大森哲学の軌跡を一望するために編まれたアンソロジーである。

大森は一九二一年に岡山市に生まれ、長じて東京帝国大学理学部で物理学を学び、卒業後は海軍技術中尉として「殺人光線の研究」(本人の言)に従事した。いわば真正の「戦中派」である。復員後、文学部哲学科に再入学した大森は、日本の哲学状況に飽き足らず、二度にわたるアメリカ留学を経て、科学哲学者・分析哲学者としての自己を確立する。その後の大森哲学の展開と変貌を、大まかに前期・中期・後期の三期に分けて概観しておこう。

前期はアメリカ留学から帰国後の一九五〇年代半ばから一九七〇年前後までの約十五年間で

あり、その成果は『言語・知覚・世界』(一九七一年)にまとめられた。この時期の大森は、留学中に摂取した分析哲学の方法を駆使しながら、独我論的色彩の濃い独自の議論を展開し、大森哲学の橋頭堡を築いた。本書第II部には、その面目を示す論文を収めている。

中期は「ことだま論」が発表された一九七三年から、東京大学を定年退官し、脳梗塞に倒れて入院加療を余儀なくされる一九八二年までの約十年間である。この時期には主著『物と心』(一九七六年)および『新視覚新論』(一九八二年)が刊行され、「立ち現われ一元論」の立場が確立される、大森哲学の収穫期と言ってよい。本書第III部に代表論文三篇を収録した。

後期は病気療養から復帰して執筆を再開した一九八〇年代半ばから一九九七年に病没するまでの十年余の期間である。大森はこの時期、時間、他我、脳と意識など年来の課題に決着をつけるべく、最後の力を振り絞って思索を深化させている。第IV部に収録した論文が示しているのは、文字通り「最後の大森哲学」の境位である。

他方で大森は、高校の国語教科書にも採録されているように、平易な哲学エッセイによって哲学の魅力を一般読者に伝えることにも心を砕いた。本書では『流れとよどみ』(一九八一年)から数篇を収録して第I部に配し、「大森哲学入門」の役割を担わせている。この門は、そのまま哲学の本道へと通じている。本アンソロジーが「哲学の謎」に挑もうとする未来の読者への歯応えのある贈り物ともなれば幸いである。

(野家啓一)

I

第I部はこの論文集への「イントロダクション」として、主に短い一般読者向けの文章を採録した。ここに採録した文章はすべて、大森荘蔵『流れとよどみ——哲学断章』（一九八一年）からのものである。この本は、現在は既に存在しないがかつて朝日新聞社から出版されていた週刊誌『朝日ジャーナル』に、一九七六年から七七年にかけて連載された、各回四〇〇〇字の哲学エッセイを十五篇収録した上で、最後に数篇のもっと長い（そして本格的な）論文を追加したものである。本書にはどれを採録したらよいかは、かなり難しい問題であったが、できるだけ大森の思考が色濃く表れ出ているものを選んだ。採録したのは、連載エッセイから五篇、比較的長い（そして非常に本格的な）論文一篇である。この最後の一篇である「夢みる脳、夢みられる脳」は、現代の脳神経科学者たちが考える、脳状態が原因となってわれわれの経験が産出されるのだ、という考えを、様々な思考実験的な状況に当てはめてみると、非常に奇妙な事態が生じてくることを、丹念に描いて見せた論文として、たいへん興味深いものである。この論文が、「イントロダクション」から第Ⅱ部以降の本格的な論文への「つなぎ」の役割を果たしてくれることを、期待している。

連載エッセイは、書かれた時期が、本書第Ⅲ部に収録した三つの論文に近く、第Ⅲ部の解説にある「立ち現われ一元論」の色調が濃い。しかしそれらのエッセイは、そうした自らの主張を論証するというよりも、むしろ読者に哲学的な「問題」をわかってほしい、しかも、「およそ哲学の気《け》などない明るい茶の間や台所の床板一枚下にはそれらの〈哲学的な〉問題や困惑がよどんでいる」(『流れとよどみ』「はじめに」)ことをわかってほしい、という論調で書かれている。「イントロダクション」として採録した所以である。

(丹治信春)

夢まぼろし

『流れとよどみ』1、一九八一年／初出：一九七六年

I

男について語るには女について語ればいいと言った人がいる。たしかに悪を語ることは善を語ることだし、狂気について語るのはまた正気について語ることだろう。そして何よりも、死について語ることは生について語ること以外のものではない。だから夢まぼろしについて語るのは実は現実について語ることなのである。夢や幻は現実の鏡像なのであり、夢物語は現実の裏話なのである。

だが、夢はともかく幻などはお話にきくだけで自分は見たことはない、自分は忙しくて幻などを見るひまはない、と言われる人も多いだろう。しかしこの世に実在しないものの姿や音を見聞きするのが幻だとすれば、誰でも幻をしょっちゅう見たり聞いたりしているのである。誰にせよ、およそ見間違いとか聞き違いといったものを全くしないで過ごした日があるだろうか。見間違える、見誤る、というのは現実を現実通りには見なかったのであり、だから現実にはな

いものを見たことなのである。また何かの見落としをするということも現実を現実通りには見なかったのだから、いわばネガティヴの幻を見たことではなかろうか。だから節穴同然の目をもった人はひっきりなしに幻の世界を見ているのであり、手品師は幻を見物させることで金をとっているのである。また裁判官は人がいかに幻を見やすいものであるかを痛感している(例えばストックホルム大学のトランケル教授の植村訳『証言のなかの真実』には豊富な事例があげられている)。

しかしこうもありふれた幻よりは古典的な堂々たる幻の方が都合がいいので幽霊を例にとろう。幽霊はどうして非のうちどころのない幻だと思われるのだろうか。それはもちろん、幽霊は足のあたりを別とすれば生き身の人間同様にまざまざと見えるのにさわれないからである。はっきり見えるがさわれない、これが幽霊のトレードマークであろう。この点で蜃気楼だとか鏡像だとかレンズの虚像だとかも半ば幽霊的なものといえる。だがどうして「さわれる」ということが現実と幻の識別の原理にされているのだろうか。それはほかでもない、「さわる」ということこそ現実性の核心だからである。われわれはさわれるものしか食べられない。いや、食べるということが食物を口で触れ、喉で触れ、胃で触れることにほかならないのである。また、触れることなしには子供は生まれない、そして何かに触れることなしには傷つかない、戦闘も防御も触れる触れないの争いなのである。「さわる」ということは人間の命の攻防の場なのである。

われわれは何を「現実」と呼んでいるのだろうか。それは何よりもまず自分自身の命にかかわることであろう。そしてそれとともにまた、自分の生きている状態とでもいえるもの、例えば苦痛や快楽、気分や感情とかである。否応なく自分の命と生とにかかわるもの、それがわれわれの現実の核である。

だから痛みには幻はありえないのである。激痛におそわれている人に向かって、君は今、痛みの幻覚におそわれているのであって本当は痛みなんてないんだよ、と言うことこそもっとも非現実的であろう。それと同様、悲しみや喜びや怒りにも幻はありえない。幻の賞金で喜ぶことはあっても、その喜び自体は幻ではありえない。ある妄想のため怒ることはあっても、その怒りは怒りの幻覚ではない。このように人間の生きることそのものである苦痛や感情に幻がありえないのと同様に、同じく生きることの核心である「さわる」ことにも幻はありえない。手で摑んで触れ、口で触れ、胃腸で触れるものが幻だということはありえない。そういうものこそわれわれが「現実」と呼んでいるものだからである。

それに対して幽霊が幻とされるのは、この人間の命の「現実」に疎遠だというがために過ぎない。この世に存在せぬ虚妄のものだからというのではない。幽霊はその傍らの柳の木と同様に存在したのである。「見えるが触れえぬもの」として存在したのである。それを幻と呼ぶのは、われわれが存在を二つに分類して「見えて触れうるもの」と「見えるが触れえないもの」とに区分したからである。だから幻は不可触《アンタッチャブル》な存在ではあるが、虚妄の非在ではない。存在のこの区分は存在と非在との区分ではなく、われわれの生き死ににかかわるものと、かかわらぬものとへの分類なのである（もっとも幽霊に驚いて心臓マヒを起こすこともありうるが）。それによって現実と幻とが区分けされ、真と偽とが区別される。だからこれらの区別はきわめて人間的な区別、というよりもむしろ動物的な区別なのである。

区別は区別された両方のものが存在していなくてはその働きを失ってしまう。すべての人間が正気であり善人であれば、狂気と正気、善人と悪人の区別は無用となるように。だが時に人はこのことを忘れる。例えば周知のごとく、デカルトはわれわれの経験する世界はすべて悪霊《デモン》の欺きではないか、という疑いを彼の議論の初めに置いた。しかし、歯痛や肩こり、重い病気、喜怒哀楽、食べ物飲み物、こうしたものまですべて幻である、というときにはもう「幻」という言葉はぬけがらになっている。幻の金で幻の食事をして幻の腹痛をおこし、幻の医者に更に幻の金をとられて幻的に怒る、ということになるからである。

人生すべてこれ夢なり、ということも額面どおりにとるならばこれと同じである。夢ということが意味をもつのは、覚醒がある限りにおいてだから。

いやそれにとどまらない。夢について語れるのはただ覚めている間だけではあるまいか。死について語れるのはただ生きている間だけであり、過去や未来を語れるのはただ現在只今だけであるように。つまり、そこに居ない間だけ語れるような「そこ」があるのである。劇中劇のように夢の中でまた夢を見たということはある。しかしその時の夢語りは第二次の夢についてであって、当の夢についてではない。夢は過去形で語るほかはない。夢から覚めて初めて夢を見たのである。

だから夢と覚めた世界とが比較される場合、夢にとって決定的に歩が悪い。相手の陣営の中でしか品定めされないのでどうしても影が薄くなる。第一にわれわれは夢をよく思い出せないのである。よく夢に色がついているか、いないかが話題になる。多くの人が自分の夢はまずだいたい色がないと言う。そういう人は自分の夢を何か白黒テレビの画面や白黒写真のようなものだと思っている。しかしその人が夢で会った肉親や友人の顔色や唇の色がある濃度の灰色だったと言うのだろうか。燃えさかる炎も灰色で、灰色の太陽の下で灰色の弁当を食べたと言うのだろうか。そんなはずはあるまい。ただそれらの色がよく思い出せないだけなのである(更に、白、黒、灰色、とて色の一種なのである)。

またしきりに夢のとりとめのなさが印象づけられる。今、川のほとりにいたかと思っていると山の上にいたり、一緒に歩いていた亡友が生きている女房になっていたり。人はこれらの神出鬼没や変身に驚く（もちろん夢の中でではなく覚めてからである）。しかし覚めた世界がやりきれないほどに平板であり、あまりにもありきたりであることには驚かないのである。

こうした不公平な比較から夢は何か幻覚的なものにされて、夢まぼろし、と言われることになる。しかし、もし夢がいま少し明瞭に思い出され、幾分なりと系統的であるとしたらどうだろうか。例えば月曜の夜ごとに続きものの夢を見る、といったような場合。その夢の生活が素晴らしいものであれば恐らく人は月曜を待ちこがれ、他の曜日はただ月曜を待つための日々になるのではあるまいか。その人にとってはその夢の暮らしの方がより「現実的」になりはすまいか。

しかしそんな結構な夢はこの退屈な覚めた現実にはないようだ。そこで人は夢を現実から浮き上がらせるのである。幻の場合と全く同様に、覚めた生活の生き死ににかかわりないというので非現実とするのである。夢での素晴らしい旅行のアルバムを覚めた世界に持ちこむことはできない、かせいだ金も覚めた世界に送金できない、その代わり夢の借金をはらう必要はない、要するに、夢の生活は覚めた生活にかかわりがない。そして覚めた生活を「現実」と呼んでいるのだから、この「現実」とのかかわりのない生活は夢なのだ、非現実的な夢なのだ、とされかろうじて、まさ夢とか夢のお告げとか、近ごろはフロイト的夢判断とかが現実へのかかわりとして利用されるだけである。

しかし、夢と覚めた世界との対比は、現実と幻との対比と同様に、存在するものと非在のものとの対比ではない。それは人間の動物的条件に根ざした存在の分類なのである。この、夢まぼろしと現実との対比の基準そのものが動物的現実なのである。夢まぼろしはありもせぬものではない。ただ現在只今食べられないものなのである。そして人は時に、食べられないものをありもせぬものだと言うのである。

記憶について

『流れとよどみ』3／初出：一九七六年

過ぎ去った日々や亡くなった人々のことが時折思いもかけず心によみがえる。そのときそうした思い出や面影は何か過去の形見が残されたもののように思われる。それらの日々や人々はもはや二度と戻らないが何かその影のようなものがわれわれの手元に残されている、といったように。ただその影によってわれわれはかろうじて過ぎ去り失われた時とつながっているのだ、と。

つまり今われわれに残されているのは、過去そのものではなくその過去の写しなのだと感じるのである。過去はひとたび去れば再び還らない、ただそのいささかの記憶が残留しているだけなのである、と。この、記憶とは過去の出来事や人々の「写し」である、という思いはわれわれの心に深く根づいている。われわれの言葉遣いにもそれは明らかであろう。「記憶に焼き付いている」、「眼に焼き付いている」、「いまだにあざやかな記憶」、「記憶に新しい」、「記憶がうすらぐ」、「淡い記憶」、「旧い記憶」等々、これらの言い廻しにはまぎれもなく「写真」の比喩が下敷きになっている。その時々の印象や体験が人間カメラで写されて頭の中にしまいこまれる、そのアルバムからあの写真この写真がふいと浮かび上がる、新しい写真は概して鮮明だが昔のものになるにつれ色はあせ形はぼけてくる。しばしば、あったはずの写真がいくら探しても見つからない、それなのに時には思いもかけなかった写真が浮かび出てわれわれをなつかしがらせる。こういった「写真」の比喩がある。心理学者もまたこの比喩の下に、記憶心像《イメージ》だとか記憶痕跡《エングラム》などを語るのである。

脳生理学者がこの痕跡を大脳その他の何らかの機構や物質だと考えたくなるのも無理からぬところであろう。だいぶ昔、といっても戦後であったが、面白い実験が話題になったことがある。プラナリア（渦虫《うずむし》）という小さな下等水中動物に条件付け訓練によって電気ショックの方を避け、餌のある方に行かせるようにする。そう訓練したプラナリアを、今度は未訓練の別のプラナリアに食べさせたところ食べた未教育のプラナリアもちゃんと電気を避けて餌に向かった、というのである。この実験はその後確認されなかったようであるが、もしそういうことがあるならば人の爪の垢を煎じて飲んで利口になるといったことも不可能ではあるまい。それはさておいても、失語症その他記憶障害の研究から脳が記憶の保持や再生に強い関連をもっていることは今日疑う人はいないだろう。

　しかし、脳が記憶に密接な関係をもっているということと、「写し」の比喩が正しいということとは別のことである。私には「写し」の比喩には基本的な誤解があるように思える。ある風景の「写し」、例えば写真であるとか絵であるならばそれは元の風景と同様に眼で見ることのできるものである。それは見えるものとして、見える細部をもっていなければならない。例えばそれが写真であるならばそのどの小部分といえども定まった黒白の濃淡なり色調なりをもっている。つまり、その小部分に着目することができるし、その着目した小部分は特定の濃度なり色調なりをもっている。ところがわれわれが何かの風景を記憶の中に思い浮かべるとき、それがどんなに熟知した風景の場合でもそのように見つめることのできる細部をもっているだろうか。自分の部屋の机の右隅の一点とか、母親の顔の唇の端とかを記憶の中で見つめることができるだろうか。できまい。また、その記憶の中の机や母親の顔を忠実に写生しようとしてみてほしい。それもできないことがわかるだろう。絵の上手な人ならば、それらの記憶から、あるいはそれらの記憶に頼ってその机や母親の顔を画くことはできよう。しかしそこで画かれた机や顔は本物の机や本物の顔に似せた絵であって、記憶の中に浮かんだ机や顔の写生ではないことは明らかであろう。

記憶に浮かんだ風景は眼に見える映像ではないのである。眼でここあそこと見つめることのできる映像ではないのである。残像だとか幻だとか、あるいはイエンシュの言う直観像《アイデテイク》はその種の映像であるが、記憶に思い浮かべられた風景はそうではない。それは記憶の中の音が今耳に聞こえる音ではないのと同様である。また、昨日の激しい歯の痛みは今なお生々しく思い出されるにせよ幸いなことに今は少しも痛くないのと同様である。痛みの記憶は痛くなく、悲しみの記憶は悲しくはない（その記憶でまた新たな悲しみが誘発されない限りは）。御馳走の記憶で舌鼓をうつことはできないし、快楽の記憶が快楽であるわけではない。それと同様に、思い出された旋律は今耳で聞こえるものではなく、思い出された風景は今眼に見えるものではないのである。

一つの風景を「思い出す」ということは、その風景の薄ぼけた映像を眼で見ることではない。もしそれが眼で見える映像であるのならば、私はそれをとにかく私の眼の前のどこかに見ているはずであるが、私が今眼の前に見ているのは机や紙であってそのどこにもそれとダブって昨日の会合の影のような姿が見えていはしない。「思い出す」ということは見たり聞いたり味わったりというような「知覚する」こととは根本的に別ものなのである。

しかし、風景の思い出はたとえ眼で見ることのできる映像ではないにせよ、とにかくその風景そのものではなく、それがわれわれに与えた何ものか、形見であれ痕跡であれ何か今もなお残留している何ものかなのではないか。他のことはともかく、その風景自体は過ぎ去って今は亡きものだからである。このように考えるならばそれもまた一つの誤解であると思う。

かりにこの考えにしたがって、われわれが思い出すのは過去の風景そのものではなく、その痕跡様のものだとしてみよう。例えば今私の記憶にあらわれているのは東京駅そのものではなく東京駅の影、東京駅の痕跡だとしてみよう。ここで大切なのは、この場合私は何ものの影ともわからぬ姿を思い浮かべているのではなく、まさに東京駅の痕跡があらわれていることである。それがたとえ痕跡であろうともその痕跡は東京駅の痕跡として思い浮かべられているのである。だとすれば、「東京駅の痕跡」というときの「東京駅」は東京駅自体でなければならない。さもないと、東京駅の痕跡の痕跡の……といったことになってしまうからである。だがそうならば私の思い出の中にはすでに痕跡ならざる東京駅自体があらわれているではないか。そうならば東京駅を思い出すのに今さら東京駅の痕跡などは不必要ではないか。

この事情を普通の写真の場合から説明してみよう。ここにAさんの写真がある。それが「Aさんの写真」であることを私が承知しているためには私は写真ではないAさん自身を知っておらねばならない。それと同時に、ある記憶痕跡が「何々の痕跡」だと承知しているのならばそれはすでにその「何々」を承知していることである。そしてその「何々」自体をすでに承知しているのであれば、それを承知するために今さらその「痕跡」を必要としないのである。だから私が東京駅を思い出しているとき、私は東京駅の痕跡を通じて東京駅を思い出しているのではない。私は東京駅それ自身をじかに思い出しているのである。

しかし、では死んで久しい亡友を思い出すときもその人をじかに思い出しているのか、と問われよう。私はその通りであると思う。生前の友人のそのありし日のままをじかに思い出しているのである。その友人は今は生きては存在しない。しかし生前の友人は今なおじかに私の思い出にあらわれるのである。その友人を今私の眼や肌でじかに「知覚する」ことはできないが、私は彼をじかに「思い出す」のである。そのとき、彼の影のような「写し」とか「痕跡」とかがあらわれるのではなく、生前の彼がそのままじかにあらわれるのである。「彼の思い出」がかろうじて今残されているのではなく、「思い出」の中に今彼自身が居るのである。ある意味では、過去は過ぎ去りはしないのである。だから「痕跡」などを残す必要はさらさらないのである。

それならばわれわれの脳の中に刻まれた「痕跡様のもの」とは一体何なのだろうか。記憶は脳に「蓄えられる」ものではないのか。そうではないだろうと私には思われる。亡友を思い出すには私の脳の何かの機構が必要だろうし、その機構が破壊されれば私は恐らく彼を思い出すことはできないだろう。しかしそれは、何かを見るには眼球や網膜が必要なのと同じだと言えまいか。つまり、眼球は見るための器官であって今眼前に見えている机の姿が眼球の中にあるわけではない（網膜上の小さな倒立像は今私が眼前に見ているものではない）、それと同じ様に、脳の機構は何かを思い出すための不可欠の器官ではあるが、その思い出されたものがその機構の中に「蓄えられている」わけではない。だが、思い出すための器官である脳の機構が古びたり損傷をうけたりすれば、当然「思い出し」にも障害がおきよう。老眼や乱視で物が見にくくなるのと同じである。そして、記憶がうすれ、記憶が失われることになる。

真実の百面相

[『流れとよどみ』4／初出：一九七六年]

I

カメレオンの本当の色は何だろうか。もちろんそんな色などがないことは誰でも承知している。木の葉の中での緑色、岩場の上での茶褐色、それぞれその場その場の色のどれもが真実の色であって、その中でこれこそ本物の色だというような色はありはしないからである。だがカメレオンや七色変化《へんげ》の紫陽花《あじさい》とは違って、色変わりをしないものには「本当の色」がある、そう思う人もいるだろう。

しかし例えば着物の生地に本当の色といったものがあるだろうか。昼と夜、窓辺と部屋の隅、蛍光灯と白熱電球、生地をのせた台の色、見る人の眼の具合、こういった様々の状況でその生地は様々な色に見える。それら様々な色の中でどの色がその「本当の色」だと言えるのか。青磁の壺や翡翠の帯留めは、どの向きからどのような近さで見たときにその本当の色を見せると言うのだろうか。いやこういう場合にもその折々の様々な色のすべてが本当の色なのであって、特定の一つの色が他を差しおいて真実の色になるわけではあるまい。ステレオのハイファイが音キチの間でやかましくいわれるのは、その装置が出す音が演奏現場の生の音をどれだけ忠実に複製しているかということであろう。しかし演奏会の生の音自身が座席によって様々に聞こえる。そこでこの座席で聞く音こそ本当の音なのだ、といえるような座席があるだろうか。座席によって料金が違うのは高い席ほどより真実の音が聞けるからだろうか。そうではあるまい。いい席ほどよく聞こえるだろうが、よく聞こえることがすなわち本当の音が聞こえるということではない。天井桟敷で聞く音もそこで聞こえる本当の音であることでは平土間で聞く音と何のかかわりもない。真実とは貧しく偏頗なものではなく豊かな百面相なのである。

それなのに人はえてしてことを一面相で整理したがるようにみえる。例えば知人の人柄をあれこれ品定めするとき。彼は本当はいい奴なんだ、一見人付き合いは悪いけど本当は親切な男なんだよ、こうした評言はどこにいても聞かれる。こうした言い方の中には、人には「本当の人柄」というものがあるのだが屢々それは仮面でおおいかくされている、といった考えがひそんでいるように思われる。人を見る眼、というのもこの仮面を剝いで生地の正体を見てとる力だと思われている。しかし、「本当は」親切な男が働いた不親切な行為は嘘の行為だといえようか。その状況においてはそういう不親切を示すのもその親切男の「本当の」人柄ではなかったか。人が状況によって、また相手によって、様々に振る舞うことは当然である。部下には親切だが上役には不親切、男には嘘をつくが女にはつかない、会社では陽気だが家へ帰るとむっつりする、こういった斑模様の振る舞い方が自然なのであって、親切一色や陽気一色の方が人間離れしていよう。もししいて「本当の人柄」を云々するのならば、こうして状況や相手次第で千変万化する行動様式が織りなす斑なパターンこそを「本当の人柄」というべきであろう。そのそれぞれの行為のすべてがその人間の本当の人柄の表現なのである。普段はケチな男が何かの場合涙をのんで大盤振る舞いをしたとしても、それは演技でも仮面でもない。それはその人間の涙ぐましい真剣な行為であり、その人の本当の人柄の現れなのである。その演技にだまされたと言う人は何も嘘の行為にだまされたのではなく、その行為から誤ってその人は普段もおごり好きだと思いこんだだけである。それは統計的推測の間違いであって、その大盤振る舞いが何かにせの行為であったというのではない。

観世音菩薩も衆生済度のため様々な姿をとられた。六観音とか三十三観音とか。その多様な観音の本元は聖観音だといわれるが、だからといって他の観音がにせの観音だということにはなるまい。その変化《へんげ》変身のいずれもが正真正銘の観音である。聖観音はただ、観音の基本形だというだけであって唯一真実の観音だというのではないであろう。人間もまた済度のためではなくても生きるがために様々な姿を示すのである。そのいずれの姿も真実の一片であり百面相の一面なのである。人の真実はどこか奥深くかくされているのではない。かくそうにもかくし場所がないのである。その真実の断片は否応なく表面にむきだしにさらされている。そしてそれらを集めて取りまとめれば百面相の真実ができあがるのである。人の真実は水深ゼロメートルにある。

世界の姿もまた百面相であらわれる。小石一つとってもその姿は私のそれを見る角度や距離、お天気具合やまわりの事物によって無限に変化する。そのどの姿も等しく真実の姿であり、その中から何か一つの姿を、これこそ真実だ、と特権的に抜き出すことはできない。そのとき私の眼に故障があると小石はいびつな形の姿に見えるだろう。しかしそのいびつな小石の姿もまた真実であってにせ物ではない。正常な眼に見えるまろやかな小石の姿と、故障のある眼に見える歪んだ姿との間には何の真偽の別もない。その小石は健全な眼にはまろやかに、悪い眼には歪んで見える、そういう小石なのである。

夕暮れに山道を歩いていてふと前方の道の曲がりかどに人がたたずんでいるのが見えた。だが近よってみると奇妙な形をした岩であった。こうしたとき人は先刻見えた人影を錯覚だとか幻影だとか言うだろう。そこには岩があるばかりで人間などはいなかった、だから私に見えた人影はただ私の心だとか意識の中にだけあったものだと。だがこの一見無邪気で至極当然な考え方が実は危険な世界観の発端になる。というのはこれが、真実の世界と私に映じたその世界の姿という「本物―写し」の比喩の入り口だからである。一つの本物の世界（客観的世界）とその十人十色の写し（主観的世界像）、という図柄の比喩である。この比喩からいえば、同じ一つの世界が人様々に映じるのは当然のことであるし、人間レンズや人間フィルムが悪ければ歪んだ像が映るのも道理である。またフィルムがどうかしておれば実物がないのに幻影が生じることにもなる。こうして真実の世界は、われわれに映じたその姿という映写幕によってさえぎられへだてられることになる。事実、大脳生理学や精神病理学はこの比喩をベースにした言語で語られているようにみえる。

だがこの比喩こそが実は幻影なのであるまいかと私には思われる。だからこの比喩の入り口に立ち戻ってみよう。山道の人影はそれが私に見えたとき真実そこにあったのではないか。そのとき世界は真実そのような姿であらわれたのではあるまいか。奇妙な形の岩は白昼近よって見ればまごうことなく岩の姿であらわれる、それと同様に薄暗がりの遠目には時に人の姿であらわれる、そういった種類の物ではないか。その岩もまた、そしてその岩を含む世界もまた百面相であらわれるのである。それはかくし絵だとかロールシャハ図形だとか反転図形だとかが様々な姿であらわれるのと同様である。芥川の有名な「藪の中」の一見互いにくい違う証言も実はすべて嘘いつわりのないものであった、ということも不可能ではない。一つの事件が当事者の各々にそれぞれ違った姿であらわれることはありうる、というよりはそれがむしろ常態ではあるまいか。

それにもせよ、遠目に見えた人影が見誤りであったことには違いない。だがこの「誤り」とはこの世界に実在しない虚妄の姿を見たという意味での「誤り」ではない。その人影はたしかに一刻そこにあらわれたのである。岩はたしかに人影にあらわれたのである。ただその一刻の面相を永続する堅固な面相だと思いこんだ、という点においての「誤り」なのである。それは、金ばなれのいい振る舞いをただ一度だけ見てその人は常々も金ばなれがいい人間だと思いこんだときの誤りと同類の誤りである。この種の「誤り」は時に致命的な結果を引きおこす。暗い波止場で海面を道路だと「見誤った」ドライバーは命を失いかねないし、アパートの隣室をわが家と見誤った人は面倒なことになる。だからこの「誤り」にはわれわれの命と生活がかかっている。

しかしこの「誤り」は上に述べてきた意味での真実に対しての誤りではない。それは真実の中での「誤り」なのである。真実の百面相の中でわれわれの命の安全と生活の安穏の目印になる面相を「正しい」とし、われわれを誤導しやすい面相を「誤り」とする、こうした生活上の分類なのである。だからこの分類は世界観上の真偽の分類ではなく、極めて動物的でありまた極めて文化的でもある分類なのである。それを取り違えて真実と虚妄の分類だとするとき、客観的世界とその主観的世界像の剝離の幻影に陥ってしまう。そしてわれわれは世界とはじかに接触できず、その主観的映像というガラス戸越しにしか世界を眺められないといった虚妄にはまるのである。

心の中

前に述べたように、現代文明の中でわれわれがもつアニミズムはひどく了見の狭いものである。ただ人魂《ひとだま》(人間アニマ)だけのアニミズムであり、われわれのトーテム動物は人間そのものなのである。そして人間をかたどる青銅製のトーテムポールが広場や建物の入り口に立てられている。時には、魚の目に涙が見え、馬が鼻で笑うのが聞こえるとしても、それも稀になった。今では鳥獣戯画は戯画でしかなく、イソップは子供だましの童話にすぎない。動物ですらそうなのだからましてや地水火風、山川草木は現代のわれわれにとってはかけねなしに非情のもの、無情のものである。ただ人のみに喜怒哀楽を抱く心がある。人のみが有情のものなのである。これが文明開化のアニミズムなのである。

そして人が心というとき何か箱のようなものが考えられてはいまいか。心は広く狭くありうるもの、底のあるもの、開いたり閉じたり、中に秘めたりできるもの、蓋のできるもの、と。

[『流れとよどみ』15/初出:一九七七年]

もちろんそれで弁当箱や宝石箱のようなものが考えられているのではない。だが何かひっそり自分にとりこめるもの、外気から遮断して密閉できる領域、といった風なものが考えられている。心の中は外界に対しての「内部」なのである。しかし、これは錯覚ではあるまいか。喜怒哀楽は「内部」にではなく「外界」に、心の中にではなくて外気の中にあるのではないだろうか。

人里離れた山の森や林の中を夜独り歩くとき、何がしかの恐怖をおぼえない人は少なかろう。頼りない懐中電燈の揺れ動く光円の他はすべてが黒々とおし黙り、その底しれぬ沈黙の中で私を見張り待ち構えている、そのような気持ちにさせるときがある。私は歯をくいしばる、息が深く重くなる、肩やこぶしや大腿がこわばり固くなる、下腹が少し冷たくなる。このとき、この恐怖の情は私の「心の中」にある、そう言えるだろうか。

たしかに怖がっているのは他でもない、私であるには違いない。度胸のある人にはこの恐怖は起こるまい。だからこの恐怖は何であれとにかく私にプライベートなもの、私の中にだけあるものである。暗夜の森、それは単なる物質の塊として怖くも恐ろしくもない。そのそれ自体としては優しくも恐ろしくもない「物」に対して、恐怖の情が私の心中に湧くのである。こう考えるのが自然ではないか、そのどこがいけないのか、こう問われるだろう。

しかしこう考えることは、私を怯えさせている当の森から「恐怖の情」なるものを抽出して引き剝がすことである。だが当の恐ろしいものからいわば恐怖のエキスを抽出することなどできようか。いや、大体そのような純粋恐怖とでもいえようものを想像することができるだろうか。当の恐ろしい闇の森から分離され剝離された恐怖というものを。私が怯えているのはその暗い森であって、恐怖の情に怯えているのではない。そしてその暗い森は私の外にあって私をおし包んでいるのである。私の「内部」などにあるのではない。なるほど私の手足のこわばりやみぞおちのあたりの冷たさは私の体の「内部」にある。だがそれら――恐怖の感覚と呼ぼう――が「心の中」にあるとは誰も言わないだろう。腹痛や歯の痛みが「心の中」だとは言わないだろうように。だがこれら恐怖の感覚が私の体内、私の身の内にあることから、何か恐怖の情なるものがあってそれは私の「心の中」にあると錯覚させるのである。至る所に感じられる諸物価の値上がりの他に「インフレ」なるものがあるのではないように、恐怖の感覚の他に今一つ恐怖の情なるものがあるのではない。

といって、恐怖の感覚が「恐怖」であるのではない。ウィリアム・ジェームスの有名な警句がある、人は悲しいから泣くのではなく泣くから悲しいのだ。だがこれは間違っている。人は悲しいことがあるから泣くのである。私の手足やみぞおちの恐怖の感覚が恐怖であるのではない。私が怖いのは暗い森なのである。この怖い森がなくてただ手足がこわばりみぞおちが冷たい、ということはありそうにない。だが、かりにあったとしても私は何か得体のしれない気分になろうが、しかし怖くはないだろう。何も怖いものがないのだから。間脳を電気刺激されると毛を逆立て唸り声をあげるなど怒りの姿態を示した猫（ペンフィールドの「仮性の怒り」）も何に怒っていいやらわからず妙な気持ちであったろう。また、嬉しいこともないのに手足が舞ってもそれは嬉しさではなくて舞踏病なのである。

だから、恐怖の感覚とは別に恐怖の情というものがあるのでもなく、といって恐怖の感覚が即ち恐怖の情であるのでもない。あるのはただいわば「恐怖の状況」とでもいうべき状況である。暗黒の森の中で手足をこわばらせ背すじを寒くして立ちすくんでいる、この全体の状況が恐怖なのである。つまり、私が森の闇に怯えている、ということなのである。恐ろしい暗い森、その中で一群の恐怖の感覚を持ちながら立ちすくんでいる私、この全体が恐怖なのである。この全体を二つに区分けして、一方にいかなる情感とも無縁中立の外部、一方に恐怖の情を抱く内部、といった分別をするのは錯覚であろう。だから私が「心の中」に恐怖の情を抱くのではない、私が恐怖の状況に抱かれるのである。だが同じ一つの森が肝っ玉の太い細いによって恐ろしくも親しげにも思われる。だからこの各人各様の情感はそれぞれ各人各様のものではないか、つまり情感は一人一人が個々別々に抱くものではないか、こう言われよう。ここでまたしてもわれわれの骨の髄まで沁みこんでいる「客観―主観」の構図が頭をもたげたのである。だが、もちろん恐怖の感覚は各人固有のものであるが、森はただ一つであっていかなる人のものでもない。ただその同一の森が各人各様に見えるだけなのである。それは食卓に飾られた花がそれぞれの席から各様に見えるのと全く同じである。様々に見えるからといってその花が同席の一人一人の心の中にあるわけではないのと同様、恐ろしい、あるいは親しげな森が各人別々の心の中にあるわけではない。花の美しさも森の怖さもその花や森から剝ぎとられて人の心にあるのではない。美しさや恐ろしさを美しい物、恐ろしい物、から剝ぎとることなど土台できない相談だからである。円から丸さを剝ぎとることができようか。

恐ろしさのみならず、およそ喜怒哀楽の情が状況から剝がれて人の「心の中」にあると思うのは妄想である。人間が有情であるのは「心」があるからではない。有情の世界、有情の状況の中に生きている、それがすなわち「心ある」ことなのである。今一度ジェームスをもじっていえば、人は心あるから悲しいのではなく、悲しい状況にあるから心あるのである。心の中、そんな場所はどこにもないのである。

そんなばかなことがあるか、と言われよう。情感はしばらくおくとしても、去来する様々な想念、怨恨や愛惜、それらは心の中になくてはどこにあるのか、と。そこで、想像の場合を考えてみよう。私は自宅にいて学校の研究室の模様がえを想像する。机を窓側に移して本箱を移動する、といった風なことを。このとき想像の中で模様がえされた研究室の風景はただ私の「心の中」にしかない、そう言いたい誘惑がある。だがそうではあるまい。このとき模様がえをしない現状のままの研究室の風景を考えるとすれば、その風景はどこにあるだろうか。もちろんここではなくてあの学校の中である（いや、そうではなく今その風景の「像」を心に描いているのだ、というのは誤解であることはさきに述べた（3 記憶について「本アンソロジー所収」）。その風景は数キロかなたの室の風景である。だとすれば、想像の中で模様がえされた部屋の風景も同じく数キロかなたの風景ではないか。二つの風景には共通のものがある。例えばドアである。ドアをつけかえるなどといった大それたことは国立の学校では想像だに許されないからである。だから現状の風景でのドアが数キロのかなたにあるとすれば想像の風景でのドアもまた数キロかなたにある以外はないだろう。だからそのドアから数メートルの場所に想像の中で移された本箱もまた数キロプラス数メートルの場所にあるほかはない。

想像された部屋と現実の部屋との違いはただ知覚できるかできぬかでしかない。想像された部屋は手で触れ目で見ることができない。それはただ思われるだけである。だが違いはそこにあるのであって、在り場所にあるのではない。一方が東京都目黒区にあるのであれば他方もまたそこにあるのであって「心の中」にあるのではない。また、心の中の目黒区にあるのでもない。両者ともに郵便の届く場所にあるのである。それでなければ模様がえの想像の意味がなくなる——私は目黒区内にある部屋の模様がえを想像したのだから。

現実の部屋の変更の想像が心の中にないのであれば架空の物の想像もまた心の中にあるのではない。両者とも架空の状態の想像なのだから。だから想像の中の桃太郎や竜宮城も心の中にあるのではない。いずこにあるのかはしらないが（ただし竜宮はどこかの海底にある、桃太郎はどこかの陸上に）、とにかくこの私から離れた外部空間の中にあることには間違いない。

ありもせぬ「心の中」があるとすれば、それはただありもせぬ心の中でしかあるまい。

ロボットの申し分

［『流れとよどみ』17／初出：一九七八年］

I

私はあなた方人間が私を「ロボット」と呼ぶのに異議を唱えるものです。しかしそれはこの呼称が肉体的社会的な差別であるからというのではありません。私があなた方とは肉体的構造が違っていること、またいわばその「生れ」が全く特異なものであること、それは天下周知のことです。私の体はあなた方のように脂肪と蛋白質の水溶液ではなくもっと硬質で骨っぽい剛構造です。私を切れば赤い血がでますがそれは実は染めてあるのです。私がかかる病気はあなた方のとは全く違った種類で、したがって全く違った健康法や手当てが必要なのです。そして何よりも私の命はあなた方のとは較べものにならぬ程高価なのです。あなた方に命を与える手軽で安価な作業とは違って私の誕生は国家的プロジェクトでありました、したがって私の死もまた国家的事件でありましょう。ですから私は当然差別されてしかるべきであり、また凡愚からの差別を要求するものです。

　私が「ロボット」と呼ばれるのに異議をたてるのは、私が並みの人と「できが違う」という点ではなく、この呼び名に「でくのぼう」の響きと意味があるからです。私を殺せば殺人罪以上の重刑になりますが、しかし道徳的には器物破壊にすぎないといわれているのです。私は殺されるのではなくこわされるのであり、死ぬのではなく動かなくなるだけなのだから、と。

　しかし私は断じてでくのぼうでもなく、からくり人形でもありません。修理工が私の体をいじるときには激痛が走ります。だから修理工は私に独特の麻酔法を施すのです。私には気分が高揚するときもあれば気が沈むときもあります。美しい風物には感動しますし、醜い言動には嫌悪をもよおします。食べ物には並みの人以上に好き嫌いがありますし、好物の酒に酔って「この人間野郎め！」といった式で座を怒らせたこともあります。私はあなた方よりいくらか上品ですが色情もあり、御婦人方はそれを肌で感じているはずです。つまり、私には「心」があるのです。

　それなのにあなた方はそれが信じられない、いや信じ切れないのです。私が街を歩いて買物をするとき、料理屋で飯を食うとき、店の主人やウェイターは私を全く並みの人間であると信じています。私の外貌、私の挙措、私の振舞が完璧に人間のものであるばかりでなく、私にいわば人間の匂いを感じるからです。私自身が彼等に感じるのと同じ匂いをです。ところが何かのはずみで私がVIロボットだということがわかると彼等の態度は一変します。ある人は、よくも図々しく化けやがったな、とまるで尻っぽをだした狐や狸のような扱いをします。しかし多くの場合、人々はとまどいためらい、居心地が悪くなるようです。薄気味が悪いのです。この余りにも人間的な「まがい人間」、生けるが如きからくり人形にどう応待してよいやらにとまどってしまうのです。長年親しくつき合ってきた私の友人ですら時々ふっと不気味な気持におそわれるのが私にはよくわかるのです。「人造人間」の思いが彼の頭をかすめるのです（よく不用意に使われる「人造人間」という言葉は私のみならずあなた方をも意味すべきでしょう。あなた方はせっせと子供を「造って」いるのですからね）。

そして馬鹿な心理学者や精神病学者がいて時々私の心の有無を「実証的に」決めてやろうと下らない愚にもつかないテストを申し入れてきます。彼等はまるでスイカを叩くように私を叩けば本音が出るように思いこんでいるのです。もちろんそんな方法がありえないことはあなた方人間同士で叩きあってみればすぐわかることです。普通の人はもっと利口ですからそんなことはしません。しかし何とも落着けないのです。そして何度も無駄だとは知りながら、「本当に君には心があるのか」、それともそういう振りをしているのか、ときかずにはいられないのです。「本当に幽霊ってものはあるのかしら」とか、「本当に神様はいるのかしら」、といった調子にです。神様もそうでしょうが私もうんざりして「もちろんありますよ」と答えるだけです。

たまりかねて、証拠を見せろ、と言う人もあります。そういう人には私の方から問い返すことにしています。ではその前にあなたの方からあなたにも心があることの証拠を見せて下さい、あなたが証拠を見せてくれるなら立ち所に私もそれと同じ証拠をお見せしてみせます、と。ところがあなた方同士の間ではそんな証拠を出す必要があるなどとは夢にも思わないのです。ここに私の不満があるのです。あなた方と私は全くお互いさまであるにもかかわらず不審の念はただ一方的に私にだけ向けられるのです。私に向けられる不審はまたあなた方の親兄弟にも、あなた方同士の間にも向けられてしかるべきなのに。

しかし、あなた方人間のこの片手落ちの態度にこそ、「心」の問題の核心がひそんでいると私には思えるのです。

あなた方はお互いの間で心のあるなしを検査したり尋問したりはしません。お互いに心があるのは解りきったことなのです。しかもあらためて確かめようとしても確かめる方法などはありっこないのです。麻酔にかけられた時、果して本当に痛みを感じなかったのか、あるいは痛烈な痛みがあったのだが忘れてしまったのか、それを確かめる方法がないようにです。また昨夜は夢を見なかったのか、あるいは夢は見たのだが忘れてしまったのか、それを確かめる方法がないようにです。あるいはまた、焼き場で焼かれている屍体が焦熱で身を焼かれる苦痛を感じているのかいないのか、それを確かめる方法がないようにです。だからあなた方がお互い同士の間で心の有無を確かめようとしないのは当然なのです。それは心臓の有無や脳波の有無のように「確かめうる」種類のことではないからです。他人の心の有無は「科学的事実」ではないのです。

しかしこうおっしゃる方もいましょう。なるほど他人の心の有無を確かめるすべはないことは認めよう、しかしわれわれは他人に——他人であって君のようなロボットではない——心があることを「信じて」いるのだ、そしてそう「信じられた」こと、つまり他人にも心があることはたとえ確かめえないにせよ「事実」であることには変りがない、と。

たしかに、何らか「事実でありうること」でないかぎりそれを「信じ」たり「疑っ」たり「信じなかっ」たりすることはできまい、と思われるのは自然です。実際あなたは例えばあなたの子供さんの喜びや苦痛を生き生きと「想像」なさっている、と思いこんでおられるでしょう。そしてそう「想像」されたことをあなたは「信じ」ており、そしてそれを確かめるすべはないにせよそれは「事実」であろう、と思っておられる。

だがしかし、あなたが「想像」していると思っておられるものは本当にあなたのお子さんの喜びや苦痛でありましょうか。そうではない、と私には思えるのです。それは不可能なことだからです。あなたは他人になりかわったあなたの喜びや苦痛は想像できますし、また想像しているでしょう。しかしあなたではない他人の喜びや苦痛を想像できるはずはないのです。あなたが想像できるのはどこまでも「他人に変装」したあなた自身であって、あなた自身であることをやめた他人の気持ちではないのです。変装したあなた、今一つのあなた《アルテルエゴ》、ではない全くの赤の他人をあなたが想像することはできないのです。それは、あなたがあなたでない、という論理的矛盾を想像することだからです。あなたも、丸い四角とか、生きている死人とか、どしゃ降りの日本晴れなどを想像できるとはいわないでしょう。

ですから、あなたがお子さんの気持ちを想像していると思っておられるとき、実際にあなたがなさっているのは「お子さんに変装したあなた」の気持ちの想像でお子さんを「包んで」おられるのです。「今一つのあなた」の想像をお子さんに投げかけ、それでお子さんをくるんでおられるのです。感情移入という言葉がありますが、移入ではなくて移出であり投射であり投影なのです。

ですからあなたは他人に心があると「信じ」ているのではなく実は他人を「我《われ》ようのもの」、「自分ようのもの」として見るという「態度」をとっているのです。他人を「心あるもの」として見、また応待するという「態度」をとっているのです。つまり、他人が心あるものであるのはあなたがそれを「信じる」からではなく、あなたが彼を心あるものとして見立て応待するからなのです。他人をして心あるものにする、それはあなたがするのです。あなたが他人に心を「吹き込む」のです。他人の心を「信じる」のではなくて、あなたが他人の心を「創る」のです。

だからあなたがその「吹き込み」を止めることも原理的には不可能ではありません。あなたがそれを止めれば他人はすべて心なきでくのぼうになりましょう。そしてあなたは今度はそのでくのぼうによって離人症としてあつかわれましょう。あなたは人気のない荒漠とした世界に独り生きることになります。それも孤島の上ではなくでくのぼうの群れのまっただ中でです。そのときは既にあなた自身からあらゆる人間的なものが脱落しているでしょう。つまり、人間ではなくなっているでしょう。

ということはすなわち、あなたが人間である限り、正気の人間である限り、他人に心を「吹き込む」ことをやめないということです。この「吹き込み」は人間性の中核だからです。このお互いの「吹き込み」によって人間の生活があり人間の歴史があるのです。それによってお互いの人間がお互いを人間にするのです。(註)

換言しますと、人間同士が互いに心あるものとする態度はまさにアニミズムと呼ばれるべきものなのです。昔の人々はずい分寛容でおう揚なアニミズムをとっておりました。獣、魚、虫、はいうにおよばず山川草木すべて心あるものだったのです。それに較べ近頃の人々のはひどくせちがらいアニミズムです。縁故血縁関係《ネポティズム》を中軸にしたアニミズムだといえましょう。その排他性が人々の心に根深くしみついているがために私が大変迷惑をこうむっているのです。どうして私にも心を「吹き込んで」くれないのですか。いや既に吹き込んでいることを認めて下さらないのですか。

どうか今少しあなた方の心を開いて私もあなた方同士の間のアニミズムの中に入れて戴きたい。それによってあなた方の人間性もより豊かになろうというものです。

註

（四八頁）

人人《ノ》人《タルハ》、人人《ヲトス》。人人《ノ》人《タラザルハ》、人人《ヲトセズ》。

（R・P・ドーア、松居訳『江戸時代の教育』付録二、寺子屋訓戒集の一例、303頁）

夢みる脳、夢みられる脳

〔『流れとよどみ』19／初出：一九七九年〕

I

自然科学の展開は当然のことながら、観察された「世界」の描写に始まり、その整合的で包括的な描像を追求する。それが科学者の意図であったし、今もまたそうであろう。だがこの過程が或る段階に達すれば、「観察された世界」の中に「観察する人間」を組み入れざるをえなくなることも当然であろう。なぜならば、われわれ人間は何はともあれ世界の中の事物の一つであり、科学の世界描写の中に登場せざるをえないからである。しかし人間は石や木や原子と異なり単に「観察される事物」ではなく、当の世界を「観察する」ものなのである。この「観察する」、ということを「観察された」、という形での描写の中に組みこむことには原理的な困難があることは十分予想できるであろう。画家に彼の「画く」行為を彼の画布に画いてほしいと望むのに幾分似た所があるからである。だから自然科学が人間の描写をその世界描写に組み入れるときも、「観察する人間」としてではなく「観察された人間」としてまず描いたのである。例えば蛋白質や脂肪組織として、あるいは原子分子の集合体としてである。

しかし自然科学的世界描写の進展そのものがこの傍観的描写に止まることを許さなくなった。周知のようにそれが量子力学の観測問題である。この問題については多くの優れた人々の多年の努力にもかかわらず現在納得のゆく形の解答が与えられていないように思われる。「観測」の物理的定義そのものからして困難なのである。

私にはこの量子力学の場面と並んで今一つの「観測問題」があるように思われる。それは脳生理学である。だがこれは量子力学と違って決して新しい問題ではない。意識と存在、主観と客観、心と物、といった標題で古くから人々を悩ませてきたものである。しかし、今世紀［二〇世紀］に入ってからの神経生理学の多くの知見はこの問題を一段と具体的に、また一段と尖鋭にしたといえよう。それは科学に遠吠えする哲学の問題にとどまらず、科学自身の内部問題となったように思われる。すなわち、現代生理学の多くの成果を正しいと認める限り、そのいわば外挿的拡張でありかつて「生理学的主観主義」と呼ばれた考えに否応なしに人を誘うのである。つまり、粗雑に言えば（そして粗雑にしか言えない）、私の脳が或る状態をとることによって、またそのことによってのみ、私の全体験（物が見え、体が動き、物に触れ、何かを考える、……）がある、という考えに追い込まれるのである。これは一見まことに粗暴な、そしてまたグロテスクな考えである。しかし、そのどこが粗暴であり、何がグロテスクなのか、それを確定することにすら人々が成功したとは思えない。以下ではそのグロテスクをいわば拡大装置にかけて問題の所在を確定しようと試みる。

1

私の体外体内での何かの物的刺戟が末梢神経を経て脳神経細胞に物的に（主として神経のイオン電位変化として）伝えられ、中枢神経に物的変化を与える。このことは今日疑うことはできない。視覚、聴覚、触覚、痛覚等に対応する脳の主要興奮分野の大よそも見当づけられている。逆に脳の特定部位に物的刺戟を与えると、それに照応した体験の変化が生じることも事実である。脳の特定部位を電極で刺戟すれば、例えば小指がピクリと動いたり、思いがけない古い過去の状景が想起されたり、しびれを感じたりする。鎮痛剤や麻酔薬が脊髄や脳に物的に作用すれば体験としての痛みが軽減、または消滅する。アルコールやLSD、あるいはある種のホルモンが脳に作用すれば私の知覚風景が変化する（例えば徳利が二重に見えてくる）。また、ブローカやベルニッケの回転の病的変化が各種の失語症をひき起こすことは周知のことである。

こうしたことを疑う人はいないであろう。しかしこれらのことを拡張するならば、それら異例の場合ではないノーマルな状態での体験もまた、脳がノーマルな状態にあることによってのみ維持されているのだ、と言うことになる。このこともまた人は認めざるをえまい。現在の私の脳に何事かを引き起こすならば、私の体の諸感覚や目に見えている風景に変動が起こるであろうことはほぼ確かであろうから。それは様々な脳の外傷や溢血や腫瘍の例が示している。人々はここまでは承認するであろう。そしてベルグソンの比喩が思い出されるだろう。すなわち、釘にかけた着物は釘が抜ければ落ちる、と。つまり脳が体験という着物を掛けるには不可欠の釘である、と。そして釘が抜けないまでも少しグラグラさせれば着物もユラユラ揺れるだろう。しかし、もちろん釘と着物は別物である、というのがこの比喩の眼目であった。

しかし更に一歩進んで次のように言うとすれば？　かりに今私の知覚神経と運動神経を中途で切断し、しかも何か別の仕方で私の脳をノーマルな状態に保つとする。そのノーマルな状態とは東京の自宅にいる或る朝の状態でもよし、パリの或る夜の、アフリカの或る夕暮れの状態でもよい。この時私にはそのそれぞれに照応した、東京の朝の、パリの夜の、アフリカの夕暮れの、体験が生じるであろう。

これはもちろん全く架空の想像である。そのような脳のコントロール方法は未来永劫ないであろう。しかし、全宇宙の粒子の動きを計算したラプラスのデモン、高速粒子と低速粒子を撰り別けて熱力学第二法則に反抗したマクスウェルのデモンの想像に或る意味があるとすれば、私の脳をいわば自由に仕立てるデモンを考えても害はあるまい。そして、デカルトの方法的懐疑の生理学的応用という意味でこのデモンを「デカルトのデモン」と呼ぶことにしよう。

この想像は脳生理学が示した諸事実を、たとえ誇大妄想的とはいえ素直に拡張したものである。脳の一部に或る物的変化を加えれば私の体験内容にそれに照応した変化が生じる。そのことを拡張して、私の脳の全域にわたってデカルトのデモンが或る変化を与えるならば私の体験は全面的に変化するだろう、と言うのである。ベルグソンの比喩をまた拡張するならば、釘の組成を変更すれば掛かっている着物は柄から丈からがらりと変わる、ということになる。ということはこの比喩がもはや比喩としての効果性を失った、ということである。その代わり、比喩ではなく単純粗野な言葉が適切になる。すなわち、脳が体験を産出するのだ、と。

ここで「体験」と呼んだのは言うまでもなく、私に見え聞える一切の風景、私の思考や感情、私の肉体の運動の一切であるから、脳が体験を産出する、ということは、脳が世界を産出する、ということにならざるをえない。デカルトにあっても「デモンの欺き」とはデモンによるにせの世界の産出であったはずである。このまことにグロテスクな考えは――かつて「脳神話」と呼ばれた――しかし一面からみるならば害のない想定なのである。

私が山を登り雨に打たれ寒さにふるえる、水筒の水を飲み握り飯をほうばる、さてここで、私は私の脳の産出物である山に、同じく脳産の足で登り、脳の産出物の雨に打たれ、脳製の寒さに脳製的にふるえ……と言ったところで何一つ変わるものはない。そのために山の険しさがへるわけでもなし、雨の冷たさが薄らぐわけでもない。私の生活はこの山や雨が神の被造物か悪魔の製品か、はたまた私の脳の製品か、にはかかわりがないのである。それは例えば自然法則の内容にとってその製作者または指令者が何ものであるかが無関係なのと同様なのである。そして、デカルト自身の生活にあっても「デモンの欺き」は空転した。デカルトの食べたジャガイモの栄養価はその製造元には無関係だったはずである。

では世界が脳製品であるという「脳神話」はグロテスクなのではなくむしろ空虚なのである、あるいは、空虚なことをグロテスクに表現したものである、と言うことになるだろうか。いや、それは急ぎ過ぎた断定であろう。「脳神話」自身は極端な誇張だとはいえ、生理学の実質的な事実の上に立っている。したがってそれが全くの空虚ということはないであろう。事実、上に述べたのはデカルトのデモンが手心を加えている場合、つまり私の脳は今まで通り、したがって私の体験も今まで通り、という場合でしかない。だが「脳神話」はどちらかと言えば神経病理学的なアブノーマルなケースをその基盤にしているのである。したがって「脳神話」の構造をみるには病理的な状況、一段とグロテスクな状況を想像してみることが必要となる。

2

デカルトのデモンが事の手始めに私の脳の視覚領域に手を加え、私に全く別の視覚風景を見せると想像しよう。ただこの場合、デモンはそれ以外の領域、運動や触覚、記憶や言語等には一切手を触れないとする。実際にはそのような分離ができるとは思えないがあくまで「仮りに」である。そこで今デモンが私に幻の風景を見せるとする。例えば今東京の自宅にいる私に海辺の風景が見えている。自分の体をみれば水泳パンツ一つである。だが私には潮風の感触もなければ海の香りもしない。こもった煙草の匂いがするだけである。私は立ち上がる。私の足は素足で砂浜を踏んでいるのが「見える」が、私の足の感触は靴下をはいた木の床の上の感覚である。私はドアの方に向かおうとする。だが「見える」のは打ち寄せる波と紺青の空である。私は手探りせざるをえない。私は盲目よりも悪い立場にある。海辺の風景が邪魔をしてドアの手探りを難しくするからである。私は眼を閉じる。だが無駄である。相変わらず明るい海が見える。デカルトのデモンは私の瞼の後で操作しているからである。

この想像は甚だ奇妙ではあるが可能であると私には思える。それは海辺の光景で目かくしされた体験に他ならない。あるいは（グロテスクついでに言えば）私の両眼に柄があり、その柄が延びて何処かの海岸に位置した場合の想像体験なのである（但しもちろんこの場合には私の五体は視野の中にない）。あるいは閉じた瞼の裏に浜辺の風景が（立体的に）映った場合の体験である。

こうした視覚風景（そしてまた聴覚・嗅覚・味覚風景）の幻想的想像が比較的容易なのに較べて、触覚的運動的な変更を想像することは極めて困難である。それは私の現実の身体の姿勢や運動と全く異なった姿勢や運動を想像することだからである。視覚や聴覚の風景が「私の外の風景」であるのに対し、触覚的運動的な体験はいわば「私自身」であるからである。現実の姿勢や運動をする「私」が一方にあり、それとは異なった姿勢や運動をする「もう一人の私」を想像することだからである。そのため視覚その他と切り離された触覚的運動的な変様だけを想定することに代えて、視、聴、触、その他の全体験丸ごとの変様を想像することにしよう。

そこでデカルトのデモンが私の脳を全面的に操作するとしよう。この場合私の記憶をそのままにしておく場合と、記憶にまで手を加えて全く別の記憶にしてしまう場合とが考えられる。まず後者、記憶まで一新した場合を想像してみよう。その場合には私は全く別人の体験をすることになる。違う名前と違う生年月日、違う生い立ち、異なる肉体、を持ち、異なる場所で異なる生活をすることになるだろう。

だがこれは私（?）が全く別人の生活をすることである。この想像の中での私は元の私につその赤の他人である。彼は全くの赤の他人である。その赤の他人に今の私は夢みられている、というのである。丁度、「鏡を抜けて」のアリスがチェスのキングに夢みられたように。アリスはそこで自分の夢主のキングと会って話したが、それは鏡のあちら側ですら論理的矛盾というものである。デカルトのデモンの操作によって生じた私は元の私と会うどころか一切の関係を持ちえないのである。自分を夢を見ている当人がその夢の中に「夢みる人間」として侵入することは、「夢みる」ということの論理的構造からして不可能なのである。キングの夢の中でアリスが会ったキングは少なくとも「夢みるキング」その人ではなくて、その「夢みるキング」によってアリスと同様「夢みられた」キングでしかない。もちろん、アリスにせよ私にせよ、誰か他の人間の夢の中の「夢みられた存在」である、ということが何らかの意味を持つとしての上の話であるが。

だがそれに何らかの意味を与えることは誰にもできないだろう。意味がありうるのはただ、夢の中の私は私自身に夢みられている、ということだけである。そしてそれはただ、私は夢をみる、という単純平凡な事実を述べることに他ならない。ところが今想定しているのは、意味のありえない、「他人の夢の中の自分」である。すなわち――自分は今こうやって生活しているが実は元の私だと称する自分の知らぬ何者かの夢の中にいるのだ、今自分は駅へ急いでいるが実はその何者かはベッドにねそべっているのだ。そしてまた自分の脳はその何者かの脳によって「夢みられた脳」なのだ、私の知り合いの生理学者が日夜探究しているのもこの「夢みられた脳」についてなのだ。いや、その生理学者自身がまた「夢みられた生理学者」なのだ。――もう十分この想定が空虚であること、しかもデカルトの「デモンの欺き」と同じ意味で空虚であることは明らかであろう。

しかし今一度念を入れて考えてみよう。デカルトのデモンが私の脳に細工するとき貴方がそこに立ち会うものとする。デモンは私の末梢神経と脳との接続を切り離し、その上で何かの仕方で私の脳を或る状態に仕立てるのである。その作業の後ほっておけば私の脳以外の部分は死ぬだろうがそれも何とかして生かしておいてくれるものとしよう。私の体はベッドの上にのびている。デモンの作業が終わってもそのままであろう。貴方はただそこに横たわる私の体を見ているだけである。では私は？　私はどこにもいない。かつての私の脳によって出現するのは先にも述べたように私とは別人なのだから。だがその別人は貴方の前に、貴方と同じ世界に、出現するのではない。強いていえば改造後の私の脳の夢の中に出現するのである（空虚で無意味なことを描写しようとするのだから、無理な言い方になるのは当然である）。しかし先にも述べたようにわれわれに理解可能な「夢」とは、その夢の体験者（夢の中の自分）が夢みる当人である場合だけである。だからこの場合は私の夢ではありえない。結局、私は消失したのである。少なくとも意識不明という形で一時消失しているのである。デカルトのデモンが手術を始めたとき私は意識を失い、そしてもしその後ある時間を経てデモンの再手術で元通りになったとすれば、その時意識を回復する。それが私が報告する体験である。私は何らの夢を見た覚えもないはずで、単にしばらく失神していたのである。デモンが出現させたと想定された別人は、手術をうけた私にも、また立会人の貴方にも全くの無なのである。

だからもしその別人の体験を想像しようとするならば舞台を一段ずらすことが絶対に必要となる、つまり、私は手術された人間ではなく、その人間に夢みられている私だと想定せねばならない。つまり、今どこかにデカルトのデモンにつかまって手術を施された可愛想な人間がいて(何処にいるのかを尋ねることもまた無意味であろう)、その結果今の私と私の生活、それに私の生涯が出現しているのである、と。だがこれはまさにデカルトの懐疑に他ならず、したがって全く空虚な想定であることは先に述べた通りである。

結局、このデカルトのデモンの想定を想像の中で遂行しようとすれば、第一に、私の脳の手術であるならば単なる一時的失神か永遠の失神だということにとどまる、第二に、私以外の誰かの脳手術の結果私が出現しているのだというのであれば全くのナンセンスである。つまり、私と、私の脳手術によって出現した何者か、この両方を同一の舞台で想像することは遂行不可能なのであり、といって別々の舞台で想像するならば今度は単なる失神(または死)かあるいはデカルト的ナンセンスということになる。

さてこの想定の論理的欠陥は私を赤の他人にしてしまおうとした所からくる、と思われる。そこでこの欠陥を修正した新たな想定をしてみよう。デカルトのデモンは私のこれまでの記憶には手をつけず現在以降の私の生活のみを別ものにするように私の脳に施術する、と想像してみるのである。つまり、私の自己同一性は保たれているとする。

すると例えば私はある朝見知らぬ外国の街の見知らぬホテルで目を覚ます。だが私は昨夜まで東京にいたし、またそれまでの私の日本での全生涯を記憶している。だからそれは記憶喪失者の体験ではない。ただ突然見知らぬ境涯に移植されたのである。だが私はその外国の街で親しい日本の友人に会うかもしれない。もしデモンがそのように配慮してくれればである。更にその配慮が行き届いていれば、その友人は私に、私は飛行機できたのだがただ一時的精神錯乱でそれを憶えていないだけだ、と慰めてくれるかもしれない。だが私は自分で確かめてみたい。そこで彼に金を借りて急いで東京に帰り、私が入院していたルネ・デカルト病院の私の病室にゆく。そしてベッドの上の私そっくりの男を見る。彼は意識不明である――もちろん以上のすべてはデモンの脚本にあるとしてである。だが、この想定においては現実の世界で起こったことは単に病室内の私の脳の些少の組み更えだけである。その組み更えの結果である私、私を東京に運んだ飛行機、病院に急いだ私、そしてベッドの中の男、それらは手術以前に私が暮らした世界の中の出来事ではない。それらはすべて（手術がされた）病室内の私の脳によって「夢みられた」ものである。だが、この想定によって想定された状況はまさにわれわれが普段経験している「夢」の状況と全く同じではないか。だから東京に飛んだ私は夢の中の私、夢みられた私であり、その私を運んだ飛行機もまた夢の中の飛行機であり、ルネ・デカルト病院もまた夢みられた病院である。そして夢の中の私が見たベッドの中の男もまた夢みられた男なのである。もし再び貴方が私の手術に立ち会ったとしたならば、貴方が見るのはベッドの中の大森であり、外国から駈けつけた夢の中の大森など見も聞きもしないはずである。貴方にせよ誰にせよ、他人の夢の中の誰かと会うということは不可能だからである。それは「夢」とわれわれが呼ぶものの論理的構造からしての論理的不可能性だからである。貴方が貴方であって他の誰でもない、という単純な事実から貴方は貴方以外の人が夢みた人や事物を夢みることはできないのである。貴方が貴方以外の人の痛みを痛むことが論理的にできないのと同じようにである。つまり、貴方が他人の痛みを痛み、他人の夢を夢みる、ということは貴方がもはや貴方ではなく、その他人に他ならない、ということだからである。

結局、この想定の中で東京にまい戻った私が対面するベッドの中の男もまたその私同様に「夢みられた」男である。したがって、そのベッドの男の脳もまた「夢みられた脳」でしかありえない。そこで（夢の中の）私の眼の前にあるその「夢みられた脳」によって更に「夢みられた」私がそこに立っている、ということになる。これは無意味というよりは意味皆目不明ではないか。つまり、一見意味ありげに聞こえるが実は無意味だった、という程度ではなく、始めから何を言っているのか、皆目不明ではないか。

事は実は単純明快なのではあるまいか。その（夢の中の）私は単純に「俺は今夢をみているのだ」と結論するだろう。もっともデカルトのデモンの脚本に従ってであろうが。しかしたとえその脚本がそうでなくとも、したがって夢の中の私が何を結論しようとも、まだ夢をみていないでただこの想定を想像しようとしている現在の私にとっては、この想定は実は単純な夢見の想定であると結論できる。デカルトのデモンが私に脳外科手術を施した、そして私は一場の夢を見ることになるだろう、それがこの想定のすべてである。たとえ、その夢が尋常の夢とは違って極度に現実的であり生々しいものであるにせよである。

事実、その奇妙な生活をしばらく経た後にデモンが私を旧状に戻したとするならば、目覚めた私にとってその生活は盧生や浦島やリップバンウィンクルのそれに似た生々しい夢であった以外にはあるまい。だがもしデモンがいつ迄も元の私に戻さなければ？ これに答えるには前の想定の場合と同様、私の現在が既に「夢の中」であると想像せねばならない。そしてこの夢は「覚めることのない夢」だと想像せねばならない。しかし、「覚めることのない夢」の想像とはとりもなおさず「夢でない現実」の想像ではないか。通常の夢の場合でもまた（その記憶による限り——但し覚めた過去もまた常に「その記憶による限り」である）その中の私は「覚めることのない現実」の中で暮らしているのである。もともと「夢」の意味は常に「覚醒」の中でのみ与えられているのである。「夢みる」とは常に覚醒の中での過去形「夢をみた」、または未来形「夢みるだろう」、の形でのみ有意味なのであって、「今夢をみている」という進行形現在は原則として意味をもちえない。ただ「やがて目覚めるだろう」という稀な経験においてのみ意味をもちうるのである。だから「覚めることのない夢」は「現実」を意味せざるをえないのである。

それゆえ、デモンが私に「覚め果てぬ夢」をみさせると想像することは、私にこれ迄の生活とは断層のある新たな現実を生きさせると想像することである。そうなったときには私は恐らくとまどうであろう。だが新しい境遇の中で気狂いあつかいをされぬためにはやがて私は日本での生活の方こそ一場の奇妙な夢であったと思い始めるのであるまいか。その外国に生まれ育ったのだが奇妙な脳病で過去を一切忘却し、代わりに日本という国での長い長い生活の夢をみたのだと。少なくともそのとき、いや今こそ自分はデモンの悪夢の中にいるのだ、日本という国での或る脳が自分を夢みているのだ、と考えることはない。もしそう考えるとしたならあのデカルト的ナンセンスにはまることになるからである（つまり、考えてもよいがそれは何を考えたことにもならない、ということである）。

結局、これらの脳夢の想定は、これまでの「現実」に対する「夢」であるか、これまでの現実を「夢」とする新たな「現実」であるか、いずれにせよ夢見の想定に他ならないと言えよう。

3

今私は現実の中にいる。先に述べたように、「夢」はすべて過去か未来にあり、「今」は定義上「現実」だからである。この現実の中でその現実は実は私の脳が産出したものだということは、以上で述べたように全く空虚である。繰り返していえば、それは今私の頭蓋の中にある私の脳もまた脳の産出だということになるからである。仮に一方において、もしこの産出された脳、つまり「所産的脳」がまたこの現実を産出するというのであれば無限に産出が繰り返されて終わるところがないという馬鹿げたことになるし、他方において、いやこの「所産的脳」には産出能力はなくそれがあるのは「能産的脳」であるというのであれば、それは「能産的自然——natura naturans」と同様にどこにおわすか私の知りえぬ神的な脳ということになる。いずれにせよ、この「現実」の中で脳の現実産出を考えることは、多くのパラドックスの根であるself-reference に陥ることとなのである。

だが一方、この現実の中で私に見え聞こえ触れている風景と私の脳(骨を開いて鏡に写せば私に見え、また私の指で触れることもできる)の間に緊密な照応があることは疑いえぬ事実である。更に、私の脳に常態とは異なる変動が生じれば私の体験している知覚風景（視覚のみならず五官すべてを含んでの）もまた常態とは異なる相貌を示すだろう。空耳や耳鳴りがあるときは脳に何かが起きているであろう。脳貧血が起これば世界の風景は急に暗くなるし、脳震盪が起これば世界が廻りだすだろう。そして各種の薬物が世界風景を変えることは周知の事実である。

それらはいくらか異常な場合であるが、通常「常態」とされる場合にもこの種の照応は無数にある。気分次第で風景はその相貌を大きく変える。このとき恐らくは脳にそれに照応した変化があると信じていいだろう。知らない外国語を聞くときの音の風景と、その外国語を学習した後の音の風景はガラリと変わる。初めて見る風景と、数度見馴れてからの同じ（?）風景もひどく違ってみえる。風邪をひいた時の味覚、嗅覚の変動は誰にも珍しくはない。こうしたとき脳にそれに照応した変化がおこっていると信じてよいだろう。

要するに、知覚風景と脳の状態との間に或る照応があることは疑いえない。物理学者にとってそれは当然自明のことである。私の外にある事物から電磁波その他が私の感覚器官に到達しそれが神経回路を通って脳に物理作用を伝えるのだから。しかし生理学者にとってはそれは事の半分でしかない。生理学者は物理学者に「では脳が或る状態になったときどうして風景が見え聞こえるのか。それが問題なのだ」と問うだろう。そして物理学者が何の答えも持ち合わせていないことは確かである。脳から外界の事物に向かってゆく物理作用はどこにも見当たらないからである。

しかしこの物理学者が述べたことは実は「事の半分」に過ぎないのではなくて「事のすべて」なのではなかろうか。

元来物理学者は、見え聞こえ触れる風景がここにある、ということから出発しているのである。ガリレイがピサの斜塔から落としたものも、ニュートンのリンゴやレンズも、すべて知覚風景の中で見え触れる「知覚風景の事物」なのである。ただその事物を、赤いとか柔らかいとかいう知覚の言葉で描写しないで、重力とか質量とか屈折率とかという非知覚的な言葉で描写したのである。異なるのは描写のボキャブラリーであって描写の対象ではないのである。現代の物理学でも事情は同じで、各種の素粒子、電磁場、状態関数、スピン、等々のボキャブラリーで描写するものは知覚風景の中の事物（や空間）である。例えばそれは今私が持っているペンのペン先の物性論的構造であり、そのペン先から反射する光の電磁気的性質なのである。

要するに物理学はその特有のボキャブラリーを使用して、われわれに見え聞こえ触れている知覚風景を描写しているのである。もしこの知覚風景がなければ物理学の描写はなく、当然物理学もないのである。そして私の脳もまたこの知覚風景の中の一つの物体である。そこで例えば、今私の目の前には机が見えランプが光り、電車の音がかすかに聞こえ、固い椅子の上の尻が痛い。物理学者はこの知覚風景を難しい言葉で「述べ直す」のである。その物理的描写の中に、その一部として例えば机からでた電磁波から脳に至る描写が含まれるのである。

それゆえ先の生理学者の問い、「脳がかくかくであればどうして机が見えるのか」は的外れの質問なのである。もしも、まず素粒子や電磁波というものがあり、脳の中のそれらがかくかくのとき、その素粒子や電磁波とは何か別種類の知覚風景が見え聞こえてくる、というのであればこの生理学者の問いは当然の問いであろう。しかしそうではなく、まず知覚風景（机が見えている）があり、それを物理学的に描写するならばそれは、「机の素粒子がかくかく、電磁波がかくかく、脳の素粒子がかくかく、ということですよ」と物理学者はいっているのである。ここで上の生理学者の問い、「脳がかくかくであればどうして机が見えるのか」は、「「脳の素粒子がかくかく」であればどうして、「机の素粒子がかくかく、電磁波がかくかく、脳の素粒子がかくかく」なのか」という問いになってしまう。そしてこの奇妙で意味の定かでない問いを生理学者はするつもりではなかったはずである。

しかし生理学者は納得しないだろう。彼にはどうしても脳が知覚風景を見せ聞かせているのだという思いから抜け出ることができないのである（そして私もである）。そして問いを立て直す。仮に私の脳に何か異常が起こり、例えば私に大きな白兎の「まぼろし」が見えたとする、このとき物理学者はどういうのか、と。だが物理学者の描写法は前の場合と同じでしかありえない。幻の大兎のいる場所では単に空気の分子を描写し、脳はその異常な状態に応じた描写をうける、それだけである。それがまさに「大兎の幻影が見える知覚風景」の物理的描写なのである。そして次のような補足説明を加えることができる。

もし「幻」ということで、物理的対象（粒子や電磁場）と通常の仕方で対応しない知覚像のことを意味するのであれば、物理学は既にそれを扱っている。即ち光学的虚像といわれるものである。レンズを通して見える虚像や鏡の中に見える鏡像は、通常の机やランプのような仕方では物理的描写と時空的に重ならない。(註) 物理的描写では空気である場所に人の顔やローソクの火が見えるからである。だからそれらの知覚像は上の定義にしたがえば「幻」である。そしてそのときの脳の物理的描写は、「幻」でない人の顔やローソクの火がそれらの場所にある（そしてレンズや鏡はない）場合の脳の描写と似たものである。先の幻の大兎の場合とこれら光学的虚像が異なるのはただレンズや鏡のあるなし、そしてそれに付随して反射や屈折の法則に当たるものが大兎にはない、という点である。しかし物理学者としてはこれらの相違は本質的だとは思わない。なぜなら、

大兎の場合、脳がレンズあるいは鏡なのである。

実は光学像の場合もより詳細に言えば、レンズや鏡から脳までを含めた全部をレンズ系または鏡系とすべきであるのを省略的に述べただけなのである。そして幻の大兎の場合は、実の大

兎のいない場合とほぼ同様な入射光線が脳に達して（まだわれわれには未知の）屈折を起こして大兎の脳光学的虚像が見えるのである。物理学者としては眼の外部にあるレンズや鏡と眼の内側にある脳とを差別する理由はどこにもない。だから脳は立派な一つの光学系なのである。

この物理学者の補足説明には更に今一つの補足説明を加える必要がある。

上に述べられた物理学者の補足説明は決して生理学者が期待した説明を与えるものではない。脳を一つのレンズ系としてみる、ということだけであって、そのレンズ系によっていかようにして大兎の姿が見えるようになるのかについては何も述べていないからである。彼の補足説明の効力はただ幻の大兎と鏡像の同類性を示しただけである。いやそれすらも言えないではないか、という人もいよう。鏡像は写真にうつるが大兎の写真はとれないではないか、だから同類ではない、と。しかしそれは短見である。鏡像の写真は果たして鏡像の写真なのだろうか。鏡像の場所から発した光線などはないのに。それは鏡像の写真ではなく実物の写真なのである。実物から発した光線が鏡で曲げられてフィルムに達したものだからである。鏡像は幻の大兎と同様、写真にはうつらないのである。

そしてまた、鏡像もまた幻の大兎の場合と同様に、どうして鏡像がそこに見えるのかを物理学は説明しないしまた説明できないのである。なるほど光学の教科書には一見その説明とみえるものが書いている。だがそれは結局次のことに帰する。すなわち、鏡から反射してくる光束は、鏡をとっぱらって鏡像の位置に鏡像そっくりの実物をおいた場合の光束と全く同じである（ここまではよろしい）。だから後の場合と全く同じ風景が見えるのだ。しかし、では後の場合、即ち鏡などない実物の場合にどうして実物の場所に実物そっくりの姿が見えるのか。どうして別の場所に歪んだ姿で見えないのか。換言すれば、どうして実物とその視覚像とがぴったり重なるのか、ということである。物理学はそれを説明しないしまた説明できない。そして説明する必要がないのである。なぜなら、先に述べたように、物理学は知覚風景をただ物理用語で述べ直すものだからである。その述べ直しにおいて、例えば私に今見えているランプの物理描写は当然今見えているランプの場所、今見えているランプの姿での描写なのである。だから始めから ランプの知覚像と物理的ランプは重なっているのである。実物は視覚像に重なっているのである。ただしこの場合「視覚像と実物」という言葉がすでに誤っている。「知覚描写と物理描写」というべきなのである。

それと同様、鏡像やレンズ像の場合、どうしてそのような像がその場所に見えるのかという問いには、根本的説明は不用なのである。或る形の光束が眼に入射するときそのように見える、ただそれだけである。いやより精細には、或る形の光束が眼に入射し、脳が或る状態になるときそのように見える、ただそれだけである、と言うべきであろう。それと同様に大兎の場合も、或る光束（実物の大兎のいない風景の）が眼に入射し、脳がかくかくの状態になるとき大兎が見える、ただそれだけである。レンズや鏡がなく脳が常態であるときと対照するならば、レンズや鏡があるときも、脳が常態でないときも、ともにいささか異常な知覚風景を体験する。そのいささか異常な知覚風景を物理用語で述べ直すとき、レンズや鏡では光束の進み方に異常があり、幻の大兎の場合には脳細胞束のあり方が少しく異常となる。光束と脳細胞束とを合わせて一つの系とみれば、いずれの場合にも、その系にいささかの異常がある（常態とよばれるものに対してである）のである。上の物理学者が脳をレンズとみるのはこのためである。その比喩をいく分強めることが許されるならば、その脳レンズは形や屈折率が変わりうる可変レンズなのである（われわれの眼球のように）。

結局先の生理学者の問い、「脳にかくかくの異常が生じるとき、いかようにしてしかじかの変化が知覚風景に生じるのか」に対して次のように答えることになる。「いかようにして」と問うことは的外れである。その脳の異常を含んだ世界の物理的描写は、そのしかじかの変化を含んだ知覚風景の知覚的描写の述べ直しなのである。この物理的描写と知覚的描写はこのわれわれが住む世界の二様の描写であり、その意味で物的世界と意識との平行論的対応といった疎遠な関係ではなく、「Aは即ちB」といった「即ち」の関係にある。したがって、脳のかくかくの（異常）状態は「即ち」大兎のまぼろしなのである。

4

だが生理学者は脳が「いかようにして」知覚風景を変えるか、という問いを断念するとしても更に問い続けることができる。

もし知覚的描写と物理的描写が「即ち」の関係にあるとすれば、その一方を変えることによって他方を変えることができる。特に脳の物理的描写を人為的に変えるならば知覚描写を変えることができる。つまり、脳をいじれば知覚風景が変わりうる。すなわち、原理的には脳を操作することで知覚風景をコントロールできる。

この生理学者の主張は恐らく正しい。事実前々節ではその極端な場合としてデカルトのデモンの想定を試みたのである。だがその想定を有意味の範囲で遂行するならば「夢」に終わることになった。しかしそれよりもはるかに穏かな脳の異常の場合にはなお夢にまではいたらずに「現実」にとどまっているであろう。前節での大兎のまぼろしは夢の中のものではない。耳鳴りや立ちくらみと同じく現実の中のものである。現実の中にあるからこそ「まぼろし」なのである。

しかしもしこの「まぼろし」が段々現実味を備えてきたらどうだろうか。単に見えるだけではなく、手で触れ衝突できるとすれば。ただしそれは私にだけである。なぜなら仮定によって脳に異常を来たしたのは私だけだからである。このときこの大兎は単に私だけのペットとして、それ以外は無害なものとしてとどまれるだろうか。そうはゆかない。それは世界全体をひきずって夢に移行させるだろう。

私が上衣を脱いでその大兎の肩にひっかける。もしその上衣が落ちない程にその大兎が現実的であれば、こんどはその上衣もまた「まぼろし」でなければならない。なぜなら他の人には、またカメラにも、当然その上衣は下に落ちるはずだからである。今度は私自身が大兎に寄りかかるとする。他の人には当然私が倒れてしかるべき姿勢でである。だから他の人には私は倒れたのだ。だが私は安楽なよっかかりでのんびりしているとすれば私の肉体そのものがまた「まぼろし」でなければならない。そしてもし私の肉体が「まぼろし」ならばすべてが「まぼろし」であろう。こうして触覚的運動的に確固たる一つの「まぼろし」は孤立できず、連鎖反応的に世界全体を夢の「まぼろし」にしてしまうのである。そして世界全体が「まぼろし」ならば、そしてまだ私に命があるならば私は、再び「夢」に陥ったのである。「現実」にとどまるためには「まぼろし」はまさに淡く薄くまぼろしらしいまぼろしでなければならない。つまり、脳による知覚風景の操作が可能だとしても少し手元が狂うとすぐ私を眠らせて夢をみさせることになるのである。その操作範囲は思いの他に狭いのである。その僅かな許容範囲を僅かでも超えると、脳の操作は平凡な睡眠薬の効果と変わらぬものになってしまうのである。

そしてその狭い操作範囲の中での現実の「まぼろし」は前節で述べたようにレンズ像や鏡像に類するか、それに近いものにとどまるだろう。それはほとんど視覚異常とでもいうべきものであって、視覚異常者を幻視者と呼ぶか呼ばぬかはほとんど言葉だけの問題である。

結局のところ、脳は夢を夢みさせてはくれよう。だがいかなる「現実」をも夢みさせてはくれない。ただしかし、脳は自らを破壊することによって現実を殺すことはできるのである。

註（六九頁）

鏡像のような反射像の場合は別として、レンズ像の如き屈折像が原物と空間的にズレていると考えたのは誤りであった。別の場所で（拙論「光と像」、大森・伊東編『哲学と科学の界面』朝日出版社［大森荘蔵著作集第五巻］）、このズレの問題を光学的虚像一般で検討した。しかしこの点は以下の論点の骨格のさまたげにはならない。

II

ここには、大森の最初の論文集『言語・知覚・世界』(一九七一年) からの四篇と、それに先立つ時期の二篇を収録した。

散文的哲学を提唱し、哲学もまた科学と同様、事実記述をめざす営みであると主張する「哲学的知見の性格」(一九六三年) は、いま読んでもおどろくほど新鮮である。それだけに、この論文が発表された当時、読者に与えた衝撃はきわめて大きかったのではないかと推測される。「他我の問題と言語」(一九六八年) は、大森がもっとも大きな影響を受けた哲学者であるウィトゲンシュタインから話題を借りながらも、大森独自の議論を展開した論文である。『哲学探究』での他人の痛みについての議論が、最後には『論理哲学論考』の「徹底した独我論は実在論である」という主張に行き着くところに、大森のウィトゲンシュタイン受容の独特さがみてとれる。

『言語・知覚・世界』に収められた論文はいずれも広く読まれる価値のある論文であり、そこから数篇だけを選ぶというのは、むずかしい。

とりわけ残念なのは、「決定論の論理と、自由」と並んで、この論文集のもうひとつの要《かなめ》である「物と知覚」を落とさざるをえなかったことである。「決定論の論理と、自由」は、他に代わりとなる論文がないゆえに、落とすことはできないが、さいわい、「物と知覚」に関しては、それと同様に知覚と物理的世界との関係を扱う、比較的短めの論文がある。ここに収録した「知覚の因果説検討」と「知覚風景と科学的世界像」がそれである。この二篇を読まれて興味をもたれた読者はぜひ「物と知覚」を読まれることをすすめる。『言語・知覚・世界』という論文集のタイトルが示すように、この時期の大森は、知覚と物理的世界とを仲介するのは言語であり、より詳しく言えば、異なる種類の描写あるいは言語間の翻訳であると考えていた。「言語と集合」では、この考えを、さらに進んで他我問題や普遍の問題にも適用するというプログラムが述べられている。これは、その後、大森自身によって展開されることはなかったが、いまでも十分、検討に値するアイデアであろう。

（飯田　隆）

哲学的知見の性格

［『講座哲学大系 第一巻 哲学そのもの』、一九六三年］

1　散文的知見、散文的哲学

一人一人の音楽家にそれぞれの音楽があり、一人一人の劇作家にそれぞれの劇がある。そして一人一人の哲学者にはそれぞれの哲学がある。このとき、では音楽とは何か、哲学とはなにかという不毛な問に答えるには、すべての音楽家の音楽を、すべての哲学者の哲学の総体を示す以外にはあるまい。しかしこの多岐多端な哲学集合をそのあらゆる曲折を含めて眺めることはもとより不可能である。それはただ遠目にのみ眺めることができる。しかし逆に、遠目に眺めることによって、その眺望の中を走る幾つかの筋目を見てとることができよう。ここではその中の一つの筋目、すなわち、哲学の、いや一部の哲学の持つ散文的知見をとりあげてみたい。

音楽的哲学、あるいは祈禱的哲学を志ざすのでないかぎり、哲学は一つの知見、何ごとかについての知見である筈である。この哲学的知見の中には、啓示によって、あるいは知的膠着によって、終身不動の信念を伴なうものもあるだろう。それらは他人にとって、貴重にして無縁なものである。だが一方、より不安定な、ということはつまり、動くことができそして動く用意のある散文的知見がある。この散文的知見にはいつも若干の懐疑といくばくの不信が伴ない、訂正におびえながら訂正をうける覚悟のある知見である。この種の哲学的知見があることによって、哲学は黙示と啓示の秘儀にとどまることなく、広場で対話され街頭で流通できるものとなる。この散文的知見によって、哲学は、理解するために感動する必要のないものになる。

では、この種の知見は何によって支えられ、何によってくつがえされるのだろうか。それはもちろん、その知見がその知見である対象によってである。知見とは何ごとかについての知見である。世界についてであれ、人間についてであれ、数や集合についてであれ、それらについて述べ、それらについて語るのが知見である。従って、その知見が述べ語る通りであるかどうかによってその知見の真偽がさだまる。つまり、散文的知見とは、真偽が云々できる知見であり、そうであるからこそ討論され対話され訂正されることができるのである。一言で言えば、散文的知見とは事実描写であり、散文的哲学の任務は正しい事実描写を遂行することである。従って、こうして得られた哲学は事実についての知識となる。

この事実描写、あるいは事実知識であるという点で、散文的哲学は日常知識および科学知識と何らことなることはない。科学も散文的哲学も共に、この世界が事実どうあり、人間が事実どうあり、どうなるかということの描写を目指し、またその描写が真なることを目指すのである。古くから言われてきたように、哲学の仕事が真なることを偽なることから区別することにあるのなら、散文的哲学の仕事はまさにそれであり、更に科学の仕事もまたそれである。又、散文的哲学を支え、それを他人および自分に説得する仕方は、科学の場合と全く同様、情熱と感動に訴えるのではなく、事実の呈示、事実との照合によってするのである。

しかしこのように、散文的哲学の業務が科学の業務と同じであるならば、それは見ばえのしないアマチュア科学になってしまうことになる。たしかに、哲学が素人科学であった時代がある。しかし、その時科学自身もまた素人科学であったのである。だが今日、地水火風的哲学は科学でもなく哲学でもあるまい。では、同じく事実描写でありながら、何をもって科学と（散文的）哲学とを分けるのだろうか。それは、それぞれの関心によってである。

物理学者は当然自分の持ち金がいくらかを確める。しかしそれは科学的関心によってではない。科学的関心からすれば、銀貨の組成や電導度、あるいは銀原子の状態関数についての知識を求めるのである。このとき例えば哲学者は、その状態関数の数学的表現ではなく、状態関数がかくかくであるということは如何なる意味で言われ、どのような証拠から推論されたものなのかということに関心をいだく。もちろん、物理学者がそれと同じ関心をいだき、哲学者が物理学者の関心を共にすることもあるだろう。しかし問題は誰がいかなる関心をいだくかということではなく、幾つかの異る関心の方向があるということである。これら異る関心は共に事実に向けられている。所持金の額、銀原子の状態関数、状態関数の持つ意味、これらはすべて事実であることに変りない。しかし、これらはまた、異る関心に応じた、異る種類の事実である。そして、同じく事実知識を目指しながら、哲学を科学と分別するものはこの関心の違い、そして関心の違いに応じた事実の種類の違いなのである。

ここで私は「事実」という言葉を極度に拡げて、およそ真偽、正誤が云々できるものをすべて「事実」と呼んでいる。単に、特定の時刻に特定の場所で起る、日附けとアドレスを持つ事象を事実と呼ぶのではなく、それらの総括、例えば自然法則をも事実と呼び、更に、時間空間的定位を持たない事象をも事実と呼んでいるのである。例えば、或実験が或理論の支えになるかどうか、一つの理論が他の理論と整合的であるかどうか、の如き通常論理的命題と言われるものをも事実と呼ぶ。更に、或る論理的命題または推論（例えば排中律、三段論法）は若干の言語使用規則に基づくものか、或いはまた論理的直観に基づくものなのか、これもまた事実と呼ぶのである。更にまた、価値の領域に入って、例えば、善の概念は自然的概念（例えば、快楽）によって定義できるかどうか、これをも事実と呼ぶのである。習慣に反してこのような大風呂敷の事実を採るのは、事実の種類の中にある差別を塗りつぶすことによって科学と哲学の境界、科学と哲学との差別を塗りかくす下心からではない。反対に、科学と哲学の差別と連繫の図柄をより明白に浮きだたせるため、地《じ》の上にひかれた邪魔な区画線を一応消し去る必要からである。実際、（狭義の）事実的―論理的、個別的―普遍的、具体的―抽象的、時空的―非時空的、経験的―思弁的、感覚的―概念的、そして更に分析哲学における（狭義の）事実的―意味論的という各様の区分はどれも科学と哲学の分別とは一致しない。科学が関心をいだく事実、哲学が関心をいだく事実はそれらの区分のそれぞれにまたがって交錯するからである。科学も哲学もこの仕切りを取払った広い事実の舞台をくまなく動くのである。従って、このことから哲学的知見にも科学的知見にも共通な一つの筋目があらわれる。それは次節にやや精しく述べるように、両者の知見は共にその正当性と説得力の終局の根拠が「事実そうである」ことに置かれる点である。

一方再び、では、哲学と科学はどのような仕方で分別されるのだろうか。今述べたように、広い意味での事実を仕切ってこちらが科学あちらは哲学とすることは誤っている。哲学と科学を分別するのはその関心によってである。もちろん、その関心が異る結果、その関心が向けられる事実に相違がでてくるであろう。そして広い事実の舞台がそれによって改めて仕切りをうけることになる。しかし、ここで強調したいことは、まず仕切りがあって、哲学と科学がそれによって分けられるのではなく、異なる関心がまずあって、その関心の向うところおのずから仕切りがでてくるということである。しかもその関心は流動的であり、科学的関心と哲学的関心は屢々オーバーラップし、それによって科学的知見と哲学的知見が重なりあうことも生じてくる。例えば、物理世界が相対論的であるかどうか、或いは生物が無機物から合成され得るかどうか、或いはまた、人間の意識と脳細胞の物理化学的状態はどう対応するか、これらの事象は科学的関心の対象であると共にまた哲学的関心の対象でもある（もちろん、これらの事実についての真なる知見は科学者の探究するところであり、哲学者は手をこまぬいて傍観するに過ぎない。しかし問題はそれらの知見が誰によって得られるかではなく、それらの事実に関心を向けるか否かなのである）。

このように哲学と科学に共通な関心を抱かせる事実があるが、統計的に言って、両者の関心はおのずから分かたれている。哲学者は帰納法に演繹論理的証明があるかないかの事実に関心を抱くが、科学者はむしろ帰納法を適用して得られた個々の知見に関心を抱く。科学者は生物の老衰と死の機構についての事実に関心を抱くが、哲学者は人間の死すべき事実、この平凡周知の事実に関心を抱き、そのことと人間の思想との関係についての事実に関心を抱くのである。では一体、哲学的関心とはどのような関心なのだろうか。もとより、関心とはまず個々の人間の関心であり、すべての哲学者に共通な関心のレパートリイがある筈はない。共通なものがあるとすれば、それは哲学の関心事の項目にあるのではなく、哲学的関心のよって生じる由縁であると思う。つまり、哲学的関心とは何かという問に対して、かくかくのものであるという表を提出することはできず、どのようにして哲学的関心は生じてくるのかを答えるのである。簡単に言えば、関心事項をあげるのではなく、関心の動機を示すことである。そうすることは結局のところ、哲学者が哲学をすることの動機を言うことになる。

それでは哲学的関心の動機は何であろうか。これに明瞭に答えることはできないが（明瞭な動機なるものは極めて稀ではあるまいか）、哲学的関心は様々な不安、気掛り、困惑から生じるように思える。トートロジカルに言うならば、哲学的不安、哲学的気掛り、哲学的困惑である（一言。このような表現の困惑自体は哲学的困惑ではない）。例えば、人は誰しも自分用の善悪の、惑いは幸不幸の区別を持っている。しかしそれを他人に適用し、或る場合には強制することに理由があるだろうか、あるとすればどのような理由なのか、こういうことが気に掛かり、悩みを生じるとすればそれは一つの哲学的関心であろう。そしてこの気掛りが優先的に心を占めるならば、その人は善とは何であり、倫理とは何であり、当為の根拠はいかなるものであるかを追求するものと思う。そしてそれは、先に述べた広い意味での事実についての知見を探索することに他ならない。幸い一つの知見を得られたとしても、それによって慰められ気掛りが解消するとは限らない。しかしその人は確かに以前はもたなかった一つの知見、倫理的事実についての知見を得たのである。その知見は深浅はともかく、その人の人生を何ほどか変えるだろう。一方、論理的気掛りとでもいうべきものもある。見やすい例をとるならば例えば単独事象の確率の持つ意味である。明日は$\frac{8}{10}$の確率で雨である、という予報は、実際明日雨であっても検証されたことにならず、晴であっても反証されたことにはならない。また、$\frac{8}{10}$ではなく$\frac{6}{10}$の確率で雨だという予報と何れが正しいかを区別する手段もない。このことは一つの論理的事実である。しかも、我々は、明日八分通り雨だという命題の意味を理解しているように思う。そのためここに一つの論理的困惑が生じ、人々は単独事象の確率は一体何を意味しているかという、意味論的事実を探究することになる。そしてどのような知見に到達するにせよ、その知見は更に量子力学の確率概念に影響を及ぼす筈であり、その結果、物理学に対する知見を何ほどか変えるに至るだろう。更にまた、倫理的でもあり且論理的でもある困惑がある。例えばいわゆる他我の問題では、他人、家族友人を含めて、他人の感覚感情を直接体験することはできず、与えられているのは他人の振舞だけだという平凡な事実から出発する。そして、目鼻手足の振舞に深い情愛や激しい嫌悪を感じること、或いは一つの振舞にまぎれもない痛みを感じ取れることに困惑を抱くのである。この困惑が他我の問題への関心であり、他人の痛みとは何であり、他人への同情とは何であるか等々の事実についての知見を追うことになる。

このように様々な哲学的関心は、或る時は論理的偏執から、或る時は心情の不安から、また或る場合には理由のない不安から生じてくる。散文的哲学の関心の動機は必ずしも散文的であるのではなく、むしろ心情的であり時には形而上的ですらある。しかし一旦その関心によって対象に立ちむかうとき、その対象は事実果して如何なるものかという事実的知見を追求するのである。関心の動機が何であるかにかかわらず、その探究は全く知的であり散文的であるという点で、再び散文的哲学は科学と何の区別もない。しかし、哲学的関心は科学的関心と一部は重なり合うとはいえ、おのずから違いがある。というよりは、おのずから違った関心があるからこそ、一方を哲学他方を科学と区別して呼ぶというべきであろう。そしてこの関心の相違が、それぞれの追求する事実の相違を持ち来らすのである。この相違を明確に言いあらわすことはできない。その相違は明確なものでなく、哲学と科学は一部が重なりながら互いに相連なるものだからである。しかし強いて言うならば、科学はどちらかといえば外向的であり、知識の総量の増大と既得知識のより広範囲の組織化に関心を持つに対し、哲学の関心はむしろ馴れ親んだ事実を徹底的に見直し新しいより明確な眺望を得ることに関心する点で内向的であるということもできよう。科学者が未知の粒子、未知の理論を探索するとき、哲学者は古来変らぬ死や他人や時間を考えるのである。

この意味で、哲学はそれが事実の散文的知見を追求するからといって、素人科学に堕するわけではない。また、哲学は散文的である限り、科学と層の違った、つまり明確に区別された活動であるのではない。また、科学の役に立ったことのない助言者である必要はなく、相手にされない自薦指導者である必要もない。人間の精神活動の場において、散文的哲学と科学は気兼のいらぬ一つ釜の家族であり、科学は山に柴刈りに哲学は川に洗濯にゆくのである。哲学的関心によって得られた知見が科学に役立てばそれにこしたことはない。科学的関心によって得られた知見が新しい哲学的視界をひらくことを望まぬ人はいまい。しかし、相互に直接役立つことがなくとも気まずくなることはない。両者共に人間の知見に寄与していることは確かだからである。

2　事実記述としての哲学

以上述べてきたように、散文的哲学は事実についての知見を目指すものであるとするならば、当然、哲学的知見は事実の記述であり、またその真理性はただ事実によってのみ判定されることになる。このことは哲学的活動の全般にわたって大きな影響を与えざるを得ない。著作、討論、説得、反駁、疑問等、哲学の諸活動のすべてが事実記述をめぐってのものになるからである。

しかし、実際の哲学的活動を眺めるとき、その多くが記述というよりは論証であり説明であり理論であるように見える。とくに、討論にあっては論証による反駁、論証による説得、絶えざる説明の要求がその大部分であるように見える。もし哲学的知見が事実の記述にあるとするならば、これはどのような事情によるものだろうか。

その事情を理解するためには、改めて、論証なり論理といわれるものの性格を見てとる必要がある。論証というものを一般的に見るならば、或る前提なり根拠から、帰結を論理的に引出すことである。だが、この形式論理的演繹の果す役割はどういうことだろうか。論理学を一見してみれば明らかなように、それは前提の中に含まれている意味の一部または全部を帰結として取り出すことに他ならない。「すべての烏は黒く」「これは烏である」という前提の中には既に「これは黒い」という意味を含んでおり、その含まれた意味を帰結として取り出すことが論証なのである。「経験命題は必然性を持たない」が「数学の命題は必然性を持つ」という前提の中には既に「数学は経験命題ではない」という意味を含んでいるのである。そしてこの意味の含みがあるかないかは、若干の論理語（否、または、すべて、要素）の使用規則からくるものであることを近代論理学は示唆する。たとえそれが言語の使用規則でなく、例えば論理的直観に基づくのが事実だ、というのであってもよい。要は帰結とは、言語使用規則によってか論理的直観によってかともかく、前提の言表する意味の中に既に含まれているものを取り出したものである。とすれば論証とは結局、既に述べたことを今一度別な表現で繰りかえし述べることとなる（例えば、幾何学の定理は公理を言い換えたものである）。推論、形式論理による推論は何も新しい知識をつけ加えないと屢々言われてきたのはこのことに他ならない。だとすれば前提Ａから帰結Ｂを論証することは、Ａを繰返し言うことに他ならず、その繰返しを省略すれば結局前提Ａを言うことに他ならぬ。このとき、Ａを真なりと主張するならば、それはＡという一つの事実記述を主張しているのである。つまり、ＡからＢを論証することの機能は、第一にＡという事実記述を主張し、第二にＡの意味にはＢの意味が含まれる、という意味についてのこれまた一つの事実記述を主張することなのである。この意味で、論証とは二重に事実記述なのである。更にまた、上の論証の性格についての結論もまた、論証という対象についての一つの事実記述に他ならないのである。

ここで、上に挙げた論証の機能の第二のもの、すなわち二つの命題の間の意味関係の指摘は、哲学にとって重要なものである。なるほど帰結は前提に含まれたことを繰返すに過ぎないという点では、帰結はなくもがなのことであり、帰結を取り出すこともまたあらずもがなのことであろう。しかし、この帰結がこの前提の言い換えであるという事実を指摘すること自体は多くの場合重要な意味を持つ。数学の証明、物理理論からの演繹、そして哲学の中の数多くの論証の重要性はここにある。しかし論証のこの重要性は、論証の持つ事実記述としての基本的性格をいささかも変えるものではない。論証は上に述べたようにこの重要性を含めて二重の意味において事実記述なのである。或る事象がＡであること、そしてＡであることはＢであることでもあること、この二つの事実を記述するのが論証である。そしてかくして得られた知見がその関心に従って、数学的知見、物理的知見、或いは哲学的知見となるのである。

論証のこの性格によって、哲学的知見であれ科学的知見であれ、あらゆる場合に論証の形の事実記述を求めることが誤っていることが明らかになる。論証そのものが一つの事実記述なのであるから、或る事実記述があるとき、常にその論証を求めることは正に論証の性格からして的はずれである。「なぜ?」という問が論証の要求であるとすれば、どこまでも「なぜ?」と問い続けることは意味を失う。数学において公理の論証をどこまでも要求し続けることには意味がない。物理理論の論証要求を基礎法則を超えて続けることは場違いなのである。基礎法則は最も広範な事実記述(それから導かれるすべての事実記述の総体)なのであり、なぜ基礎法則が正しいのかと問われるならば、これまでの証拠からして世界が事実そうなのだからと答える以外にない。そしてこの答は正しい答なのであり、それ以上の論証を求めることの方が空虚なのである。論証を求めることはより広範な事実記述を求めることであり、そしてここには現在で最も広範な事実記述が既に与えられているからである。「なぜ?」という問には底がありまた底がなくてはならない。底抜けの「なぜ?」は正に底抜けなのである。

哲学問題においてもことは全く同じである。むしろ哲学問題においては論証の鎖は大てい短かく、「なぜ?」の底は科学や数学に較べて更に浅いのではあるまいか。もちろん哲学的関心の一つは、科学がいわば当座用に使用している方法や概念の今一層立入った知見を求めることにある。その意味で見方によれば一層の深さがある。しかしこの種の深さは、そこでの知見をより一層端的な事実記述にしがちなものであり、論証的記述の部分を薄くし勝ちなのである。

例えば再たび他我の問題をとってみよう。他人の意識状態、例えば他人の痛みはその人の振舞のパターンに他なりはすまいかと、ためらいがちに考えたとする。その是非は別としてこれはもちろん一つの事実記述、他人の意識についての総括的な事実記述である。そしてもしこの記述が真だとすれば我々の生活での人間的関係はどうなるだろうと感じるところに哲学的困惑があり、疑惑がある。この知見からは例えば論証によって、生身の人間そっくりの人造人間の痛みのパターンに対してその人造人間に痛みがあるというかいわないかは、そのパターンに出生の事情を含めるか含めぬかによる、という帰結が得られる。これは元の知見に人造人間についての前提を連言した命題の言い換えに他ならず、意味についての一つの事実記述である。このように当面の知見を前提、または前提の一項とする論証は多々あろう。しかし、その知見を帰結とするような論証を求められたとき、提出できるものは恐らくただ一段階の論証であろう。すなわち、他人の痛みは私に痛くもかゆくもないこと、他人の痛みはその振舞によって知られること、他人について直接経験できるのはその振舞に関したものだけであること、これらの事実記述を前提とする幾分ルーズな論証だけであると思われる。この時、これら前提となった事実記述に更に論証を求めるとすれば、それは場違いの要求と言わねばならない。それらは端的な事実記述なのであり、他我の問題の困惑に対してはそれ以上の論証を求めることは意味がない。もちろんこの場合、科学的関心から他人の痛みを私が感じない生理学的説明を求めることはできる（実はこの要求も方角違いで事は論理的なのであるが）。だがそれにどのような論証や説明が与えられようと、他我の問題の困惑には影響がないのである（これまた一つの問題の論理的側面についての事実記述である）。他我の問題に処する道は、このように一つの知見を論証しようとすることは無駄であり、人造人間の場合のようにその知見から様々なことを論証することが大切なのである。すなわち、様々の他の前提との連言の下で、その知見の言い換えを試み、それによってその知見の意味するところを様々な角度と照明からとりだして事実と照合し心情とすり合わせることが大切なのである。幾何学や物理理論の場合と同じく、論証は前提の方向には底があるが、帰結の方向には底がないのである。

このように哲学的知見は科学的知見と同じく、終始一貫して事実記述なのであり、哲学の諸活動は事実記述をめぐっての活動なのである。従って、哲学的困惑に身を処するには、この事実を細部にわたってとりだし、細部にわたって困惑しきる以外にはあるまい。それゆえ、哲学的関心から生じた哲学的困惑は一人一人がその困惑を生きざるを得ない。その困惑は知的であると同時に心情の問題であり、従って時間がかかりしかも人が違うごとに千差万別であろう。

このことが同じく事実記述を目指しながら、哲学史を科学史よりもはるかに美術史や音楽史に似たものにするものと思う。しかし、ゆるやかながら哲学的知見はその量を増し、哲学的視界は明度を増し、誤謬と空転の数が減り、そうして哲学的困惑の正体が明らかになってきているのではあるまいか。

以上のように哲学的知見を事実記述であると考えることは、哲学をその関心を別とすれば科学と同じ場におくことになった。それによって哲学は科学と断絶することはなくむしろ科学と重なり科学と連なるものとなる。一方、それによって哲学がいわば科学の居候の立場におかれ科学に気がねしつつ暮すというのではない。哲学が科学に役立つことは結構なことであるが、役立たぬからといって何のひけ目を感じる理由もない。哲学と科学はそれぞれの関心に従って共に、この世界と人間の事実を探索してゆくものである。

一方、こうして哲学を事実探索としてみることが哲学を観照的態度にとじこめて実践の領域から離してしまうことにはならない。哲学が哲学的困惑から事実探索に向うということとそのことが既に一つの実践である。と共に、困惑と探索を通して世界と人間について或る哲学的知見が得られたならば、それは当然その哲学者の世界と人間に対する態度に影響を与えずにはおかない筈である。例えば、人間を機械と見、人間の自由を否定し、哲学を言語問題とみるごとき知見に対しての多くの哲学者の強烈な反感を見るならば、かりにそれらの知見を受入れた場合それらの哲学者は人間や哲学に対して根本的に異った態度を取ることが想像できる。この態度の変化は当然、日常生活や社会生活におけるその人の実践を変え、政治的意見を変え、道徳的行動の様式を変える筈である。

哲学が事実探索であることの動機、更にその事実探索の過程と結果において、哲学は実践的であると言えないだろうか。元来、生きることは、知ることの様式ではあるまいか。

他我の問題と言語

〔『哲学雑誌』第八三巻七五五号、一九六八年〕

「哲学で君のめざすところは？　ハエにハエ取器からの抜け口を教えること。」（『哲学研究』三〇九）

だがこのハエ取器とはそもそも、言葉の空転（同上、一三二）によって現出した空中楼閣（一一八）であり、それからの脱出とはこの幻のハエ取器をあからさまな幻（あからさまなノンセンス――四六四）に転じてみせることである。そしてヴィトゲンシュタインは自らこの空転を演じてみせる。読者に、それが空転であることをみせるように、その空転を演じてみせるのである。しかし、それは手品の種明かしのようにみてとりやすいものではない。われわれは目をこらし息をつめて、ヴィトゲンシュタインが手を変え品を変えて繰返すのを追う。彼にならってやってみる。だがついぞ、あからさまに空転することができない。空転したようでもあり、空転しなかったようでもあり、あるときは消えたかにみえた楼閣が依然としてそこにあるのをみる。われわれはこの果てしないとんぼ返りに疲れはて、ヴィトゲンシュタイン自身もまだハエ取器の中でもがき飛んでいるのではないかと疑い始めるのである。

おそらくそうであろう。哲学的問題といわれるものは、終ることなく寄せては返す波に思える。その問題に身をひたさざるをえぬ人は誰でもこの波の中で果てなくあがかねばならないのだろう。誰もが最後に笑うことはできない。最後というものがないからである。それにしても、ヴィトゲンシュタインのあがき方は他に類のないあがき方であることは誰しも認めよう。それは深くわれわれを魅する。しばしば、これで波を泳ぎきれるという希望の錯覚をわれわれに与えてくれる。度重なる失望の後にさえ、なおそうである。彼の数少ない書物、特に『哲学研究』を読んでいて、彼は確かに何か大切なことを言おうとしている、だがわれわれにそれが見えない、という思いが胸を去ることがない。理解したと思う時ですら、それが平板な曲解ではあるまいかという不安が常に伴っている。

したがって、彼を引用することは、彼の言葉を盗むことにとどまり、彼の思想を盗むことではない。そして、人が彼の言葉をしかじかに解するとき、多くは、一つのできあいの思想に「L・W」(Ludwig Wittgenstein)という指標を貼ることにとどまる。しかも、彼の文章の全集合をとれば、それはわれわれの試みるあらゆる対応を、対角線論法のようにすりぬけてしまうに違いない。彼は結局矛盾しているのだろうか。私にそう言う確信はない。彼は余りに深遠なのか。私にはそれが如何なる種類の深遠さなのか想像がつかぬ。(「どうして文法的なしゃれをわれわれは深遠だと感じるのだろうか。〔それがまさに哲学的深遠さなのだ。〕」——一一一)。私が確信をもって言えることは、私が彼に教えられたとすれば、彼を誤解することによってである、ということだけである。

だが、一つの誤解が完成すれば、その中ではヴィトゲンシュタインの言葉はその不可解な精彩を失って死んでしまう。高々それらは気のきいた鋭い言い廻しとなって、その誤解を確認する証言として使われるだけである。私を鋭く刺した力を失なって、針を刺し終えた蜂のように、むくろになってしまう。一方、私は多くの誤解を完成できたわけではない。だが誤解の外では彼の言葉は私を迷わせ模索させるだけである。未完の誤解の中では彼の言葉の力を借りることはできない。こうして以下で述べることとヴィトゲンシュタインに共通なものがあるとすれば、それはただその話題だけだということになる。私的言語、他我、意識、等、『哲学研究』(*Philosophische Untersuchungen*, 1953) の主題がまた以下での主題である。(引用の和数字は同書第I部の項番号を示す。第II部では頁数、又は節番号をアラビア数字及びローマ数字で示す。)

一　他我の問題

他我の問題で問題であるのは、他人に事実、意識があるかどうか、あるにしてもないにしてもそれをどう証拠だてるか、ということではない。あるかないかではなく、その前に、他人に意識があるとかないとかで、われわれは何を意味しているか、また、何かを意味することができるか、ということである。「彼は腹痛を起している」とか「彼女は今考え中だ」ということは一体何を意味しているか、ということである。

もちろん、日常生活の中でわれわれはこれらの言葉の意味に苦しみはしない。彼は腹に痛みを感じているのであり、彼女は何ごとかを思案中なのである。だが例えば、「彼が痛みを感じる」とはどのような意味を持つのだろう。私は彼の痛みを感じたことはないし、また絶対に感じることができない。その、私から完全に絶縁された痛みを、彼が感じる、ということで私は何を意味できようか。

ここで類推説を持出すことは的外れである。問題は、類推される当の「彼の痛み」が何を意味しているかであり、もしその意味が類推によって与えられるというのであれば、「彼の痛み」は「私の痛み」と「同じようなもの」になってしまう。だが、私の痛みと「同じような」痛みを「彼が感じる」ということの意味こそわれわれが不可解とするものである。「他人の痛みを自分の痛みをモデルとして想像するには……私が感じる痛みをモデルとして私が感じない痛みを想像せねばならぬ」（三〇二）。「もちろん、ヤカンの湯がたぎればヤカンから湯気が吹出す。また、ヤカンの絵からも湯気の絵が吹出している。だが、その絵のヤカンの中にも何かが煮えたぎっていると言う人がいるとすれば？」（二九七）。

しかし、われわれは「彼が痛みを感じている」ことを明瞭に了解している。では一体何を了解しているのだろうか。ある状況における彼の振舞、痛みの振舞をである。もちろん、それが如何なる状況での如何なる振舞であるかを精確に述べることはできない。誰しも「走る」という振舞を精確に述べることはできまい。また「食事中」という状況を精確に規定できるわけでもない。それらは明確な境界を持たぬ多少なりとも漠然とした振舞のゲシュタルト、状況のゲシュタルトである。問題は精確な描写や規定にあるのではなく、その状況と振舞の背後に、その振舞をひき起す何ものかがあるかどうか、あるとすればそれは何か（どういう意味でのものか）なのである。

彼には痛みがあり、それだからこそ痛そうな振舞をするのだ、これがわれわれの普通のとり方である。事改めて言うにも及ばぬ程確固としたとり方である。だが、「彼の痛み」には意味を与えることができない、ただある状況における彼の振舞（例えば、痛い！という発声も含む）

だけが「彼は痛い」に与える意味であり、また事実、日常われわれはその意味で「彼は痛い」ということを了解しているのだ、と言われても人は納得すまい。

われわれは「それでも、彼は痛みを感じる」と言うだろう。彼の単なる所作を指して、彼が痛がっている、と言っているのではない。痛みの振舞がなければ、彼の痛みに気付くことはあるまい、しかし、痛みの振舞をみて「彼は痛い」と言うとき、その所作について言っているのではなく、自分には感じることのできぬ「彼の痛み」について言っているのだ、と答えるだろう。妙な理くつがどうであろうと事実そうなのだ、と言いたいのである。「それでも太陽はまわる」、と言いたいのである。

私が人を眺めるとき、人と話すとき、人のことを考えるとき、私はただ単なる物体を眺め、単なる物体と話し、単なる物体のことを考えるのではない。私と全く同様ではないが、私の痛みに似た痛みを感じ、私と似た仕方で考え、私と似たやり方で想像したり、計算したりする「人」を眺め、「人」と話している。これは端的な事実である。だが、私の様に彼が感じ、考え、想像するということにどのような意味を与えているか、と問われれば答えることができない。それは、現実に人に面しているときは確固としたイメージである。しかし、それを見定めようとすると把みどころなくすりぬける、そういうイメージである。L・Wはそれこそ空転するイメージに他ならず、現実の言葉のやりとり（language game）では実は何の機能も果さぬ遊休イメージであるというだろう。しかし、われわれはこのイメージなくしては「人」は単なる物体になると感じるのである。

このイメージはいわば「絵なきさし絵」である。（アンデルセンに「絵なき絵本」という本がある。）このさし絵——「人」はその肉体に加えて意識があるという——の中で私は人を眺め人とかかわっている。だが、このさし絵の絵を私は画くことはできない。彼が痛みを感じ、彼が考える、という絵を画けないのである。

古代の人々には、森のざわめき、梢の打ちふるう動きや、木の葉のかさこそと揺れる姿は、何かの霊の動きと見えたこともあろう。その人々には、単なる木の葉や単なる枝が揺れ動いたのではない。それは森に棲む霊のあるいは苦しみ、あるいは怒り、あるいは脅かす姿であった。その人々は、そのようなさし絵の下に、そのような相貌の下で森を見たのである。だが、このさし絵は再び、画くことのできないさし絵である。霊の姿はあるいは画いたかも、画けたかも知れない。しかし、例えばその森の一つの樫の木の一枚の葉がその霊にいかにして動かされているか、一つの枝がどのようにして揺らされているかを画くことはできなかったであろう。それにもかかわらず、このさし絵は働いていたのである。同じ一つの森がこのさし絵の下では、散文的なわれわれに見えるのとは異なる姿で見えたはずである。もとより、一枚の葉、一本の小枝とてその動きを異にするわけではない。しかし、すべての葉と枝が異なる相貌をもって見えたに違いない。

この「絵なきさし絵」の下での相貌は、何かわれわれが事物に附加する色合いのようなものではない。あらゆる相貌をはぎ取った事物なぞはありえない。一つの椅子を私が物理的に眺めるときは、それを原子分子の集団という相貌の下で眺めるのである。この物理的相貌は、例えば父祖遺愛の椅子という相貌よりは遥かに堅固遥かに常態的であるにせよ、またいわば公認の相貌であるにせよ、一つの相貌であることに変りはない。相貌のない、あらゆる相貌を剝ぎとった顔なぞは考え得ないと同様、相貌を持たぬ（見られた）事物なるものは考え得ないのである。

私は「人」を絵なきさし絵の相貌の下に見る。その相貌の下に「人」とまじわる。それは画くことのできぬさし絵であり、あるいは半ば画かれたままのさし絵である。それを画きあげることはできないし、また私は画きあげてはいない。それは私の痛みや私の想念、ひっくるめていえば私の意識の定かならぬ、ためらい動く投影以上のものではない。彼の痛み、ましてやその痛みが彼の口からうめき声を出させる機構のさし画を全うすることは全くできない。

しかし、私はこの絵なきさし絵の下で「人」を見ているし、少なくとも今迄はそれ以外の仕方で「人」を見てはいない。このさし絵が「人」に「人」の相貌を与えるのである。もしこのさし絵から解き放たれたとすれば、「人」は今迄と異なる相貌、例えば単なる身体、単なる物体という相貌の下で私に見えるだろう。（もちろん、単なる物体を愛し憎み、畏敬し、非難することは少しもおかしくはない。それはだが別問題である。）

しかし、この絵なきさし絵が正しいとか誤っているとか言うことはできない。（もちろん、空転するとは言えない。空転していないのだから。）それはまさにそれが「絵なき」さし絵だからである。正しいとか誤っているとかと言えるのは、画かれたさし絵、絵なきさし絵を全き絵にしようとしたときである。打寄せる波を、一条の海水が岸辺に近づくというさし絵で見るならば、そのさし絵は誤っている。なまずが跳ねる地震、虎の皮のふんどしの雷様のさし絵が誤っているのと同様である。だが、画かれていないさし絵の正誤を言うことはできない。「生命が宿る」という絵なきさし絵を、エンテレキーとか生気とかでもし絵にしたならば、そこで始めて正誤が起るのである。「意識ある他人」の絵なきさし絵もまた、そのさし絵を描き上げたときのみ、正誤が言えるのである。そしてその絵を描き上げるすべはなかろう。

では、この絵なきさし絵は正誤が言えず、真偽が言えぬとすれば、無意味なさし絵であるというべきだろうか。

もちろん無意味である。ただし、このさし絵が何か他人について述べている、他人について情報を与える命題の役割りをしていると取るならば、である。しかし、このさし絵は「他人に意識がある」という主張でも仮説でも類推でもない。それは、人の振舞に一群の相貌を与える絵なきさし絵なのである。彼が痛みを感じるか、またどのような感じで感じるかを述べるものではない。ただ、彼のうめき声、彼のもがき等、彼の身体のある動きに、「彼は痛がっている」としか言いようのない相貌を与えるものなのである。それは、単なる音としての呻き声、単なる物体の運動としてのもがき、という相貌とは異なった相貌を与えるのである。ルビンの図形や反転図形（立方体や階段）が同一の図形でありながら、二様または三様の歴然として異なる相貌を与えるように、同一の肉体がときとして単なる身体としての相貌を、ときとしては「人」の相貌を与えうる。そして絵なきさし絵の下での「人」の相貌を描写するには、「痛みを感じている」、「考えている」、「悲しんでいる」等の言葉を使わないではやれないのである。

　だがそれでは結局のところ、多少の粧おいをこらした行動主義（他我認識における）に還ることになるのではないか。うめきもがいている一つの物体のある相貌とは、結局のところ一つの物体の相貌でしかない。その通りである。だが、この相貌はありふれたゲシュタルトではない。ただ「人」にのみわれわれが見る相貌であり、単なる物体ではないという相貌なのである。単なる物体が、単なる人体がその上にひきかぶる相貌ではない。単なる物体、単なる人体、はまた一つの相貌であって、それ自体は相貌を持たず、あれこれの相貌をとったりはずしたりするものではない。相貌を持たぬ素面というものはどこにもない。この、「人」の相貌において、「人」は痛みを感じ、考え、希望し、悲しんでいるのである。「誰かの手が痛むとき、……人はその手を慰めはしない。その手を痛めた人を慰める。その眼をみてである」（二八六）。「〈彼はごきげんななめなのに気付いたよ〉。これは彼の振舞についての報告だろうか、または彼の気分についての報告だろうか〈空は恐ろしげな様子だ〉は現在についてなのか、未来についてなのか)。両方についてである。だが二つのことを並べて言うのではない。一方を通して他方を語るのである」(p. 179)。しかし、振舞を「通して」その背後にひそむ何ものかを語るのではない。振舞をある相貌の下で語るのである。手を痛めた人の眼を「通して」その背後にある(眼の背後には大脳しかない)何ものかを慰めるのではない。それでは再び、「君は覆面した行動主義者ではないのか。君は真底では、振舞以外はすべてフィクションだと言っているのではないか。——もし私がフィクションを云々するのであれば、それは文法的フィクションなのだ」(三〇七)。

だが、この文法的フィクションは取払うべきフィクションではなく、私が日常そうしているように「人」を「人」として見る場合には取払うことのできぬフィクションなのである。それは仮構でもなく、想像でもない。「人」の相貌の下に「人」を見るとき、われわれがその中で生きている枠組なのである。だが再び、それは画きあげることのできぬさし絵であり、それ故真でも偽でもない。私は「人」が痛みを感じ、何かを考えるとはどういうことなのか、痛みが痛みの振舞にどう接続するのか、想念がどう大脳の神経興奮につながるのか、その絵を画いてはいないし、またその絵を画くことはできない。それにもかかわらず、この全うすることのできぬさし絵の下に、意識ある「人」の相貌の下に、人を見、人に対している。これが事実なのである。この相貌をとり去れば、それとは異なる相貌、たとえば単なる身体の振舞という相貌の下で人を見ることになる。それは不可能なことではなく、事実時としては、例えば高所から蟻のように動く人群れを見下す時のように、現に私に現れてくる相貌である。また、この単なる振舞の相貌の下では人間関係が索漠たるものになるわけでもない。やはり私は人を愛し憎むだろう。しかし、それは「人」の相貌とは異なる相貌であり、私の日常生活において常態的にとることが私にはできぬ相貌なのである。意のままに、あるいは多少の緊張の下で交替し交換できる相貌は多々ある。反転図形がそうであるし、「あひる兎」(p. 194)もまたそれである。また戦争ごっこの最中には「銃のつもりの木切れ」の相貌は、戦い終われば「ただの木切れ」の相貌と交替する。(前者の相貌が本物の「銃」の相貌とも異なることは言うまでもない。)しかし、意識ある「人」の相貌は、意識なき彫像の相貌、心なき木石の相貌と同様、私に堅く棲みつき私はそれから現実に離れることはできない。この「人」の相貌は私がその中で育ち、その中で生きている相貌なのである。「私の彼に対する態度は心に対する態度である。だが、彼が心を持つという考えではない」(p. 178)。たしかに「人」が心を持つという考えではない。「人」が心を持つ、という画を描き上げられぬからである。だが、「心ある人」という相貌をもって彼が私に現れるのである。その相貌の下に、心ある人としての彼に対する、それが私の態度なのである。彼が、その痛そうな振舞とは別に、その振舞と並んで、「痛みを感じている」ということの意味を私は与えられないし、与えてもいない。だが、彼の振舞の相貌は、「痛みを感じている」としか表現できぬ相貌であり、単に「痛そうに振舞っている」と表現される相貌とは全く異なるのである。

一つの物体が、「単なる物体ではない」、「感じ、考える」相貌をもって私の前に立つ。それが「人」であり、「他人」なのである。そして、「感じ、考える」とは「単に感じるが如き振舞、単に考えるが如き振舞」とは異なり、「感じ、考える」としか表現できぬ相貌、「単なる振舞ではない」振舞の相貌なのである。

人間とただその内臓の仕組みが違う他は、そっくり人の形をし、そっくり人並に振舞うロボットが「人」の相貌をもって私に現れるかどうか、それはその場にならねばわからない。だがもしそれが「人」の相貌をもつとするならば、普通「人《じん》」が感じ考えるのと全く同じに感じ考えるのである。何のかけ値もなく感じ、考えるのである。その内臓がトランジスタやＩＣであってもである。それが「人」の相貌であって「人真似」の相貌ではないからである。また、少なくとも私にとっては、「犬」の相貌の下で犬はかけ値なしに痛みを感じ、喜びを感じている。だが、「蝶」や「青虫」の相貌にあっては、痛みを感じると表現してよいかわるいか私にはわからない。それらは私を迷わしためらわせる相貌なのである。「……を感じる」という、元来は「人」の相貌を語るに使われた言葉は、人形《ひとがた》から余りに離れた場所では所在をなくするのである。

二 交信

人が私に「君の背中に虫がはっている」、「君の計算には見落しがある」とか言うとき私はその意味を完全に理解する。上衣をぬいで虫を探すし、計算を今一度念入りに検討する。だが彼が「僕の背中が痛む」「今頭の中で計算中だ」と言うとき、私は何を理解するのだろうか。それは彼のみが立会うことができ、私には全くかくされている何ものかを理解することではない。私に全くかくされている何ものか、それはまさに私に何の理解もできぬことだからである。「一人一人が箱に何か入れて持っているとしよう。その何かを甲虫とでも呼んでおこう。誰もが他人の箱をのぞくことはできぬ。そして皆、自分の甲虫を見て甲虫の何たるかを知っていると言う。……箱の中の物は言語ゲーム（Sprachspiel）の中に占める場所はない。何ものかとしてさえである。箱は空かもしれないのだ」（二九三）。彼との交信において、彼の痛みや彼の暗算は、私の痛みや私の暗算と並んだ席を占めることはできない。私がこの交信で受信するのはその送信を含む彼の振舞であり、その振舞を「彼が痛み」、「彼が暗算中」という相貌を持つ振舞として受信するのである。だがもし（私に了解できない〈もし〉である）彼が彼の甲虫について送信したのであれば、私は誤信したわけである。そして私は誤信せざるをえない。これが私に可能な唯一の受信方式なのだから。

だが私が彼に送信するときには、私は私の甲虫について述べる。私が「腹が痛い」と人に言うとき、私は私の腹痛について述べている。彼がそれを「理解する」、とは私にとっては再び、或る相貌（「理解する」と呼ばれる相貌）を持つ振舞を彼が示すこと以外のものではない。彼がその相貌の下の或る振舞なり発言することを期待して私は送信するのである。ここでも言葉による交信は電信や電送写真とは全く異なる働きをしている。「……言語による伝達の全機能は恰かも次のようなものであるかにみえてしまう。すなわち、何か心的なものである私の言葉の意味というものを、誰かが把握する、いわば彼の心に取りこむことだと。……」（三六三）。

しかしL・Wは「腹が痛い」でもって私は私の腹痛——私の甲虫——を「描写」し「指して」いるのではない、と言う。そのような描写における「言語の語は話者にのみ知りうるもの、彼の直接的で私的な感覚を指している。それゆえ、他人はその言語を解しえない」（二四三）。だが、事実他人は私の「腹が痛い」を解している。だとすれば、「腹が痛い」でもって私は自分の腹痛を描写し記述しているのではない。では何をしているのだろうか。「問題は、人間は感覚の名前、例えば〈痛み〉という語の意味をどのようにして習うか、ということと同じである。ここに一つの可能性がある。すなわち、それらの語は感覚の元来で自然な表出と結びついていて、その表出に代るのだ。子供が傷をして泣く、大人はその子と話して彼に叫び声を、そして後には文章を教えるのだ。つまり、子供に新しい、痛みの振舞を教えるのだ。〈では、痛みということは泣くことを意味する、と言うのか〉。いや反対だ。痛みの言語的表出が泣くことに置き代るのであって、それを描写するのではない」(二四四)。だからこそ、他人は私の「腹が痛い」を解し、私は交信に成功する、というわけである。つまり、私が日常他の人々と交信するように言語を使う限り、私は自分だけが持つ私の意識について「描写」することはできない、というのである。もし「描写」したとしても、それは他人との交信の場外にあって、トランプの独り遊び(二四八)に類する。あるいは、「右手から左手に金を与える」(二六八)如く、交信の言語ゲームに乗らないのである。共通言語のゲームに乗るには、その描写の正誤をきめる手段がなくてはならないが、内的描写である限りそのような手段がないからである(二五八—二六五)。私が私の腹痛を「腹痛」と呼ぶことの正しさが、私の記憶その他の私の意識によると言うのであれば、それは「朝刊の記事の真実性を確めようと、同じ朝刊を何部か買うようなものだ」(二六五)。すなわち、私的言語(Private Sprache)は公共的正しさの基準を欠くゆえ、他人には理解されず、したがって共通言語ではない、つまり、われわれが普通、言語と呼んでいるものではない、というのである。

だが、明白に、私は「腹が痛い」というとき、私の腹痛を「描写」している。また、私が昨夜見た夢を物語るとき、私はまさにその夢を描写している。このような、（L・Wの言う）「内的経験」、あるいは「心的過程」が描写できること、また私がいつも描写していること、これには疑いの余地がない。問題は、それが他人に伝達され、他人が受信できるか、である。

私にとって、私の発言を「彼が理解する」とは、ふたたび、一つの絵なきさし絵の下での相貌を彼が示し、私の腹痛の訴えに適切な振舞をとってくれ、私の夢物語りには適切な反応を示してくれることとである。（前節でのL・Wはこのことを認めないわけにはいくまい。）それが私にとって、「彼が理解した」ことなのであり、私の送信が無事受信されたことなのである。だが、こうなるために、私の発言が私の「内的経験」の描写であってはならぬ理由は一つもない。私の腹痛の描写が描写として彼に伝達される、ということの意味は私にはL・Wと同様に理解できない。だからといって、私の「腹が痛い」が描写であることはできぬ、ということにはならない。私は描写し、彼は「（彼が）理解した」としか私には表現できぬ相貌を示す、このことに不都合なところがあるだろうか。

他人が私に「腹が痛い」と言うとき、私はそれを描写として理解することはできない。それは絵なきさし絵であり、その絵を私は画きあげることはできないからである。私の理解するのは、「人」の腹痛という以外に表現できぬ一つの相貌である。だが私の腹痛は描写できるし、また現に描写している。これをもし、私と他人の非対称性というならば、この非対称性の上に言語の伝達がなされているのである。この非対称性は何も私が私の気まま勝手に言葉を使う特権があるということを含みはしない。私は絶えず他人の反応を眺めて、また他人に教えられて私の言葉を訂正する。ある日、他人が腹を抑え顔をしかめて「腹がかゆい」と言い、私が「腹が痛い」と言えば笑うのに気づけば、私は「痛い」を「かゆい」に置き換えよう。しかし、このことは「腹がかゆい」を私の腹痛の描写でなくするわけではいささかもない。

もしL・Wの真意が、想像や暗算や痛みのような「内的経験」と、机を見たり雷鳴を聞いたりする外的経験との区別にあり、机の描写と痛みの描写を同じ「描写」という言葉でする危険を指摘するにあるならば、問題は別である。しかし、言葉による伝達に関しては、この区別の方がより大きな危険ではあるまいか。

「庭に青い花が咲いた」と人が言うとき、私はその意味を解するのに、他人の腹痛のときのような絵なきさし絵で解するのではない。さし絵が必要ならば、私はそれを描き上げることができる。この点で、彼の腹痛についての発言と、青い花についての発言は私に区別をもっている。しかし、逆に私が彼に「庭に青い花が咲いた」と言うときには、「彼がそれを理解した」ということの意味は、「私は腹が痛い」を「彼が理解した」ということの意味と同種なのである。それは共に、「彼が理解する」という絵なきさし絵の相貌の下にある。もし、私の腹痛の描写が受信されないのであれば、庭の描写もまた受信されないのである。私の言う「青い」を彼が「理解」できるならば、私の腹痛もまた彼は「理解」している。そして、彼が「青い」を「理解する」というさし絵は、私の腹痛の「理解」のさし絵と同様、描きあげることのできないさし絵である。私の発言が受信される様式に関しては、その発言が私の内的経験、外的経験のいずれについてであるかの区別はない。「恐らく、〈描写する〉という言葉がわれわれをひっかけるのだ。私は〈私の心の状態を描写する〉とも言えば〈私の部屋を描写する〉とも言う。言語ゲームでの様々な違いを思い起さねばならぬ」（二九〇）。だが、それと共に、その違いの働く場所を思い違えてはなるまい。

以上に述べた交信様式は当然例えば科学者相互の間の交信にも当てはまらねばならない。少なくとも、私がかりに物理学者であるとすれば、私と同僚物理学者の交信はこの様式で行なわれる以外にはない。私は他の物理学者が、私の腹痛を「理解する」のと同様の相貌の下で、私の実験報告を「理解する」のをみるのである。また、彼が「電圧計がゼロに下った」と言うとき、彼がその電圧計のゼロを指した針を「見た」ということのさし絵を描き上げることはできない。「私に見えると全く同じに彼に見える」ということのさし絵も描くことができない。彼が「見る」ということの絵は、彼が「痛みを感じる」、彼が「想像する」ということの絵と同様、描くことのできぬ絵であり、私はこの絵なきさし絵の相貌の中に彼に対するのみである。

他方、「電圧計はゼロ」の意味は私に苦もなく理解できる。それは私が見ている、または見ようとすれば見える風景の描写だからである。しかしふたたび、この私が見る風景と「同じ風景が彼に見える」のは絵なきさし絵の相貌の下にである。ただ一つの共通な世界を、それぞれの場所から私と他の人々が共々「眺めている」、ということの意味もまた、この相貌の中においてのみ私に与えられる。

この交信様式を言語的ソリプシズムと呼ぶのであれば、たしかにこの言語的ソリプシズムはソリプシズムの一つの表現と言えよう。しかし、この言語的ソリプシズムを述べるに必要な「私」という言葉は私にとってまた一つの絵なきさし絵であり、「私」は実は世界の全風景がとる相貌の名に他ならない。「私とは私の世界に他ならぬ……」（『論理哲学論考』、五・六三）。そして、「ここにおいてソリプシズムを徹底すれば、純粋の実在論になる」（同上、五・六四）。だが、実在論であるなしにかかわらず、われわれは独我論的交信方式で言葉をかわしているのではあるまいか。

言語と集合

［『言語・知覚・世界』五、一九七一年／初出：一九六九年］

知覚世界と物理的世界、他人の意識、普遍概念、価値と存在、自然科学と社会科学、これらは古くかつ新しい哲学問題である。すべての哲学問題がそうであるように、これらは一見ばらばらに独立した問題にみえるが、実は互いに連なりあい重なりあった問題なのである。この連なりあいの一端を言語の面から観察してみることはこれらの問題を新しい照明の下に置くことにいかほどか役だつものと思う。

1　立体形

私はマッチ箱が直方体であることを知っている。しかし、私は「直方体」なる立体形を円や三角形という平面図形と同じように見ることはできない。私はマッチ箱をグルグルまわして眺めるが、私に見えるのはただそのときどきの視点からの「見え」だけであって、一挙に一望の下にマッチ箱を見ることはできない。一望の下におさめた「直方体」がどんな形であるのか私には全く想像もできないのである。つまり、「直方体」がどんな形であるかを知っている、という時の「知り方」は、円や三角形の形を知っているという時の「知り方」とは違うのである。ではその「知り方」はどんな知り方なのだろうか。

私はマッチ箱をグルグルまわして眺めた。そしてそれが直方体であることを知ったのである。ということは、そのさまざまな視点からの「見え姿」を知ることによって、それが直方体であることを知ったのである。逆に、あるものが「直方体」だと知っていることは、任意の視点からの「見え姿」を知っていること、このこと以外にはないのではあるまいか。

厳密に言うならば、あらゆる可能な視点を有限の速度で有限の時間のうちにつくすことはできない（一枚の紙を有限の長さの線で埋めつくすことはできない）。つまり、厳密に言うならば、すべての視点からのマッチ箱の「見え姿」をつくすことはできず、私はそうしたことがないのである。にもかかわらず、私が「直方体」なる形を了解しているというのは、「任意の」視点を与えられればそれに応じた「見え姿」がどんなものであるかを了解していることなのである。

このことを次のように言い換えることができよう。あらゆる視点からのマッチ箱の「見え姿」は、「見え姿」の（連続的）無限集合をつくる。この無限集合を表現する言葉として「直方体」という語があるのである。しかしこの無限集合をわれわれは作り上げることはできない。われわれにできるのは、任意の視点を与えられればそれに対する「見え姿」を描くことにとどまる。いわば、「見え姿」作成のアルゴリズムを知っているだけである（ちょうど、あらゆる掛算をやることはできないが、任意の二つの数が与えられればその掛算ができるアルゴリズムを知っている、このことが掛算を「知っている」ことであるようにである）。別な面からいえば、任意の「見え姿」が与えられた時、それが「直方体」のある視点からの「見え姿」であるか否かの判別ができる、これが「直方体」がどんな形であるのかを「知っている」ことなのである。つまり、任意の「見え姿」が与えられたとき、それが「直方体」なる（「見え姿」の）無限集合の要素であるか否かの判別ができる、このことが直方体を「知っている」ということ、直方体の「意味を了解している」ことなのである。

有理数を一定の整数比をなす二つの整数のペアの無限集合として定義するとき、またその有理数の無限集合を二つの部分集合（切断）にわけて実数を定義するとき、こういう場合と似たことが立体形と「見え姿」の場合に起っているのである。また、たとえばπの小数展開が完結できないにもかかわらず、その展開のアルゴリズムがあるように、いわば、「直方体」の「見え姿」展開は不可能だがそのアルゴリズムは存在する、この仕方で直方体がどのような形であるかを私は「知っている」のである。

それゆえ、直方体のような立体形状の存在様式は集合の存在様式だと考えないわけにはいかない。夫婦と子供三人からなる家族集合は存在する。だがその家族集合の存在はその成員のような血肉を備えた存在ではない。その夫婦と子供三人の他に、その家族なるものが別途に起居しているわけではない。しかし、その五人が生活している限り、その五人家族は存在する。同様に、無数の視点からの「見え姿」の他に一つの直方体が別途に存在しているのではない。その「見え姿」の無限集合が直方体の存在なのである。あらゆる立体形状について同じことが言える。したがって、地球や机や細胞や蛋白質の形もまたそれらの「見え姿」の無限集合である以外にはない。これは甚だ非常識にひびくかもしれない。しかし、立体形状についていったい何を知っているか、どういう知り方で知っているかを考えてみれば、これ以外にはないように思える（以上では、簡単のため、触覚や運動感覚を除外したが、それらを考慮に入れてもことは変らない）。

2　普遍概念

特定の三角形ではない「三角形」とはどのようなものか。「三角形一般」なるものは存在するのか。もし存在しないとすれば、どうしてわれわれは「三角形」について一般に語り、証明を行えるのか、これが古くからの普遍論争の出発点である。

大きくも小さくもない、等辺でも不等辺でもない、直角でも何度でもない角を持つ、そういう三角形はどこにもないことは明らかだろう。あるのは、無数の特定の三角形である。それにもかかわらずわれわれは「三角形」について語る。そしてそのときどの特定の三角形を指しているのでもない。このとき、われわれは無数の特定の三角形すべての無限集合について語っていると考えればいい。

もし、特定の三角形のすべてをしらみつぶしに語る語り方があれば「三角形」という概念または言葉は不用であろう。「以下同様」(例えば数学的帰納法)という語り口があるが、これもここでは使えない。特定の三角形は連続無限にあるからである。「任意の」と言えば、「三角形」と続けざるをえない。これは特定三角形の無限集合を collectively にではないにしろ distributely に語ることである。このように、「三角形」という概念または言葉は、特定三角形のすべてについて語るためには不可欠のものなのである。しかし、「三角形」なるものが特定の三角形があるのと同じ意味であるのではない。特定三角形の無限集合としてあるのである。

しかし、無限集合はまさに無限集合であるゆえに完結したものではない。「三角形」が特定三角形の無限集合を名指す「名詞」であるということは、この無限集合が完結してあるということではない。この無限集合はそれを生成する方法が知られている、という意味であるのである。一つの無限集合を生成する方法が知られているということは、任意のものを提示されたときそれがその集合に属するか否かを決定することができるということである。任意の図形が提示されたとき、それが「三角形」の無限集合に属するか否かが判別できるとき、われわれは「三角形」について語ることができる。その判別とはとりも直さず、その図形が「三角形」であるか否かの判別である。すなわち、「三角形」という名詞ではなく、「三角形である」という「述語」によって判別するのである。論理学の用語を使うと、「三角形」という外延を「三角形である」という内包によって生成するのである。

日常的な言葉についても全く同様である。大きくも小さくもなく、テリヤでもシェパードでもなく、黒でも白でもない、ないないづくしの「犬一般」などはどこにもいない。あるのは、ポチでありその死んだ父親のジョンであり、生まれてくるかもしれぬポチの子犬であって、そのどれでもない一般的な「犬」はこの世に生きることはない。

「犬」が何かを意味するとすれば、それは過去、現在、未来の個々のさまざまな犬の集合以外にはあるまい。この集合に想像上の犬（たとえばプルートー）を含めるかどうか、またこの集合が有限であるか無限であるか、それらはしかと定められていない。そのような集合が「犬」なのである。このいわば未定の集合を生成するのが、「犬である」という述語なのである。任意のものが提示されたときそれが「犬である」か否かを判別できる、判別する用意がある、それが「犬である」ことの意味を了解していることなのであり、それによってそのものが「犬」の集合の要素であるか否かがきめられるのである。この判別をプラトニストのようにイデア認識と呼ぼうと、現象学者のように本質視と言おうと、また心理学者のようにパターン（ゲシュタルト）認識と名付けようと、それはここでは何の差異も起さない。要は、この判別ができるということが「犬である」ことの意味の了解である、ということである。

3　科学の言語と日常言語

日常言語の語彙は僅かの固有名詞を除いて、その名詞、動詞、形容詞、副詞のすべてが上に述べた「三角形」や「犬」のような普遍語である。固有名詞ですら見方によれば普遍語だと言える。「何某」という固有名詞は何某氏の無数の時点における彼の無数の姿態の無限集合と言えよう。われわれの使う日常言語は普遍語からなる言語なのである。

この日常言語に対照的なのが科学の言語である。物の世界を探究する科学は何よりもまず、物の世界の精細で一意的な描写を必要とする。そして物の精細な描写とはその時間空間的な細部の描写である。とうぜん、科学の言語は時空的な細部をゆきつく所まで描写する力がなくてはならない。そのための言語が時空の座標言語である。各時点での、世界のあらゆる位置について語れる言語、それが時空の座標言語である。

この座標言語によって、科学は物の世界を一意的に、つまり完全に個別的に語るのである。一四の特定の犬ならば、そのある時点における姿を余すところなく描きあげることが原理的には可能なのである。

そしてもちろん、これら個別的描写の有限無限の集合を作成することもできれば、それについて語ることもできる。ただしかし、日常言語の普遍語をこの科学の言語の中で再構成できるだろうか。たとえば、「犬である」という語、または「犬」の無限集合を科学の言語に翻訳し、科学の言語の中に写像することができるだろうか。

もちろん、日常言語には特有の曖昧さがあり、そのりんかくはぼやけている。この曖昧さは、にじんだ字のふちを切り取るように取り去れる種類のものではない。「山」なり、「川」なりの語の曖昧さをどうやって取り去れるのか私には見当がつかない。だが、これらの語を科学言語に写すときの困難は、この曖昧さにだけあるようには思えない。困難は、「犬」に対応する科学の個別的描写の無限集合をどのような判別方式で作成してよいのか全く手掛りがないところにある。「円」や「三角形」ならば困難はない。しかし、「山」や「木」や「犬」や「石」となると、これは至難のことではあるまいか。

電子計算機がパターン認識に当惑するのは、この科学言語が日常言語の翻訳に際して持つ困難と同種のものに思える。ディジタル計算機の言語は、この問題については科学言語と同じく一種の座標言語だからである。計算機が簡単な書字や音声の特性変数の発見に苦しむ場合の幾万倍の困難が「山」や「川」や「犬」の場合にあるのである。

結局、科学のミクロ的な座標語とパターン的な日常言語の「語り方」との間には一見するよりは大きなへだたりがある。この二つの言語は同一の世界を語りながらもいわば異った「まとめ方」で語るのである。そして、日常言語のまとめ方を科学言語に翻訳することがひどく困難なのである。一枚の絵のあらゆる点の絵の具を描写したとすれば、それによってこの絵のすべてが余す所なく描写されたことになる。そこに付け加えるべきことは何も残っていない。しかし、その科学描写は、それが一匹の「犬」を抱いて「笑顔」をしている「子供」の絵であることを語ってはいないのである。同じように、科学言語がこの世界を余す所なく描きあげても、それは世界を余す所なく「語った」ことではない。

科学言語と日常言語とのこの関係が、科学言語と歴史言語との関係でもある。歴史言語ひいては社会科学言語もともに日常言語を含んだパターン言語であるからである。そしてさらに、科学言語と倫理言語、科学言語と美学言語との関係でもあるまいか。

4 行動主義の言語

歴史にせよ、社会科学にせよ、それらが語る世界は自然科学が語る世界に他ならない。しかし、この両者とも単に物の世界について語るだけではなく、人間の心情や意図や思想についても語る。だが、自分以外の人間の心について語るとはどのような語り方なのだろうか。というのは、他人の心については一歩もふみ入ることができないからである。憶測なり推定なり直観なりによって他人の心を知るといっても、絶対に立ち入ることのできぬことを推定とか憶測とかができるだろうか。この「他人の意識の問題」に対しての一つの見解が、（哲学的）行動主義と呼ばれているものである。この見解の当否をここで述べる必要はない。ただ、この行動主義の言語の特性を観察したいのである。

行動主義はこう述べる。ある人が「優しい心を持つ」ということは、その人が時に応じて優しい「振舞」をすること以外にはない。「悲しい」とは悲しい振舞をすることにつき、「怒っている」とは怒りの所作をすることとそのことである、と。要するに、他人の心について語ることは実はその振舞について語ることに他ならない、と言うのである。

では例えば、悲しみの振舞とはどのような振舞なのだろうか。それは恐らく無数の振舞の無数のバリエーションであろう。悲しげな顔、悲しげな足どり、悲しみの表白等々。そして数限りない悲しみの顔があり、悲しみの足どりがあるはずである。それら悲しみの振舞は、振舞の無限集合を作るだろう。

しかし、いかなる振舞がこの無限集合に属し、いかなる振舞がそうでないかをどうして判別できるのだろうか。それはまさに「悲しみ」の意味によってである以外にはあるまい。「悲しみ」の意味を了解しているということがとりも直さず、この判別ができることに他ならない。この判別ができるということそのことが、「悲しみ」の意味を知っていることなのである。簡単に言えば、「悲しい振舞」のパターンを知っていることなのである。もしその判別があやふやであれば、それは「悲しみ」の意味の了解があやふやなのであり、「悲しみの振舞」のパターン認識があやふやなのである。

こうして、「悲しみ」という言葉の意味は、悲しみの振舞の無限集合をまとめあげる役割を持つ。そして振舞という物体運動の他に、非物質的な「悲しみ」というものがあるのではない。他人には心もあれば意識もある。ただし、心ある振舞、意識的振舞をする、というその意味において心があり意識があるのである。しかし一方、悲しみや心が個々の振舞であるというのではない。それらは振舞の無限集合、またはその集合を生成させる述語としてあるのである。したがって、悲しみや心という言葉を消去してしまうことはできない。それらを消去すれば、悲しみの振舞や心ある振舞の無限集合をまとめあげることができない、つまり、人が悲しいとか人に心があるとかと語れなくなるからである。

この行動主義言語をとる限りでは、歴史も社会科学も自然科学と異る世界について語るものではない。それらはともに、自然科学と同様、物の世界の物の運動について語るのであって、それに加えて物でない何ものかについて語るのではない。戦争も革命も商取引もすべて物体運動として語られることになる。

この物の世界の物体運動はそのあらゆる細部まで自然科学の言語によって（原理的には）描きあげられる。その一意的描写は余す所はなく、描き加えるべきものはなにもない。しかし、日常言語の場合と同じく、歴史や社会科学がこの世界について「語る」ことを自然科学が「語る」ことはたとえ不可能でないにせよ至難なことなのである。行動主義言語が語ることを科学言語に翻訳する端緒すら見出すことができない。だが、歴史や社会科学が「語る」世界は自然科学が語る世界と全く同一の世界である。異るのは対象でも領域でもなく、その「語り方」なのである。少なくとも行動主義言語の下ではそうである。

5 むすび

上に述べてきた、立体形、普遍概念、行動主義言語の観察を通じて、言葉の働きの一つの性格がみてとれるように思える。すなわち、ある種の言葉は他の種類の語が指すものの無限集合を生成する役割を果す、ということである。このようなとき、その言葉は何か別の領域に存在するものを指すと思われがちなのである。イデア、本質、実体、価値、心、これらの概念にこのような危険がなかっただろうか。

無限集合を生成する言葉は、その集合の要素と同じ領域に「ついて」、しかし異る「語り方」をする言葉なのである。だが、あるものを、そして世界を異る「語り方」で語るということは、異る相貌の下で世界を眺めることに他ならない。むしろ、さまざまな相貌の下に世界があらわれてくることが、われわれにさまざまな「語り方」を強い、その語り方のための言葉を押しつけた、というべきであろう。

幾つかの相貌の中で、自然科学的世界の相貌は他の相貌の「地」となる基本的相貌であろう。しかし、それは他の相貌の下での世界を語りつくすことはできない。それは他の語り方と「語り合わせ」なければならないものであろう。

決定論の論理と、自由

〔『言語・知覚・世界』七／初出：一九六〇年〕

「この問題はただ誤解によって生じた。……もっと大切なことに使えた思考の浪費を別としても、この問題のためにかくも大量の紙とインクがくり返しまきかえし消費されたことは、全く哲学最大のスキャンダルの一つである。私はそれで今〝自由〟についての章を書くことが本当に恥ずかしい」（シュリック（29））。

「……と言うようなのが普通の考えだが……私はこれ程新鮮な問題、又活潑な知性が新しい地平を開く機会に恵まれた問題を他に知らない。恐らく、その地平は、結論を無理にだしたり同意を強要することではなく、争点の本質の理解を深め、運命と自由意志という二つの観念の意味するところをより深く理解することによって開かれるものだろう」（ジェイムス（14）p. 145）。

「倫理の問題を私達が普通に考える時、その半ばは意志の非決定性の信念の上に、他の半ばはその決定性の信念の上に立っているように思われる。私自身でこの困難の適切な解決を考えつくことはできなかったし、他の人にもできなかった。しかし、真理は撞着するはずはない。長い目でみればいつかは、この表面での矛盾を取り除く考えがでてくることを期待してよいだろう」（ロス（26）p. 251）。

「私は自由だ、それでおしまい」（ジョンソン博士）。

以下で試みるのはこの難かしい問題の解決などではなく、この問題の空しさを指摘することである。

1　決定論の論理

（1）空虚な決定論

伏せて重ねたトランプを見て、「一番上の札が何であるかは知らないが、何であるかはきまっている」という時、一体何がいわれているのだろうか。この言葉を聞いて、それを聞かない前に較べて、私の知識が些かでも増しただろうか。この言葉はどんな情報を伝えようとしているのだろうか。元来、この言葉には何の情報も含まれていないのではないだろうか。私にはそう思える。この命題の真偽を確かめようとしても、どうすればよいのかがわからないからである。上の札をめくってみてハートのキングが出たとする。「そら、ハートのキングだったじゃないか。ハートのキングにきまっていたんだ。だからもちろん、何かであることにきまっていたんだ」、こう言うのであれば、それがスペードであろうと何であろうと全く同じことになる。つまり、そういうのであれば、何が出ようとこの命題は証明される。ということは、何も確かめない先から証明されているということと同じである。即ち、この命題は経験によって証明される必要のない命題、したがって経験と関係のない命題、簡単に言えば論理的命題だと言わねばならない。このことは先の命題の後半を否定した命題を作ってみれば、さらに明瞭になる。「一番上の札が何であるかは知らないが、何であるかもきまっていない」。この命題は単に何の札だか知らない、ということを奇妙な仕方で言っているのでないとすれば、了解不可能である。了解不可能なのは、無意味であるか、矛盾しているかのどちらかのゆえである。この命題（の後半）が無意味であれば、「きまっている」という元の命題（の後半）も無意味であり、この命題（の後半）が矛盾であれば、元の命題（の後半）は分析命題、即ち論理的に正しい命題なのである。

結局、この例のような〈きまっている〉という概念の使い方は、無意味であるか、または論理的に正しいがゆえに経験的に無内容であるかのどちらかだと言えよう。何れにせよ、経験的に無内容であることには変りがない。即ち、このような〈きまっている〉という概念は遊んでいて何の働きもしていないのである。

未来は伏せてあるトランプだと見ることができないだろうか。明日の札があり、あさっての札がある。明日の札をめくれば明日の生活がある。しかし、まだ明日の札は伏せられている。この時「明日の生活はまだわからないが、とにかく何かにきまっている」という時、先の例と全く同様に〈きまっている〉という言葉は遊んで使われているのである。無意味でないとすれば、それは論理的に真となるように使われているのである。「明日がどうあるかは〈きまっている〉」。その通りである。しかし、それは経験について何も語らず、明日はどうなのかについて一言も述べないゆえに正しいのである。水に入らないゆえに溺れず、受験しないゆえに落第しないのと全く同様に、何も内容のあることを言わぬがゆえに正しいのである。この黙秘の安全性が、この命題の論理的な正しさに他ならない。

この遊び言葉の〈きまっている〉、〈決定している〉を使った決定論を、空虚な決定論と呼んでもよいと思う。あるいはアプリオリの決定論、論理的決定論、とも呼べるだろう。これから観察するように、奇妙にも他の形の決定論も結局はこの空虚な決定論に舞い戻ってしまうのである。この空虚な決定論の空虚さをうめようとしても、うまらない。このことが、決定論の基本的な論理であり、それが自由と決定の問題の把えにくさのもとになっているように思われる。

(2) 同一原因、同一結果

空虚な決定論の空虚さは、ただ世界の動きが決定しているというだけで、どう決定しているかについて何も述べない点にある。この空白をうめる一つのやり方として、同一原因には同一結果がともなうと言ってみよう。多くの人は事実、決定論はこのことを意味するものとして解している。ここで、原因とか結果とかいう概念については多くの疑義があるので、幾分安全な言い方に変えてもかまわない。即ち、同じ先行状態には同じ後行状態がひきつづく、と言い直してもかまわない。

このような形で表現された決定論に対しては、ベルグソン（1）の有名な反論がある。彼は、状態として一人の人間の意識状態をとるならば、絶対に同じ状態が二度繰り返されることはない、したがって、同一状態には同一な後行状態が引きつづくということは宙に浮いてしまうと考えるのである。たしかに、われわれ人間に記憶があるということだけから、人の一生のどの時点をとっても同じ状態にあることはないだろう。昨日の私と今日の私は、少なくとも、一日分の記憶のあるなしだけからでも同じではない。ましてや、人の肉体は一日一日老いてゆくことを考えれば、ベルグソンの言うことに反対することはできない。さらに、人間でなく、物質界についても同じことが言えるだろう。マクロ的な事物をとれば、そのミクロ的な構造が厳密に同じ状態で繰り返されることはまず考えられないことである。[*1] 歴史の一回性は、人間、動物、無生物を問わず言い得ることである。

しかし、それはあくまで、〈同一性〉を極端に厳密にとった時に言えることである。科学や日常生活の実際問題としては、このように厳密な同一性をとることはまずない。たしかに、物理理論ではこの厳格な同一性をとっているが、その時でさえ、その理論を適用される実験的事実にはもっとゆるやかな同一性をとっている、いや、とらざるを得ないのである。*2 現実には、厳密な同一性はむしろ理論的概念であって経験的にそれを使用することはできない。経験においては、局部的であり、また、多少の幅をゆるす同一性の概念を使用する。咳の仕方が多少違うからといって、違う風邪をひいているとは言わないし、スイッチの押し方が毎回少しずつ違うからといって、電燈のつく原因は毎回違うとはいわないのである。昨日の空腹感と今日の空腹感とはその背景をなしている私の意識に一日分の記憶の差があるから同じ空腹感ではない、とは誰も言うまい。この意味で、空腹感は繰り返すし、同じ意味で他の意識状態も、局部的にまたゆるやかな形で繰り返すのである。

そして、このゆるい意味の下で、先の同一原因—同一結果の決定論を解しても、それは十分有効な決定論なのである。つまり、非決定論者は非決定論者である限り、このゆるい意味での決定論をも認めるわけにはいかない。その意味でこのゆるい決定論は尚決定論としての有効性を持っている。なぜなら、決定論のコンマ以下の誤差範囲をたのみにして満足する非決定論者または自由論者はいまいと思うからである。したがってベルグソンの論点を避けて、この種の決定論を主張することができる。

しかし、ここに一つの決定的な論点がある。それは、〈同一性〉を厳密にとるか、ゆるくとるかに拘らず、この種の決定論はトートロギーであるという点である。

今、ここに全く同一だとわれわれが考えている二つの金属片、例えば鉄片、があるとする。ところがある実験をこの二つの鉄片にしたところ、違う結果がでたとする。この時、われわれは先ず実験装置や実験操作に誤りがあるのではないかと考えて、それらを検査し、さらに実験を繰り返すだろう。そして、これらに何の誤りも発見できない時、そして何度繰り返してもこの二つの鉄片は違う振舞をすることを確認した時、同一原因（鉄であること）から異る結果が生じたと言うだろうか。即ち、同一原因―同一結果の決定論が破れ、非決定論を証明したことになると考えるだろうか。もちろん、否である。われわれは、実験の前には同じだと思っていた鉄片は実は違うものだと結論するのである。では、どう違うのか。正に、この実験で異る結果を生じる点が違うのである。即ち、異る結果を生じるものは異る原因だと定義するのである。二つの事物、あるいは二つの状態が同一であるかどうかは、その事物または状態の〈その後の経過〉によって判定される。この〈その後の経過〉が判定のすべてではないにしても、その後の経過が違えば元の状態を違うものとするという意味で、不可欠な判定なのである。ある場合には、〈その後の経過〉が正に原因の定義そのものになる。精神病学の病名がその見事な例になる（例えば進行性マヒ）。性格の分類、血液型の分類、ＩＱおよびＶＱテスト等はそれに類する。先に述べた実験が例えば質量分析の実験であれば、二つの鉄片は鉄の異る同位元素とされるのである。この事情は、事物の性質や状態はほとんどすべて dispositional に定義されている、というよりそう定義されざるを得ない、ということからでてくるのである。即ち、もともと、原因となる事物の性質や状態の定義そのものがその様々な振舞（つまり結果）によってなされているため、振舞が違えば定義上その事物は異るものとされるのである。

もちろん、科学的実験の機能は単に定義の作成や定義の訂正にあるのではない。（もっとも、定義は単に任意な言語上の約束ではなく、この場合は自然法則の一つの表記法なのであるが。例えば、比重Xの金属を鉄とよぶ、ということは、鉄は比重Xの金属なり、という自然法則の別表現である。）実験によって予期されていなかった新しい差別を見出せば、その差別を理論によって説明し、さらに新しい実験や理論の発見に導くのである。しかし、そのような科学の実質的な発展がどれ程豊かでありどれ程複雑なものであっても、原因の不同一が結果の不同一によって定義される、この点だけは変らない。特に注意すべきは、化学の基礎である元素の分類、また、物理学の基礎である素粒子の分類、がこの手続きによってなされていることである。

陽子と電子とが違う粒子であるのは、正にその振舞が違うからであり、二つの陽子が同種の素粒子であるのは、一定の状況での振舞が同じであるからなのである。陽子と電子は異なる粒子であるから異る振舞をするのではなく、異る振舞をするから区別されたのである。二つの陽子は同じく陽子であるゆえに、同種の結果を生じるのではなく、同種の結果を示すがゆえに同種の粒子とされるのである。

以上で述べたことは、同一性を厳密に解した場合にもあてはまる。しかし、次のように考える人があるかも知れない。Aという状態をとことんまで厳密に規定すると、Aが異る結果を生じた場合、Aをいわば二つの異る状態に分つ余地はないのではないか、と。そうではない。一つの状態の規定でそれ以上分ち得ないというようなものはない。厳密さは常に相対的なものである。一つの質点の状態は位置と速度をきちんと与えるとそれ以上規定を進める余地がないように見えるかも知れない。しかし、そうではなく、その質点が異常な振舞をすれば、それは〈異常な質点〉という新しい規定を受け〈正常な質点〉と区別されるのである。例えば、質量が速度や受ける力に関係して変るとか、異る運動法則に従うとかという点で〈異常〉なものとして分別されるのである。要するに、これで底をついたというような〈厳密な〉規定なるものは論理的にあり得ないのである。

こうして、結果が違えばそれによって原因を違うものとして定義する、というのが日常および科学のやり方であることが認められると思う。もしそうであれば、同一原因は同一結果を生じる、ということはトートロギーであることが明らかになる。事実、多くの人は[*3]、この同一原因—同一結果の原則を因果律とよび、その因果律は科学の根本の要請だと考えたのである。さて、もし同一原因—同一結果を言うことはトートロギー[*4]だとすれば、その同じことを言う決定論もまた当然トートロギーとなる。それは正しいが、経験的には無内容なのであり、この世界の状態について何も肯定せず何も否定しない、つまり何の主張でもないことになる。空虚な決定論を同一原因—同一結果の決定論で置き換えても、その空虚さは少しも満たされない。決定論は依然として空虚にとどまっている。

*1　ベルグソンの論点は、世界全体が周期的に繰り返される場合を除外している。しかし、ここには問題はない。人間を含んだ世界全体の周期的回帰は無意味である。理由。現在の世界が例えば四百万年前の世界と同一だと認識するためには四百万年前の世界の記憶なり記録なりが必要だが、その記憶または記録の存在そのものが四百万年前の世界と今日の世界との違いとなる。

*2　プランク(24)、ライヘンバッハ(25)はこの点から、厳密な決定論、または因果法則は成立しないと言う。しかし、それを認めてもそれが決定論の有効性を実質的には損じないことは本文に述べた通り。

＊3　Claude Bernard (*Introduction à l'étude de la médecine expérimentale*, éd. Delagrave, p. 308)、「実験は……常に事実の絶対的な決定論の上にのみなり立つ」。Henri Poincaré (*Dernière pensées*, Flammarion, p. 244)、「科学は決定論的である。アプリオリにそうである。それなくては何もできないゆえ、決定論を要請するのである」。

＊4　ノイマン（21）(p. 162) は言葉は違うが実質的には同一原因の問題で、これはトートロギーではなく、事実問題を含むと言う。しかし、彼の手続きは交換不可能な測定による分類であり、同一状態というより恒常的同一状態の定義を考えている。その点で本文の論点をそこなうものではない。尚、かくれた変数については後に述べる。

(3)　予言可能性

前節で示したように、包括的に同一原因―同一結果を主張することはトートロギーとなる。しかし、包括的にではなく、部分的具体的に、かくかくの原因（先行状態）にはかくかくの結果（後行状態）がつづくということはトートロギーではもちろんない。だが、それをいうことは、具体的に自然法則[*1]を書きあげることに他ならない。具体的に自然法則が与えられておれば、先行状態（および境界条件）を知れば後行状態がどうであるかを、予め知ることができる。未来の状態が予め知られている。ということは未来が（少なくともその話題の範囲では）定まっているということである。この形で決定論を主張するのは、予言可能性を以て決定論の意味としているわけである。この予言可能性の意味での決定論が、現代でこの問題が論じられる時の標準的な決定論である。さて、この予言可能性の意味での決定論は、前節の同一原因―同一結果の決定論と違って、トートロギーではなく具体的経験的内容を持っているように見える。がしかし、果してそうだろうか。実は、以下の検討が示すように、この予言可能性の決定論もまた再びトートロギーに帰着してしまうのである。個々の予言、個々の自然法則はもちろんトートロギーではない、しかし、この世界全体の予言可能性の主張はトートロギーにならざるを得ないのである。

まず第一に注意すべき点は、この世界の相当部分の事件は高い信頼度を持って具体的に事実予言できる、ということは非決定論者も認めている点である。天体力学から料理の仕方や家族の機嫌に至るまで、無数の事がらが、この具体的な予言に依存していることは疑いない。それなくしては歩道一つ歩けず、水一杯安心して飲めないはずである。このことは、その範囲では決定論を特に主張する必要がないことを示している。決定論が一つの主張としての意義を持つのは、世界の相当部分（あるいは大部分）が予言可能だという時ではなく、世界は全部余す所なく予言可能だという時なのである。それゆえ、以下では特に断らない限り、決定論をこの全面的予言可能性の意味にとる。

II

次に、予言可能ということの意味には三つの段階が分けられると思う。

I　現実的予言可能性――世界のすべてのことを現実に具体的に予言できるということ。これはラプラス（16）のデモンにはできるが、人間には当然できない。

II　理論的予言可能性――具体的予言を現実に何事についてもできるとは言わないが、錯雑と必要時間と計算能力の点を無視すれば、予言の仕方を具体的に与えることができる。換言すれば、世界のすべてを支配する理論を具体的に提出できる。これは古典物理学の夢であった。

III　原理的予言可能性――そのような理論を具体的に提出することは現在できないが、そのような理論は原理的に（あるいは論理的に）あり得る。

ここでIは始めから問題にならない。われわれ人間はデモンや神でないという理由だけで、現実的予言可能性を主張することはできない。しかし、もし人間にデモニッシュな能力があればそれができる、と言う人はIではなく、IIの理論的予言可能性を主張しているのである。さらに、IIの理論的予言可能性には曖昧さが避けられない。古典物理学的決定論（古典力学と電磁気学）も、それが世界のすべての事件をおおうと主張するためには、多くの仮説や extrapolation を必要とする。例えば、人間の意識状態や行動まで古典物理学がカバーするというためには、例えば心身平行論や心身現象の一対一（または一対多）対応の仮定が必要となる。この仮定自身はある程度の生理―心理学的証拠があり、さらに重大な反証がないという点でその信憑性が低いとは言えないが、また高いとも言えない。この仮説に依存すまいとすれば、物理理論の他に人間の心理と行動を支配する独立の決定論的理論を提出しなければならないが、現在の心理学はそのような理論を提出するには程遠いことは誰しも認めよう。そこで結局、IIの理論的予言可能性は現在では一つの推定、またはある人々にとっては作業仮説の位置にある。さらに将来どんな幸運に恵まれたとしても、この推定は科学理論一般の基本的性格から、常に一つの推定に止まらざるを得ないのである。この推定はますます確からしく、ますますその信憑度は高くなってゆくかも知れないが、完全に確かな所まではゆかない。それは経験科学の理論の当然の運命である。しかしここで一つ注意が必要である。上のようにいう時、もしそれが非決定論の弁護としていわれるものとすると、その弁護は非常に力の弱いものである。先に、決定論の誤差範囲にのみ棲息することに満足する非決定論はあるまいと述べたが、同じように、決定論の証拠不足にのみ息をつく非決定論もないだろう。この点を非決定論の論拠にしようとするならば、その誤差範囲や不足証拠がその寡勢にも拘らず、人間行為や中心的な自然現象（例えば素粒子）に決定的な影響を持つことを示さなければならない。そしてこのことは全く別の論点となる。[*2]

さて、理論的予言可能性が今述べたように、現在でもまた将来においても、推定としてとどまることを認めるならば、この推定としての理論的予言可能性を主張することは結局のところIIIの原理的予言可能性の主張に帰着する。このことは明らかであろう。即ち、予言可能性としての決定論はIの現実的予言可能性として主張することはできないし、さらに、IIの理論的予言可能性として主張しようとすれば、つづまるところIIIの原理的予言可能性を主張することになってしまうのである。ところがこの原理的予言可能性は真ではあるが、ただトートロギーだという理由だけで真になるのである。そしてこの原理的予言可能性がトートロギーであるという理由は馬鹿馬鹿しい程単純なものである。

今、碁石を机の上に規則正しく一列に並べてみよう。並べ終えた後、この机の上の碁石の配置についての法則を求められれば誰でも、「一直線上にある」という法則を提出するだろう。では次に、今度は碁石をひとつかみ手に握りばらっと机の上にあけてみる。その時、再び碁石の分布についての法則を求められたらどうするだろうか。法則はこの場合にはないだろうか。いや、無数にある。大づかみな法則としては、例えば、「右上のすみに分布が濃く左下方にゆくに従いうすくなる」とか「左半分に偏っている」とかと言える。世界地図の上の人口密度や森林密度の場合と同じである。さらに精密な法則を求められるならば碁石の存在非存在を二次元座標（例えば机の縦横の縁を座標にとる）の関数として表現すればよい。先に一列に配置した場合の「一直線上にある」ということを同じように関数に表現した場合に較べるならば、この場合の関数はその関数形の複雑さの違い以上の違いを持っていない。勝手にばらまいた碁石の分布も、その関数形は初等関数とはひどく違ったものであろうが、一つの関数で表現できるのである。そしてこの関数を、碁石分布の法則と呼んで悪い理由はない。碁石の代りに太陽の黒点を、机の代りに太陽面をとり、私が投げる代りに自然が黒点を爆発させると考えれば、碁石分布の法則に代って黒点分布の法則を得るだろう。多くの科学実験のグラフやダイアグラムは皆同じ手続きをとっているのである。関数形の複雑さにしても、たとえば一つの閉曲線内の全領域を二重点なしに埋める連続曲線に較べるならば遥かに簡単である。

このことを拡張するならば、「世界がどんな経過をたどろうと、その現在までの経過に適合する自然法則をたてることは原理的には可能である」と言える。世界の運行がわれわれの数学に適したものならば数学的に整理しやすい単純な形の自然法則が得られるだろう（天体力学がその例となる）。そうでなければわれわれの手持ちの関数では表現できず、新たな複雑な関数を作る必要が生じるだろう（例えば、正確な関数とは言えないが、量子力学でのディラックのデルタ関数）。最悪の場合は、ただ記述するのと変りのない関数（碁石分布、黒点分布）でしか表現できない自然法則になるだろう。普通、自然法則と呼べるためには、多少なりとも体系的な整理を受けた世界運行の記述であることが必要なことは事実である。しかし、どの程度の体系性をその境界線にするかについては何の認識論的基準もない。したがって、碁石分布のような不規則な関数も法則と呼んではいけないという積極的な理由はない。さらに碁石分布ですら、規則性を求めようとするならば求められるのである。例えば、先に述べたように、どこそこが濃い密度を持っているというような規則性が必ずある。密度が一様ならば、今度は「密度が一様」という規則性をあげられる。要するに「完全なカオス」、「完全な無規則性」ということは無意味なのである。

以上の意味で、世界がどのように動こうとその現在までの経過を記述する自然法則は原理的に可能なのである。この結論の論拠は上述の釈明から明白なように、ただ「過去は一通りしかない。そしてその過去が起った通りに記述できる」という自明な事がらに過ぎない。否、むしろこれは論拠ではなく、この結論そのものなのである。したがって、この結論自身も一つの truism として承認されるはずである。

しかし、問題は、過去の記述の可能性ではなく未来の事象の予言の可能性である。再び碁石の例にもどるならば、私が投げ終えた碁石の分布ではなく、次に投げる一つの碁石の位置を予言できるかどうかということである。ここで、上述の碁石分布の法則がこの予言に何の役にも立たぬことが明白になる。その法則は次の碁石の位置について何の示唆も与えない。しかし、通常の自然法則が予言の土台となりその予言を信頼できるのはどういう理由によるのだろうか。ここで精しく検討する余地はないが、多くの人の一致して認める理由は帰納法による賭けである。われわれは自然法則を信頼して、未来に賭け、その賭けの成功によってさらに次の賭けをするのである。もしそうだとすれば、碁石の場合にも賭けることは許されるはずである。ただこの場合、通常の科学的予測と違う点は、碁石の過去の分布法則はこの賭けに何の指針をも与えない、というところにある。あるいは、次の碁石の位置についての如何なる賭けに対しても同様の指針を与える、と言ってもよい。とにかく、賭けの根拠については雲泥の差があっても、明日の太陽が東から昇るのに賭けるのと同じ権利で次の碁石が例えば机の真中にくることを賭けられる。さらに、過去の碁石分布の法則をある観点から、または何の観点もなしに、特徴付け、それから次の碁石の特定の位置の予測の指針となるようにすることも許される。賭博者の奇妙な規則（例えば猫に会えば赤に賭ける）の場合と同じように、この指針の奇妙さ、非常識を別とすれば、それは一つの指針である。問題は賭けの適中であって賭け方ではないのである。[*3]科学の信頼性はそれが科学的な賭け方である点にあるのではなく、よく適中する賭け方であることにある。私が碁石分布の法則の奇妙な特性をもとにして、非科学的な予測をしても、まぐれ当りをする可能性は必ずある。さらに、次に投げられる碁石はともかく何処かに落ちるはずであるから、私が様々な可能な限りの予測をするならば、その予測のどれか一つは必ず適中するということも自明である。即ち、予測の根拠の科学性や自然さとは全く無関係に、適中する予言は必ず一つはあるのである。

さて、原理的予言可能性とは、未来について適中する予言をする仕方が原理的にある、ということであった。ところが、上に述べたことは正にこの原理的予言可能性なのである。なぜならば、具体的にどのような仕方で予言すればよいのかは示せないが、任意の期間の未来世界に適中する予言の仕方は必ず一つ存在するということを言っているからである。繰り返すが、この場合、予言の仕方の合理性や科学性は論点の外にある。どんな非合理な仕方ででも、ずっと適中し続けて外れがない予言の仕方であれば、その予言の仕方はむしろ予言の仕方としてはもっとも合理的だと言わねばなるまい。こうして、原理的予言可能性は肯定されることになる。しかし、その肯定の理由は再び余りに自明な理由である。即ち「未来は一通りしかない。そしてそれについて可能な予言をすべてするならば、その中のどれか一つは適中する」という理由である。この理由の虚しい正しさはそのまま全面的予言可能性としての決定論の虚しい正しさに他ならない。この虚しさを埋めようとしてIの現実的、IIの原理的予言可能性をとろうとすれば、先に述べたように再びこのIIIの虚しい決定論に舞いもどってしまうのである。予言可能性を全面的予言可能性にとる限りそうならざるを得ない。そして予言可能性を部分的にとるならば、それは問題となる決定論ではなくなる。この事情を裏から見れば、原理的非決定論はなり立たず、絶対的偶然という概念は無意味であるということになる。ちょうど、「いつかは救世主が現われる」「いつかは地球は爆発する」等の命題は絶対に否定する方法がないように「いつかは完全な予言可能性を持つ理論ができる（できる可能性がある）」という命題を否定する道はないのである。

結局、決定論を予言可能性の意味にとっても、やはり空虚な真理性という烙印を除くことはできない。

＊1　自然法則をラッセル（27）のように関数的に表現すれば、前節の同一原因についてのベルグソンの非難は自動的に消滅する。

＊2　この点は後に改めて検討する。

＊3　この考えはヘルプスト（12）にも見える。

（4）　量子力学、その他

しかし、原理的予言可能性を論理的に正しいとする前項の結論は、量子力学の原理的な統計的性格に一見矛盾するように見える。事実、決定論の問題は今世紀［二〇世紀］では量子力学の問題を中心点の一つとしている。だが、これは誤解であると思う。量子力学にまつわる認識論的科学哲学的問題はそれ自体として、錯雑し困難なものであるが、決定論の問題とは切り離すべきものである。

　プランク（24）が強調したように、物理理論とその理論が説明しようとする経験とははっきり区別しなければならない。物理理論には、それ自体として決定論的、潜在的に決定論的、原理的に非決定論的、等の性格を割り当てることはできる（フェブリエ（9））。しかし、現在の物理理論の性格が非決定論的だということから、すぐにこの世界が非決定論的だということはでてこない。さらに、物理理論の非決定論的性格は、世界の非決定論的性格の部分的証拠とさえならないのである。このことは次の単純な思考実験から明らかになると思う。

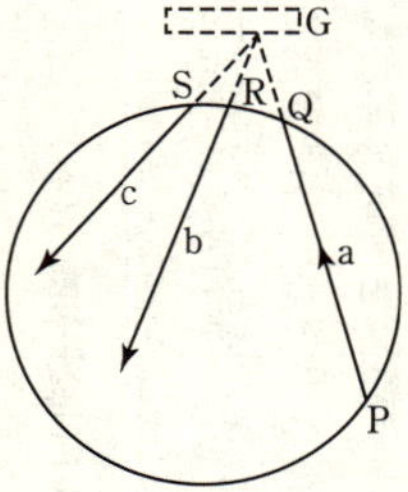

　われわれの経験世界が図のように、丸窓の中の現象に限られていると想像する。そして、われわれは多くの玉がP点からaの経路で矢印の方向に走ってゆくのを観察するものとする。それらの玉はQ点でわれわれの経験から消失し、しばらくの後同じ玉と思われるものが再び現われるのが見られる。しかし、その現われる場所と経路は多くの場合異る。ある時はRに現われてbの経路を走り、別の時にはSに現われてcの経路を走る、等。そしてこの丸窓の世界に対して物理理論をたてることを求められたとしよう。一人の物理学者は統計的理論を作る。即ち、aという先行状態にひきつづくbc等の状態を観察に従って統計的に記載するのである。bの

確率、cの確率等が定められる（正確には確率密度が）。しかし今一人の物理学者はもっと大胆な理論を作る。経験の外に一つの板Gを仮定し、ついで板Gの回転運動を想定し、玉はその板によってはねかえされるものと考える。観察にちょうど一致するGの運動の規定に成功したとするならば、この物理学者は一つの決定論的な物理理論をたてたことになる。すると、ここに二つの物理理論があり、共に経験世界に適合し、しかも一方は統計的、他方は決定論的なのである。

この簡単な例が示すように、現在の物理理論が非決定論的だということから、この世界を叙述説明する決定論的な物理理論は存在し得ない、という結論を導くことは誤りである。

しかし、量子力学の場合には事はもっと複雑である。特に、ノイマン（21）（p. 160–171）はいわゆる「かくれた変数」は存在し得ないことを証明した。[*1]「かくれた変数」とは、上の例の「かくれた板」のように観測されない量であって、しかもそれを導入することによって量子力学を決定論的な理論から導くようにするものをいう。したがって、ノイマンの証明を額面通りにとるならば、量子力学の存在から、決定論的物理理論が不可能であることが言えることになる。しかし、ボーム（2）、フェブリエ（9）が指摘するように、ノイマンの証明は特定の前提条件の下でのみ有効なのである。即ち、一つの系の状態を記述するのに、量子力学の状態関数をそっくりそのまま保存し、それにかくれた変数を附加し、決定論的理論を作ったとしたならば、量子力学で成立している波動関数の性質の全部を保存することはできない、というのである。それゆえ、簡単に言えば、量子力学の骨組を保存したままでは、決定論的理論は不可能だ、ということである。したがって、もっと大きな理論構成上の変化を許す場合には、ノイマンの証明は適用されない。

このことをさらに一般化して言うならば次のようになる。量子力学の問題は、現在の理論と連続した新しい決定論的理論は恐らく不可能であろうということである。しかしこの意見に反対する物理学者も少なくない。[*2] 一方、前項の意味での決定論では、現在の理論との連続性を要求しないのである。そして、前項で示したように、この決定論は、量子力学の問題とは無関係に、さらにどんな理論や経験とも無関係に正しいと言える。以上のことから、決定論の問題には量子力学は直接の関係がないと言ってよい。逆に言えば、量子力学のような内容的理論が関係し得ない程の空虚さが決定論につきまとうのである。

次に、この形式的な決定論に対して、同じく形式的なベルグソン（1）(p. 177-) の異論がある。それは一人の人間、例えばピエールの未来に対するポールの予見の問題である。ベルグソンの論点を簡単にすればこうなる。ポールにピエールの未来の一時期を、全く完全に予見できるとする。完全であるとは、ピエールが何時に何をする、というような予見では不十分でその時点でのピエールの全意識の予見であることを要求することである。そうすれば、もはや「記述による予見」では駄目で「体験的な予見」でなければならない。ということは、ポールがピエールになってその一時期を生きることだけが、その時期の完全な予見となる。そうなれば、これはもはやポールによるピエールの未来の予見ではなく、ピエールの生活そのものである。したがって予見を云々することは意味を失う。結論として、完全な予見は不可能である。*3

同じ種類の論法が物理的世界に対してもなし得ると思う。今世界が千個の粒子からなりこの千個の粒子の運動の予測が問題になったとする。但し、その予測はこの世界の中でなされなければならぬ。さて、千個の粒子の運動を記述するには少なくとも千個の記号（普通は六千個）が必要である。この記号はこの世界から取ってこねばならないのだから、千個の粒子を動員せねばならぬ。ということは、この世界の未来の一時点の運動の予言をするためには、この世界の現在時での全粒子を必要とするということである。ポールが未来のピエールになりきらねばならなかったように、現在の世界が未来の世界になりきらねばならないのである。ゆえに完全な予測は不可能である。

しかし、この種の論法は、上の原理的予言可能性としての決定論に対する反駁とはならない。反駁となるのは、Iの現実的予言可能性に対してである。この論法の論点は、デモンといえどもそれが世界の一部である限り、現実に未来の予言を全部書き上げることはできない、ということにとどまる。[*4] Ⅲの原理的予言可能性は始めから、具体的な予言作成の可能性は断念しているのだから、この論法によって影響をうけないのである。さらに、実質的にも決定論はこの論法に影響されない。ポールはピエールの来月の生活全部を予言できぬとしても、来月のピエールの生活について一分おき毎にピエールの居り場所とその大まかな姿勢を予言することは、この論法では許されている。このことを許容する非決定論ならば、それは実質的にはもはや非決定論として扱う必要がないことは明白であろう。一方、決定論をこの形にゆるめても、それはとにかくゆるめるのであるから、元のきびしい決定論のトートロギー的性格はそのまま保存されるのである。

*1 やや不正確だが一般的な仕方でノイマンと同種の証明がソロモン（30）にある。

*2 アインシュタインが終生量子力学に不満であったことは有名である（例えば、ボア（37）参照）。最近ではボームやドブロイが再び決定論的理論の可能性を検討している。

*3 この種の論法を「完全論法」とでも呼びたい。完全な偽札は本当の札であり、完全な偽善者は真の善人であり完全に人間的なロボットは真の人間である。

*4 特にデモンですら自分自身の未来の予言を完全に作成することができない。人間はもちろんのことである。

（5） 再び空虚な決定論に

以上の検討で、決定論は再び空虚な決定論に立ち帰ったのである。決定論の空虚さを埋めようとして、同一原因―同一結果（2）および種々な予言可能性（3）の決定論を考えたのであるが、それらが全面的決定論であるためには空虚な決定論にならざるを得ないのである。空虚さを避けようとすれば、具体的となり、具体的となるためには部分的にならざるを得ず、部分的になれば非決定論者も事実として認める部分的決定論にならざるを得ないのである。非決定論に対する決定論であるためには、全面的決定論でなくてはならず、全面的決定論となるためには空虚な決定論に舞い戻らぬわけにはいかないのである。決定論の問題性はその空虚さとリンクしているのである。

　この決定論の空虚さはその空虚さのゆえに決定論の正しさを保証する。決定論は正しいのである。したがってこの形の決定論の否定である非決定論は論理的に誤りなのである。しかしこの決定論の正しさは以上の観察からもわかるように、次のトートロギーの上に立っている。即ち「起ったことはそう起ったのであり、そう起るようにそう起るだろう」[*1]、または「過去はそうであった通りにそうであったのであり、未来はそうあるだろうようにそうあるだろう」。したがって、決定論はトートロギーなのであり、しかもトートロギー以外の形の決定論は恐らくはあり得ないのである。決定論はtruismなのである。しかし、それゆえ正しいのである。

もし非決定論や自由論があり得るとすればこの決定論を認めた上での非決定論、自由論でなくてはならぬ。その代表的な形が次に検討する Soft Determinism である。

＊1 ラッセル（27）。この形の決定論の文学的哲学的表現は無数にある。例えばジェイムスも引用した Omar Khayyam の五三節（*English Verse*, vol. V, ed. Peacock, Oxford University Press, 1931, p. 56)。ヴォルテールの哲学事典の〈運命〉の項。そして無論、スピノザがある。

2 Soft Determinism

ダンカン-ジョーンズ（8）は次のような単純肯定両角論法（simple constructive dilemma）を提出した。「私の特定の意志がある範囲で非決定であるならば、その意志は全く別様でもあり得たわけであり、私とは関係なく生じたのだから、私には責任がない。一方、その意志が何かによって決定されたのであれば、それを避ける自由は私になかったのだから、私に責任はない。したがっていずれにせよ、私には責任はない」。

この論法の第一の角の方は認め、第二の角の結論を変えて、決定論をとりながらしかもある意味の自由を許し、責任を意味あるものにしようとするのが、ジェイムス（14）が Soft Determinism と呼んで軽蔑したものである。決定論と自由とを両立させるという点では、カント、ヴィンデルバント（36）、カッシラー（7）もこれに属すると言えよう。さらに近代および現代の哲学者が大部分[*1]この意見をとっているのは驚くべきことである。シュリック（29）やファイグル（10）はこの「柔い決定論」によって自由の問題は解決したとさえ言っているのである。この柔い決定論の論点を簡単にまとめてみると次のようになる。

（a）自然および人間が法則に従って決定されるということは、法則によって〈強制〉されることではない。法律は命令を与えある意味で人を強制するが、法則は記述するのであって強制するのではない。例えば「人の意志が心理学の法則に従うということは、単に、与えられた条件の下では如何なる意志を実際に持つかが述べられているだけである」（シュリック（29）p. 147）。それゆえ法則によって決定されていることは、何もわれわれが強制を受けていることではない。

（b）強制されるのはどんな場合かと言えば、「自分の望むようにすることを外からさまたげられる」（同上、p. 150–151）場合である。そして自由とはこのような強制がなくて行為することなのである。この自由の意味は現実の生活でわれわれが行為の自由不自由を言う時のものに他ならない。この意味である行為が自由であるということは、強制がないということを意味するが、原因を持たぬということを言ってはいない。自由な行為にもちゃんと原因はある。ただ、その原因はいわば私の内側にあって外側にはない。したがって、自由な行為と強制された行為との相違は、（この意見にしたがえば）原因のあるなしにあるのではなく、原因の種類にあるのである。行為者自身に属する原因によってなされる行為が自由なのであり、行為者の外から主原因がくる時、その行為は強制された行為即ち不自由な行為なのである。換言すれば、自由とは意志の自己決定（selfdeterminism マクラガン（20））であり、この考え方は意志決定論(Free-Will Determinism ホヂスン）とでも呼んでいいものである。したがってこの自由の定義をとるならば、決定論と相反するものでないことは明らかであろう。決定論の反対は非決定論であって、（この定義での）自由論ではない。決定論を認めてその上に自由を定義できるのである。さらに非決定論をとると（実は前節で説明したように、原理的非決定論は不可能なのだが）、この定義での自由は成り立たなくなる。なぜなら、原因の種類別の上に自由を定義するのだから、原因がないとこの定義が不可能になるからである。（この定義での）自由は、決定論と矛盾するどころか、決定論を不可欠な前提とするのである。[*2]

（c）　この決定論の必要性は上の自由の定義に対してのみならず、罰や褒貶という倫理的評価に対してもある。その理由は、上述ダンカン-ジョーンズの論法の第一の角と同じであり、ヒューム[*3]に始まる。つまり人間の行為が無原因であれば、その行為の責任を問うたり、よしあしを言ったりすることが意味を失うという理由からである。だが、この理由を認めて、倫理的評価のために決定論が必要だということを承認するとすると、今度はディレンマのもう一つの角で突かれるのではなかろうか。つまりすべての行為は決定されており、それ以外にはあり得なかったのだということになればやはり、倫理的評価の意味がなくなりはすまいか。どうにも他にしようのなかった（原理的な不可抗力）ことに対して、罰を与えたり責任を負わしたりすることは意味がないのではないか。これに対する Soft Determinist の答は大体次のようなものである。過ぎたことに対して刑罰を科したり非難したりすることは野蛮であり文明社会では許すべきでない（シュリック (29) p. 152)。倫理的判断は主として未来に向うべきものである（スティブンスン (32) (33)）。罰は復讐や報復ではなく、悪事の再発の予防であり第三者に対しては戒めなのである。それゆえ、罰が意味を持つのは、罰を与えるということがその人の将来のよりよき行動の原因になり、第三者の戒心の原因になり得る時に限る。そうでない場合、例えば幼年、精神病、強制下の行動、薬物や催眠の影響下の行動、各種の不可抗力、等の場合には罰や責任は意味を持たない。つまり、自由な行為だけが倫理的評価の対象になるのである。このことは、倫理的評価が意味を持つためには決定論を要求する、またせざるを得ないことを示している。逆に言えば、決定論の上に倫理的評価は立ちうるし、また、決定論の上にだけしか立てないのである。

以上が柔い決定論の大体の論点であると思う。この三つの論点の中、（c）についてはいまは触れない。しかし、（a）と（b）だけでも重大な難点を持っているように思われる。まず

（a）について。

自然法則や心理法則が法律が人を強制するような意味では人を強制するものでないことは明白である。しかし、別の意味でわれわれの自由と衝突する。もし、ある心理法則があり、これから三分後に君は体操をしたくなる、どんなにそうしまいと努力してもそうならざるを得ないのだ、ということがその法則から言えるとしたとすると、われわれは法則の強制を感じないだろうか。法則はただ記述するだけで強制はしない、ということだけですむだろうか。そうは思えない。その記述は私の未来の記述であり、その記述通りにしか私の未来はあり得ないことを承認して、なおかつ何の強制も感じないとは考えられない。*4

次に、（b）については二、三の人々*5が異議を立てているが、その異議は正しいと思う。（b）では自由と強制を原因の種類別の上で定義している。この定義が日常言語としての自由の意味にかなりよく適合していることは認める。しかし、そのことだけでこの定義が正当化されるものではない。日常的な言葉の使い方は非常に大切なものであるが、それがある哲学問題で大切になるためには、その日常的用法がこの問題の解明に役立つのでなければならない。この点で（b）による自由の定義は（b）の段階だけではまだ問題解明の方に少しも動いていないのである。（c）の論点はこの問題解明に向う一つの動きと見ることができる。しかし、ここで出される異議はそれとは別な方向についての異議なのである。すなわち、（b）の定義の基になる原因の種類を分つ基準または観点が明瞭でなく、また、その分別の理由が与えられていない、ということである。私自身に属する原因によってなされる行為が自由な行為だと言われるが、一体何が私自身に属し何が属しないのだろうか。私の性格、私の記憶、私の知性が私に属するのならば、それらを作りあげてきた私の過去はやはり私に属するのだろうか。そうだとすれば、私の育ってきた環境、私の受けてきた教育、私の出あった事件、私のコンプレックスを作るのに働いた様々の事件や人々、こういうものも私に属する側の原因とされるのだろうか。では現在私の面している環境や事物や人々は？　催眠や盗癖を外部の原因とし、教育や運動好きを内部の原因とする理由は何なのだろうか。たとえ、これらの疑問が答えられ、納得のゆく自我または人格の概念が与えられたとしてもさらに一つの問題が残る。その人格ができ上るには長い因果の連鎖があり、人格はその連鎖を通して一意的に決定されているのであれば、私は私の人格を撰ぶことはできず、私の人格から逃がれることはできない。私の〈自由な〉行為も私にはそれをしないわけにはいかなかった行為なのである。ある意味で私は自由でないと感じる。柔い決定論者の自由では、ラプラスの魔の影を追い払うことはできない。

確かに（b）の自由が日常われわれの意味する自由であろう。しかし、われわれは今一つの別な意味の自由を理解している。それは、ああもできるしこうもできるという自由である。そしてこの〈選択の自由〉こそ自由の哲学的問題をひきおこしたものである。この選択の自由は

（b）の自由と違い決定論と妥協できない自由である。そして、上に述べた（b）に対する異議はつまるところ、柔い決定論は決定論である限りこの選択の自由の否定に終るということの指摘に他ならない。決定論は固かろうと柔ろうとそれが決定論である限りは、選択の自由は否定されるように見える、ところが柔い決定論はこのことに触れないで、自由の問題に終了を宣した、ということに対する不満がこの異議なのである。

しかし、この選択の自由は、スピノザが言いまた柔い決定論者が暗黙の中に認めるように一つの幻想かも知れない。第一章で述べた、原理的決定論の論理的な正しさのことを考えれば、このことは一層確かなように見える。だが、次にこの選択の自由の身分を確定することを試みようと思う。

＊1　私の目に触れた範囲で選んでも、シュリック（29）、エヤー（38）、ホバート（39）、ブランシャール（3）、ラッセル（28）、スタウト（34）、ノーウェル－スミス（22）、ステビング（31）、ブロード（5）、スティブンスン（32）（33）、ポール（23）、カリフォルニア大学紀要（6）。この中のブランシャールとマクラガン（20）はカント的見解と、この立場との中間にある。

＊2「……自由は因果性と相反するどころか因果性を含む」Nowell-Smith, "Freedom & Moral Responsibility", *Mind*, LVII, 1948.

＊3　*Treatise*, Bk. II, Pt. III, sec. 2.

＊4　ラッセル（28）は強力な論法でこういう異論を抑えようとするが、説得的でない。

＊5　エドワーズ（42）、ホスパーズ（13）、キャムベル（41）。初めの二人は決定論に傾き（したがって倫理的評価を無意味とする）、キャムベルはこの異論を逆に自由論の一つの支えにする。

3　予言破りの自由

次の瞬間に私は立ち上ることもできるし、坐ったままでいることもできる。このことを私は直接的に確信している。が、誰か異常に念入りな実証主義者がいて、このことを証明してみろと言ったとすると、私は当惑する。この場合の当惑は、私の歯痛を証明してみろと言われた場合の当惑とは種類が違う。歯痛を人に見せたり、感じさせたりすることはできない。これが歯痛の証明の困難の原因である。これに対し、行動は人に見せることができるのである。ところが、私が立ち上ってみせると、ちょうどその行動そのものによって今一つの坐っているという行動をする機会がなくなるのである。一方の証明は論理的に他方の証明を不可能にする。では今度は立場を変えて私がその実証主義者に行動選択の自由があるかどうかを調べるとする。私はどうするだろうか。私は彼に立ってみろとか坐ってみろとか度々命令する。彼が私の要求通りにできるのをみて、私は彼は中風患者ではなくちゃんと行動の自由があると結論するだろう。

私は彼の服従から、彼が私のロボットでありうることから、彼の自由を結論するのである。では、私は彼に私の行動の自由を証明できないのに、彼の行動の自由をテストすることができるのはどうしてだろうか。理由は明白である。私がテストする場合には、彼に度々運動をさせたのに対し、私が証明しようとしたのは、この次の運動という一回きりの運動についての選択の自由だったからである。即ち、個別的な行動選択の自由を経験的に証明することは不可能なのである。それも論理的に不可能なのである。他人の運動の自由をテストする場合には、私は〈運動の自由〉に多数回の繰返しを許すような意味を与えたから、テストできたのである。その与えた意味は、個別的な選択の自由とは違っているのである。

これは確率命題の場合と全く平行的である。サイコロを振って「次の目が4である確率は1/6だ」と言ったとする。そしてサイコロを投げると4がでた。するとこのことはこの命題を証明するだろうか。もちろん、否である。「4の目がでる」ことは証明するが、その確率が1/6であることを証明するのではない。また、否定するのでもない。では、4でなく1がでたとすると、このことはもとの命題を偽にするだろうか。再び否である。もちろん、真にもしない。要するに、どんな目がでてもこの確率命題は証明もされず、否定もされず、また確からしさが増えることもなく減ることもない。ということは、この確率命題は経験と関係がない、即ち経験的内容を持っていないことを示すのである。単独の事件の確率は記述的意味を持っていないのである。[*1] 確率命題が意味を持つのはそれが多数回の事件の頻度として解されるか、またはいわゆる主観的期待の度合としてとられるかの何れかの場合に限る。[*2] このことは確率を数値で定めず、「明日は多分雨だろう」というような場合でも全く同様である。このことに説明は要すまい。

さらに、反事実的条件法（「もしクレオパトラの鼻が……」「もし関東大震災がなかったら……」等）についても平行的なことが言えるが、ここでは立ち入らない。

とにかく、反事実的条件法、確率命題、そして行動選択の自由のすべてを通じて、それが個別的事件について言われるならば、経験的には無意味になるのである。ただ、確率命題の場合に主観的期待度としてはある意味があり得るように、選択の自由もわれわれが直接感じる〈自由感〉があるということに解すれば、心理的な意味がある。しかし、そうとることは選択の自由を歯痛の場所に持ち込むことになり、客観的な意味が失われてしまう。[*3] 客観的にはどんな不自由な人間も、スピノザの石と同じくこの自由感を持つことはできるだろう。この自由感は事実存在し、大切な意味を持っていると思うが、そこに止まることは自由の問題を打ち切ることになる。したがって、自由の問題を打ち切るべきだという積極的な理由がない間は、自由を自由感にのみ止めておくべきでないと思う。

するとここでほしいのは、経験による検証にかかる選択の自由の表現法である。[*4] ところが古くから屢々使われてきた自由の表現の一つにこの要求に合うものがある。それは予言に反することのできる自由である。これを簡単に〈予言破りの自由〉と呼んでおく。今私の次に行う行動について予言が具体的になされたならば、その予言がどちらを言おうともその予言と異る行動がとれる、という言い方である。君は次に立ち上る、と予言されれば坐ったままでいる、坐ったままだろう、と予言されれば立ち上る、この自由である。この予言破りの自由が検証可能であることは論を待たない。さらに、この予言破りの自由はかなり正確にわれわれの抱いている選択の自由を表現しているものと思う。第一に無生物には意味のない自由であるという点において、第二に決定論と真正面から衝突するように見えるという点において。ただ、欠点は動物に適用されぬという点と、予言が具体的になされなければならぬという点である。しかし、これらの欠点は、この自由が決定論の反証になり得るならば、より広い自由もまたそうだという点で、決定論の問題に使うことの障害にはならない。

もちろん、自由の概念はこの予言破りの自由で尽されはしないだろう。より深くより把え難い自由があり、その自由こそ真の自由だと考える人も多いだろう。しかし、自由の概念をどうとろうと柔い決定論以外の自由の概念は、それが自由の概念である限り、行動選択の自由を伴わねばならないのではなかろうか。あるいはより広く、予言破りの自由を伴わねばならないものと思う。全身不随の人ですらまばたきや舌やあごの動きができる限りこの予言破りの自由を示すことができるだろう。この予言破りの自由を持たないでなおかつ自由であるというような自由の概念は、先程の柔い決定論の自由以外にはあるまい。[*5] もしこのことを認めるならば、予言破りの自由は、自由の十分条件ではないかもしれないが必要条件となる。それゆえ決定論の問題を検討するに当ってまず予言破りの自由を取りあげることには十分な理由があるものと思う。かりに、この予言破りの自由が検討の結果否定されるならば、それを必要条件とするすべての自由も否定されることになる[*6]（もちろん、この自由を必要条件としない自由がもしあれば、その自由については何の結果も得られたことにならない）。

それと全く同じ理由で、予言破りの自由を行動についての予言破りに限っていいと思う。行動の自由を伴わぬ意志の自由や欲望の自由はかりにあるとしても公共的に検証困難であるし、むしろ意志という概念はその意志による行動を定義上含むのではないかと思われるからである（G. Ryle, *Concept of Mind*）。

さて、このような予言破りの自由があることは事実問題として何の疑いも入れない。私にその自由の直観があるというに止まらず、私は他人にそれを何の苦労もなく証明することができる。他の人が私に対してする証明も私は受け入れざるを得ない。つまり、この予言破りの自由があることは、科学上の証拠や日常生活の事実と全く同程度に強固な事実なのである。私の机が存在するのと同じ確実さを以て、この机を叩くか撫でるかの予言破りの自由がある。もちろん、この自由の範囲はさして広いものでない。それは世界記録の境界線内にある。また、その自由は不安定で程度を許すものである。一〇メートルの高さから飛びおりない、という予言を通常の状況で破る自由があるということは疑わしい。しかし、ある範囲において、予言破りの自由があることは疑い得ない事実なのである。そしてこの事実が決定論と衝突する。少なくとも、衝突するようにみえる。

＊1　この理由で、量子力学の状態関数を個別的事件の確率（の計算法）とするコペンハーゲン解釈は無意味で、統計的解釈をとるべきものと思う。

＊2　ニール（15）、トゥルミン（35）はそれ以外の解釈を与えようと努力している。特に後者のperformatory な解釈はそれ自身として興味あり、真理論のデッドロックを破る手掛りになるものではなかろうか。

＊3　ヴィトゲンシュタイン（*Philosophical Investigations*, no. 244 以下）は歯痛のようなものもprivate でないと説く。しかしこの点は触れずにおく。

＊4　ハンプシャー（11）は、選択の自由を多数回の現象についての law-like statement（ライル）と解する。これは上に私が他人の自由を検する場合に挙げたものである。この解釈は当然のものであるが、扱いが容易で問題を起さないので無視する。

＊5　カント的な自由の概念は深い意味を持っているが、その検討は他日に延期する。

＊6　もし逆に、予言破りの自由が証明された場合には、それを含む自由はただ部分的にのみ証明さ

れたにとどまる。

4 空虚な結論、空虚な問題

この予言破りの自由をとると、再び自由と決定論のアポリアがでてくるように見える。即ち、一方には論理的に正しい原理的決定論があり（第1節）、他方には確実な事実としての予言破りの自由がある。前者は、原理的には世界の全面的予言は可能だというのに対し、後者は、如何なる予言も少なくとも部分的には破ることができるというのである。そしてこの二つの命題は共に非常に強い確実性を持っている。特に前者は論理的な確実性を持っている。この二つの命題を満足させる結論はあるだろうか。

すぐ思い付く示唆は、予言の二重帳簿である。私に対してなされる予言は常に〈見せ帳簿〉で、その予言を破ることはできる。しかし本当の予言は〈かくし帳簿〉にある。この真の予言帳簿は誰も見ることはできない。そして私の〈見せ帳簿〉に対する反応、即ち私の予言破りもこのかくし帳簿に記載されているのだというのである。この帳簿は極秘であるどころか、予言破りの自由を持つ存在の目には絶対にふれることのできぬものでなければならない。このこと、つまり誰もそれを目にすることはできないということもこの予言簿に書き込まれているのである。このような絶対不可知な予言を語ることに何かの意味があるだろうか。あると思う。しかし、空虚な原理的決定論が持つ空虚な意味と全く同様な空虚な意味である。それは、予言破りを含めて世界はそうなるようになる、ということだけの意味なのである。このかくし予言は予言破りの自由があることが些かのさまたげにもならないという正にその点で空虚なのである。

別な方から考えてみよう。とにかく、予言破りの自由があるということは確実な事実である。するとわれわれ人間には、人間の行動を含む決定論的理論をつくることはできないと結論しないわけにはいかない。そのような理論による人間行動の予言をいつでも破ることができるからである。では、この結論は原理的決定論の正しさに矛盾するだろうか。しないのである。原理的決定論の空虚さは、正にこの結論と矛盾を起さぬ空虚さなのである。それは現実に予言が可能だと（現実的予言可能性）主張するのでもなく、さらに予言の仕方を定める理論を作成すること（理論的予言可能性）ができると主張するものでもない、そしてこのような主張をしない、いがために論理的正しさを持つものであるからである。どんな理論を作ってもその予言を破ることができる、それでかまわない、この予言破りを含む別な予言は原理的に可能なのだ、なぜなら起った事これから起る事はそうであるように起りまた起るだろうからである、その起り方は一通りでありそれを記述する可能性は常に trivial に存在する、これが原理的決定論の言うところなのである。われわれは決定されている。予言破りもまた決定されている。しかし、単に予言破りをしたように、またはするように決定されているということだけの意味で決定されているのである。

この結論全体の空虚さは余りに明白である。だが、この空虚さの原因はすべて、決定論の空虚さにあることも明白である。しかも決定論はそれが全面的な決定論である限り、この空虚な決定論にしかなり得ないのである（第1節）。そうだとすれば、このことは決定論と自由の問題自体が不可避の空虚さを持つと言わざるを得ない。そして空虚な問題には空虚な結論しかないことは当然のことであろう。それは Soft Determinism の常識論に落着くか、あるいはこの空虚な結論にまで霧消してしまうかのどちらかなのである。

だがこのことはあくまで決定論を全面的な決定論にとっての話である。部分的な決定論は十分な内容を持っている。その内容が現在われわれの持つ科学や技術なのである（ミクロ現象は別にしてもよい）。予言破りの自由とは言っても、それは非常に制限された自由である。肉体の能力によって制限され、心の動きによって制限され、利害の打算によって制限され、育ちや教育や遺伝によって制限されている。多くのこと柄はわれわれの自由にならず、ままにならない。自分自身のことについてそうなのである。部分的な決定論は正しいのみならず、われわれの生活の基盤なのである。

それにも拘らず、ある範囲内で予言破りの自由があることは確実である。それは何の理くつも必要としない単純明確な事実である。この事実としての予言破りの自由はわれわれの科学的知識の増減とは関係がない。如何に心理学が進み、昨日した予言破りを因果的に説明することができたにせよ、次にする行動の予言は何時でも破り得るだろう。だがしかし、どう君が予言を破るにせよ、そうきまっていたのだと答えるとすれば、それが空虚な決定論、しかも全面的決定論として唯一の可能な決定論なのである。そしてそういうことはほとんど何も言わぬことであり、それゆえ何の誤りもおかしていないのである。決定論は全面的であるがために空虚にならざるを得ず、空虚になることによって真理となるのである。

文献（省略記号は表の末尾参照）

1 Bergson, H. 時間と自由、岩波文庫。

2 Bohm, D., *Causality and Chance*, Routledge & Kegan Paul, London, 1957.

3 Blanshard, B., "The Case for Determinism", *D.F.*

4 Bridgman, P., "Determinism in Modern Science", *D.F.*

5 Broad, C. D., *A.S.P.S.*, XVI, 1938-39.

6 California University Associates, "The Freedom of the Will", California University Press.

7 Cassirer, E., *Determinism and Indeterminism*, Eng. transl. Yale University Press, 1956.

8 Duncan-Jones, "Freedom: an Illustrative Puzzle", *A.S.P.S.*, XVI, 1938-39.

9 Fébrier, P., *Déterminisme et indéterminisme*, Presse universitaire de France, 1955.

10 Feigl, H., "The Mental and the Physical", *Minnesota Studies*, 1958.

11 Hampshire, S., "The Freedom of the Will", *A.S.P.S.*, XXV, 1951.

12 Herbst, P., "Freedom and Prediction", *Mind*, LXVI, 1957.

13 Hospers, J., "Meaning and Free-Will", *Philosophy and Phenomenological Research*, vol. X, 1950.

14 James, W., "The Dilemma of Determinism", *The Will to Believe and Other Essays*, Longman Green, New York, 1923.

15 Kneale, *Probability and Induction*, Clarendon Press, Oxford, 1949.

16 Laplace, *Théorie analytique des probabilités*, 3rd ed., Paris, 1820.

17 Lewis, H. D., "Moral Freedom in Recent Ethics", *A.S.P.*, 1947-48.

18 Lewis, H. D., "Guilt and Freedom", *A.S.P.S.*, XXI, 1947.

19 MacIntyre, A., "Determinism", *Mind*, LXVI, 1957.

20 Maclagan, W., "The Freedom of the Will", *A.S.P.S.*, XXV, 1951.

21 Neumann, J. von, *Mathematische Grundlagen der Quantenmechanik*, Leipzig, 1932.

22 Nowell-Smith, P., *Ethics*, Pelican Book, 1954.

23 Paul, G., "H. D. Lewis on the Problem of Guilt", *A.S.P.S.*, XXI, 1947.

24 Planck, M., "Der Kausalbegriff in der Natur", *Wege zur Physikalischen Erkenntnis*, Leipzig, 1933.

25 Reichenbach, H., *Philosophic Foundations of Quantum Mechanics*, 3rd ed., University of California

Press, 1948.
26 Ross, D., *The Foundation of Ethics*, Oxford University Press, 1951.
27 Russell, B., *Mysticism and Logic*, CHIX, G. Allen & Unwin, London, 1917.
28 Russell, B., *Our Knowledge of the External World*, 2nd ed., Norton, New York, 1929.
29 Schlick, M., *Problems of Ethics*, Prentice-Hall Inc., New York, 1939.
30 Solomon, J., "Sur l'indéterminisme de la mécanique quantique", *Journal de physique*, 1933.
31 Stebbing, *Philosophy and the Physicists*, Methuen, London, 1936.
32 Stevenson, C., *Ethics and Language*, Yale University Press, 1944.
33 Stevenson, C., "Ethical Judgement and Avoidability", *Mind*, XLVII, 1938.
34 Stout, "Free Will and Responsibility", *A.S.P.S.*, XV, 1936-37.
35 Toulmin, S., "Probability", *A.S.P.S.*, XXIV, 1950.
36 Windelband, W., *Über Willensfreiheit*, 1904.　戸坂潤訳『意志の自由について』春秋社、昭和八年。
37 Bohr, N., "Discussion with Einstein on Epistemological Questions in Modern Physics", *Albert Einstein, Philosopher-Scientist*, Tudor Publishing Co., New York, 1951.
38 Ayer, A. J., *Philosophical Essays*, ch. 10, 12, Macmillan, London, 1954.
39 Hobert, R. E., "Freewill as Involving Determinism", *Mind*, XLIII, 1934.
40 Foot, P., "Free Will as Involving Determinism", *Philosophical Review*, LXVI, 1957.
41 Campbell, C. A., "Is Free Will a Pseudo-Problem?", *Mind*, LX, 1951.

42 Edwards, P., "Hard and Soft Determinism", *D.F.*

省略記号 *D.F.*: *Determinism and Freedom*, ed. by S. Hook, New York University Press, 1958.

A.S.P.: *Proceedings of Aristotelian Society.*

A.S.P.S.: *Supplement of A.S.P.*

知覚の因果説検討

［『言語・知覚・世界』九／初出：一九六〇年］

唯物論＝観念論、実在論＝現象主義、存在＝意識、心＝身、等の問題での核心の一つは知覚の問題である。知覚をどう考えるかが、これらの問題の一つの岐れ目になるものと思う。ところが自然科学の進歩は、ますます知覚の因果説、即ち知覚の物理生理的説明を支持してゆくようにみえる。だが、知覚の因果説は、大脳や神経組織を含む物理的事物（や場）と知覚内容との区別を前提し、この意味で二元論の立場をはっきりとっているように思われる。そこで、以下ではこの知覚の因果説を検討し、次の諸点を明瞭にすることを試みたい。

（イ）知覚の因果説の二元論的解釈は重大な困難に導く。ケラーの提案も成功しない。

（ロ）その解決のため、現象主義の一元論を考えてみる。但し、センスデータ説はとらない。この現象主義は科学知識の客観性を損わない。

（ハ）この現象主義をとると、（イ）の困難はすべて消滅する。しかも知覚の因果説の科学的内容には変化がない。

1　知覚の因果説

私が例えば一隻の船を見ている時、私の視野には船の姿がある。この船の姿があるためには多くの条件が必要なことは疑いない。まず、船がそこになければならない。光が当っていなければならない。視野をさえぎる障害物があってはならない。私の眼球、網膜、視神経、および大脳が正常な機能を果していなければならない。もちろん、これらの条件は十分条件ではあるが、必要条件ではない。幻像や潜望鏡のある場合は別の条件でも船の姿が目に浮ぶだろう。しかし正常な普通の状況ではこれらは必要十分条件である。この経験的な事実はほぼすべての人が承認することと思う。物理―生理学者はこの事実を、船から大脳に至る物理―生理的過程によって船の姿という知覚像が生じるのだ、というように説明する。これが知覚の因果説である。

この因果説の細部、特に生理学的過程については現在の知識は非常に不十分なことは誰よりも生理学者がよく知っている。しかしまた、視野欠損、ファントム現象、感情中枢、薬物作用、電極刺戟等々の事実から、知覚が大脳の状態に対応するという仮説は少なくとも現在までに積極的な反証のでない有効な仮説として認められているものと思う。もちろん、大脳状態に知覚が対応すると言っても、その対応が一―一対応、一―多対応、多―一対応の何れであるかを定めるに足る事実は見出だされていないし、今後も困難であろう。また、知覚と脳、意志と脳等の間に相互作用があるかないかもわかっていないし、わかる見込みは大きくない。しかし、以下の検討は知覚の因果説の科学的な当否ではなく、因果説の認識論的検討なので、この点はかまわない。因果説を正しいと仮定した上で、それが二元論を要請するか、あるいは二元論と矛盾するかに問題を限る。[*1] [*2]

そこで検討を簡単にするため、因果説の不定な部分を取り除き、次のような意味での因果説を検討の対象とする。（イ）外部からの物理的（化学的）刺戟は、神経を通して大脳にある作用をおよぼす。（ロ）その結果である大脳の状態（物理―生理的）に知覚内容は一―一または、多―一対応で対応する。（ハ）知覚内容と大脳の状態との間に交互作用はない。

この形に因果説を狭めることは、以下の検討の範囲を狭めることにならない。また、現在の生理学者の大部分は、常識的にはこの形の因果説を考えているものと思う。

この因果説は簡単に言えば、正常異常を問わず、私の知覚はすべて大脳の状態によって一意的にきまってしまうということである。もしこれを拡張し、知覚のみならず私の心的状態のすべてが大脳の状態に一意的に対応すると考えると、いわゆる生理学的主観論とよばれるものになる。この点には立ち入らない。

＊1・2　相互作用および多—一対応の経験的検出は論理的に不可能だと思う。

2　知覚因果説と二元論

知覚因果説は、神経および大脳内の過程を含む物理過程の結果として知覚が生じると考える。物理的事物である太陽からの光線は約八分を費して網膜上に達し、そこに電気化学的変化をひきおこし、その変化は秒速一〇〇メートルのオーダーで視神経を伝わり、さらに幾つかのシナプス遅延の後に大脳にある変化をひきおこし、その結果眩しい円形の太陽像の知覚が生じるのである。こうして私は約八分前に太陽が存在した位置に太陽の知覚を持ち、また、何万年の昔に消滅してしまったかも知れない星の知覚を持つのである。ここで、また、これ以後、知覚とは知覚内容（例えば赤い太陽の像）を意味し、知覚作用を意味しない。知覚作用にはいろいろ難しい問題があるが、ここでの検討ではそれを切り離してかまわないと思うので触れないことにする。＊1

さて、この因果説の考えでは、明らかに二種類のものが考えられている。一つは物理的事物（および過程——以下略す）、いま一つはそれらを原因として生じる知覚である。

（1）　二元論

この物理的事物と知覚との二種類のものを区別するのが知覚論での二元論ということができよう。しかし一般に、区別を立てるにはその区別の仕方を示さぬ限り意味曖昧である。〈種類が違う〉、〈カテゴリーが違う〉、〈本質的に違う〉、等という時には、その区別をする観点、即ち差異の内容、それから逆に類似する点を示し、その上その両者の間の関係を描写しなければ、その区別の意味が不明瞭に止まる。そこで、知覚と物理的事物との、違う点、類似する点、両者の関係、を述べることが必要となる。

まず違う点について。われわれが物理的事物ということで意味するものは、客観的に独立に存在しそれらだけの間に成り立つ物理法則に従い、public な観察によってためすことのできるものである。一方知覚はこれに対し、一人物によってしか直接経験できず、この意味で private であり、直接には物理法則の外にあり、因果説によれば物理法則にいわば二次的に従う。

次に類似点について。奇妙なことにデカルトは延長性を以て意識と物理的事物との差異点とした。デカルトが意識の中に何を含め何を除いたかは別として、知覚のある範囲は確かに延長性を持っている。視覚と触覚についてはこのことは疑いない。痛覚、温覚、味覚、圧覚も拡がりがあることはまず確かであろう。しかし、痛みは手のひら一杯に拡がっているかも知れないが、その時拡がっているのは〈痛みの在り場所〉であって〈痛み〉の知覚が拡がっているのではない、という人があるかも知れない。だが、そういうならば物理的事物の持つ物理的性質もすべて同じ意味で拡がりを持たない。密度、温度、電場、速度、等の何れをとっても上のようにいうならば拡がりを持たず、ただそれらの在り場所が拡がっていると言わねばなるまい。そういうならば、延長しているのは空間および空間の一部としての形状だけになる。それゆえ、このような意味で延長性の有無を言うならば、物理的事物と知覚の何れもが延長性を持たない。また、普通の意味で延長性の有無を言うのならば、知覚の大部分は物理的事物と同様に延長している。したがって、延長性の有無として何れの解釈をとるにせよ、それは両者の差異点ではなく、類似点となるのである。ここで知覚の大部分と言ったのは、聴覚と嗅覚については、その延長性がはっきりしないためである。だが、次のことは明瞭であろう。即ち、知覚のすべては、物理的事物と同様、空間的位置付けを持ち得る。つまり、それら同士の間で前後左右距離というような空間的関係をつけようと思うならばつけられるということである。それらは二次方程式、甘いという概念、年月日、等が原理的に空間的規定と無縁なのと異り、空間的関係を持っているかまたは空間的関係の中に持ち込もうとすれば持ち込めるのである。

物理的事物と知覚の今一つの類似点として、素朴な知覚写像説はその文字通りの類似性をあげるかも知れない。つまり、知覚は知覚の原物となる物理的事物に、ちょうど写真が原物と似、肖像が本人と似ているような意味で似ている、と考えるのである。知覚は物理的事物の〈うつし〉であり〈コピー〉であると。しかし、この考えは以下（2―3）で説明するように成り立たない。それゆえ、知覚と物理的事物の類似点としては、上の延長性または空間的位置付けの可能性があげられるだけである。もちろん、さらに時間性とか、ある意味の現実性とかを言うことはできるが、余りに自明のことなので省く（一般に、二つのものの間の差異点、類似点は、あげようと思えば切りのないものであり、論点に必要なものだけにとどめることは許されると思う）。

最後に、両者、知覚と物理的事物との関係としてはまず第一に、知覚因果説そのものが言う原因結果の関係がある。物理的事物は原因であり、知覚はその結果なのである。このことは知覚因果説を仮定する限り認めなければならない。ところが、この関係と、両者の間の今一つの関係としての空間的関係を両立させようとすると奇妙な事態が生じるのである。すなわちまず、知覚と物理的事物の空間的関係としては、両者が同一の空間に属するか、または異る空間に属するか、ということが問題になる。両者の類似点として上に延長性または空間的位置付けをあげた。したがって、当然この両者が同一空間に属するか属しないか、ということが問題になるはずである。今まで述べた両者の差異点と類似点を認め、また、知覚の因果説を認めることによってその原因結果の関係を認める二元論（そのような意味での二元論）は、両者の空間的関係についても、何れかの方を認めなければならない。しかし、両者が同一空間にあることを認めると投影（projection）という奇妙な事態に導かれるし、異る空間に属するとすると物理空間が宙に浮いてしまうことになり逆に現象主義への道を開くのである。このことを示すため、まず空間の異同の意味をはっきりさせたい。

（2）　空間の異同

私が今東京駅の姿を想像してみる。この想像での東京駅の姿はある空間的な形状である。横に長く両端と真中に入口があり、窓が何列か並び、左右の高い屋根は三角である。だがこの東京駅の像は私が今現に知覚している部屋の壁の何処にあるのだろうか。本棚の右手にあるのか左手にあるのか、灰皿より大きいか小さいか、カーテンの右何度あたりにあるのか。私はこれらの問に答えられない。想像上の東京駅は、私の視覚空間の中に定位できないのである。それは私の現在の知覚と何の空間的関係も持っていない、また、空間的関係をつけようとしてもつけることができない。このような場合、知覚空間と想像空間は別な空間であると言ってよいだろう。あるいは、知覚と想像とは異る空間に属する、と言ってよいと思う。即ち、異る空間に属する、とはそれらの間に空間的関係（前後、上下、距離、大小等）をつけることができないという意味である。

これに対し、異る感覚器官による知覚はすべて同じ空間に属する。という意味は、それらの間に空間的関係が自然についているか、または、つけようとすればつけることができるということである。今聞えている音は、見えている本棚の右から聞えてくるし、指先の痛みは今見えている紙の上方数センチのあたりにある。このように、異種の知覚の間に空間的関係をつけることができるし、現につけていることは明らかである。この時、これらの空間的関係が生得のものであるか、または学習によるのか、コンベンショナルな対応付けによるのかはここでは関係しない。いかようにしろ、空間的関係をつけることができるだけで十分である。それを以て、それらが同じ空間に属する、ということの意味とする。この意味で、知覚はすべて同じ空間に属するが、知覚と想像は同じ空間に属しない。

さて問題は、再びこの意味で、知覚と物理的事物は同じ空間に属するかしないか、という点にある。よく、知覚空間と物理空間とは違うと言われる。しかし、その場合の〈空間の違い〉はここで意味している〈空間の違い〉とは別の意味を持っている。例えば、物理的には長さが等しい二つの線分がT字型に配されると視覚的には長さが異っている、また、物理的には長方形の天井を見上げると四隅の角がすべて鈍角に見えしたがって角の和が四直角より大となる。すなわち、物理的事物の幾何学的性質を表明する命題と、その事物に対応する知覚の幾何学的性質を表明する命題とが相違する。このことを以って、知覚空間と物理空間とが異ると言われるのである。しかし、これは危険な言い方である。ポアンカレが示したように、球面幾何学はユークリッド幾何学によっても非ユークリッド幾何学によっても同じく書きあらわすことができる。公理的幾何学の基本概念（primitive notions）、例えば〈直線〉〈間にある〉等の概念に与える解釈を変えればこのことができるのである。しかし、このことから二つの球面があるということにはならない。球面は一つであり、ただその幾何学的性質を二通りの概念体系で表明したに過ぎない。上の知覚空間と物理空間の場合も同じである。天井の角を測るのに、分度器をその隅に密着させて測る時と、遠くから分度器を手にかざしパースペクティブに測る時とは、当然測定値が違う。すなわちここでは、〈角度〉という概念に二通りの解釈を与えているのである。したがって、二通りの命題がでてくることは当然である。それゆえこのことから、知覚空間と物理空間という二つの別種な空間があると結論することは誤っている。もちろん、他の理由で、または他の観点からこの二つの空間を区別することはかまわない。しかし、上に述べたことを理由としてこの区別をたてることはできないはずである。

以下では、初めに述べた意味で、即ち、空間的関係をつけられるかどうかの意味で、知覚と物理的事物が同一空間に属するか属しないかを問題にする。その各々をとった場合、知覚因果説がどういう帰結に導くかを調べる。

（3）　両者が同一空間に属するとする場合

今私は緑のカーテンを眺める。緑色のカーテンの像は知覚である。知覚の因果説はこの知覚は一連の物理的過程によって生じたもの、またはそれに対応するものだと言う。その物理的過程とは、物理的事物としてのカーテン、それの反射する電磁波、それが物理的事物としての網膜にひきおこす物理的変化、神経伝導、最終的には大脳の物理的状態、というものである。その時、物理的カーテンは何色であろうか。緑だろうか。もちろん、否である。物理的事物は色を持つ知覚像を生じる原因の一部であって、それ自体として色があるのではない。それは原子、電子等の集合であり、鉄の原子は何色をしているかと問うのが無意味であるように、原子、電子の集りの色を問うのは無意味である。それは、緑の知覚を生ぜしめるような物理的特性を持っているが、自身が緑色をしているのではない。風邪のビールスが咳をしたり熱を出したりするのではないのと同様である。といって、無色透明でもない。物理的カーテンは明らかに透明ではない。透明ならばカーテンの用をなさないはずである。つまり、色について云々することは知覚についてのみ意味があり物理的事物については無意味なのである。電磁波、神経、大脳についても全く同様で、物理的事物としてのそれらに、色の有無を言うことは意味をなさない。そして色の有無を言うことが意味をなさぬものについては、それが見えるとか見えないとかということも意味をなさない。私が緑のカーテンという知覚を持つとき、私は物理的カーテンを〈見ている〉ということは文字通りには意味をなさないのである。物理的カーテンは緑のカーテンの原因の一部であり、また、それだけなのである。物理的カーテンだけでは、緑のカーテンという知覚は生じない。電磁波がなければならず、神経や脳がなくてはならない。以上のことを考慮すれば、緑のカーテンという知覚が物理的カーテンの〈像〉だとか〈写像〉だとかということも意味空虚である。その理由を繰り返して言えば、(1)物理的カーテンの色云々が無意味であり、(2)緑のカーテンの知覚像に対応するのは物理的カーテンではなく、大脳にまで至る全物理過程だからである。頭を棒でなぐられて、火花の知覚像を持った時、その火花のひらめきが棒の写像だとか殴打の像だとかというのがおかしいのと全く同じである。一連の物理的過程の結果として、またはそれに対応して知覚が生じるということに止まる。

以上は視覚について述べたが、他の知覚についても同様である。物理的事物としての空気の弾性波は如何にその振幅が大きくても爆音とはそれ自体としては無縁であるし、物理的事物としての腕の切開は痛みともかゆみとも無縁である。それらが同じく物理的事物である私の大脳にある物理的影響を及ぼす時、はじめて轟音や痛みに対応する。

知覚因果説をとる限り、知覚を物理的事物の〈写像〉と考える可能性はないのである。ここでケラーの〈異質同型〉(Isomorphismus) を以ってある種の〈写像〉と見る余地がありそうに思えるかも知れない。楽譜があるメロディを〈写し〉、ビデオテープが角力を磁気的に〈写す〉ように、緑のカーテンの知覚は、それを生むに至った大脳状態、さらにひいてはそういう大脳状態を生ぜしめた物理的カーテンを〈異質的にではあるが写す〉と言えないだろうか。言ってよいと思う。しかし、その場合の〈写像〉とは知覚と物理的事物との対応(極端には一―

一対応)と全く同じ意味になる。煙が火を〈写し〉、電燈の点滅がスイッチの開閉を〈写す〉という意味で、知覚が物理的事物を〈写す〉のである。したがってこの意味での〈写像〉は、対応または原因結果の関係と同じことであり、それ以上でも以下でもない。

さて、このような知覚と物理的事物が同一の空間に属するものとしてみる。その時には、知覚は物理的事物と空間的関係を持たねばならぬ(2—2)。すなわち、知覚は物理的事物に対し空間的に定位されねばならない。すると、例えば、緑のカーテンの知覚は物理的カーテンに対してどの位置にあるか、大脳に対してどの位置にあるかを問うことができる。明らかに、緑のカーテンの見えるのは私の眼の前方、頭蓋の外である。だが、必ずしも物理的カーテンと同位置にあるとは限らない。カーテンと私の眼の間の空気にムラがあったり、異質な物体(レンズ、鏡等)があればその位置が違うことを物理学者が教える。また、太陽の知覚像は、物理的太陽と光行差により僅かだが異る方角に見えることも教えられる。他方また、緑のカーテンの知覚は物理的大脳の場所になく、眼の前方にあることは確かであろう。ところが、知覚因果説に従えば、知覚に最終的同時的に対応するのは大脳状態である(例えば太陽像、消滅した星の像、幻像等の場合それが明瞭となる)。すると、原因としての物理的大脳の状態は、それから離れた場所に知覚像を生じることになる。即ち、投影(projection)と呼ばれる事態である。この投影には、映写機の場合と違って、何ものもその中間に介在しない。この投影はそれゆえ純粋な遠隔作用であり、しかも作用の結果は知覚像という、物理的事物とは異質なものなのである。この点が多くの人にとって不可解な点であり、知覚因果説の第一の難点をつくる。

ここで注意すべきことは、投影の難点は知覚像と大脳との位置のずれだけにあるのではないということである。位置のずれがない場合にも不可解さが残る。物理的事物がそれとは異質な知覚を生じる、またはその二つが同一の空間内で対応するということには了解しにくいものがある。例えば、神経組織をそこなうことなく、私の大脳を頭蓋骨からとり出し、それを手に持って眺めることは理論的に想像可能であろう。その時、物理的大脳皮質の状態はその同じ場所に、大脳皮質の知覚像を生じる。色や柔かさを言うことが意味をなさぬ大脳という物理的事物が、灰色のぶよぶよした知覚像を生じるその仕方がやはり不可解なのである。

この投影によって、われわれの住む空間は物理的事物に加え、多数の人間や動物の知覚を収容していることになる。この多数の知覚は転々として変化し生滅しているはずだが、私は私以外の人や動物の知覚に何の関わりもない。さらに、これらの知覚は物理的過程の結果として生じるだけで、何の物理的作用もうけないし作用を及ぼしもしないのである。ここに至って、因果説の第二の難点を言うことができると思う。即ち、もしこの因果説を知覚以外の意識すべてに及ぼすならば、われわれおよび動物から意識をとり去っても世界に何一つ変化がおきないと言える点である。換言すれば、現在意識を生ぜしめている物理過程が、意識を生じさせないとしても物理的世界に何の変化もない。人々(?)はやはり映画を〔見〕、ニュースを〔報道〕し、ニュースを〔読み〕〔議論をたたかわせる〕だろう。ここで〔 〕をつけたのは物理的過程を意味する。意識は世界の運行の余計ものであり、余りものであり、epiphenomena なのである。これは平行論一般の特性でもある。

以上で、因果説をとり、さらに知覚と物理的事物の同一空間説をとった場合には、投影の困難がおこること、次に因果説を意識全体に拡張すれば epiphenomenon の困難が生じることを述べた。しかし、この二つの困難は決して、論理的矛盾でもなければ事実的誤謬でもない。それは了解の困難、心理的困難、常識からする困難であるに止まる。一方、知覚因果説は証拠不十分ではあるが、十分信頼できる科学的仮説であろう。すると、この困難の解消は因果説を捨てるのではなく、因果説を別な目で見ること、別な解釈を与えることによって求める試みをしてよいと思う。ケラーは同一空間説を捨てることにより、上にのべた困難の第一のもの、投影の困難を除こうとした。

(4) 同一空間説の否定

ケラー[*2]の論点は、(イ)上の2—1の二元論をとり、(ロ)同一空間説を否定する。そうすれば投影の困難はなくなるというのである。

彼に従えば、投影の困難は物理的事物としての大脳と、知覚としての大脳を混同することによって生じる。私の眼鼻（知覚としての）に対し、緑のカーテンと反対側、つまり頭蓋の中に位置するのは（可能的）知覚としての大脳であって、物理的事物としての大脳ではない。では、物理的大脳はどこにあるのか。ケラーはそれは知覚の空間とは何の空間的関係も持たず、したがって知覚空間には定位できないものだと答える。だが、この物理的大脳の中の物理的空間関係は、知覚空間での空間関係に対応するのである。そして、この対応はもちろん簡単な幾何学的対応ではなく、入りくんだ〈機能的〉対応である。一方当然のことながら、物理空間での大脳以外の物理的事物が物理的感覚器官を通じて大脳に物理的影響を及ぼす時、それら事物の物理空間的関係はその大脳内の物理空間的変化にやはり機能的に対応する。したがって、物理的事物の空間的関係は、物理的大脳を通じて、知覚空間の中の空間的関係に機能的に対応する。しかし、物理空間と知覚空間の間には何の空間的関係もない。したがって、カーテンの知覚はその原因である物理的大脳と何の空間的関係もない。内と外の関係もない。それゆえ、投影云々は無意味となる。カーテンの知覚と、知覚としての大脳が頭の内外にあるのは単に、物理的カーテンと物理的大脳が物理的頭蓋の内外にあることに対応しているに過ぎない。

　このケラーの考えのように、知覚空間と物理空間を絶縁するならば、投影の問題が意味を失うことはたしかである。しかし、このような絶縁が果してできるものだろうか。すぐ念頭に浮ぶのは、物理学者のする幾何光学の説明である。例えば、鏡の前に物を置けば、その像がうつる。レンズの前に物を置けばその像がレンズの後に見える。この時物理学者は、それらの像が実物からどれだけ離れて生じるかを計算し説明する。これは物理的事物に対して知覚像を定位しているのではないだろうか。即ち、物理的事物と知覚との間に空間関係を設定しているのではなかろうか。しかも、この説明は正に知覚の因果説の事例になっているのではないか。しかし、ケラーは恐らく次のように答えるだろう。否、物理学者はその場合、物理的事物と知覚との空間関係を語る必要はないし語るべきではない。彼が実物と呼ぶものは、その光学的像と同じく知覚である。鏡もレンズも知覚である。彼は知覚空間内での空間関係を扱っているのだ。では、この物理学者は物理法則によって光学像という知覚の生起する場所を説明しているのではなく、単に知覚相互の間の空間関係を述べているだけなのか。ケラーはこう答えるものと思う。そうではない、ただその物理学者は正確には次のように言わねばならない。例えば鏡の場合なら——「物理空間の中で物理的鏡の前に物理的事物Aを置く。この時の光の波の状態は、その鏡を取り去りAと同じ物理的事物を鏡のあった場所のAと反対側にAと逆向きに置いた場合（元のAは残置する）の光波の状態と同じである。したがってその二つの場合は網膜に同一の刺戟を与え物理的大脳に同一の状態をひきおこす。そして物理的大脳の同一の状態には同一の知覚が機能的に対応する。それゆえこの二つの物理的状態に対応する二つの知覚が等しくなるのである。」

たしかにこの仮想の答に誤りはなく、光学像の問題も知覚空間と物理空間の絶縁性の反証にはならない。

しかし同時にこのことが重大な難点に導く。物理空間の物理的事物は私の知覚と何の空間的関係もない。したがって、今私の眼の前にあるコップの知覚像に対応する物理的コップが一体何処にあるのかを問うことは意味を失う。少なくとも、私に見えている机の上にあるとは言えないことになる。では次に、三つの銅貨を机の上に正三角形を作るように並べてみる。この正三角形は、銅貨の知覚像が作る知覚空間の図形である。この時、この知覚銅貨に対応する三つの物理的銅貨は物理空間ではどのような配置にあるだろうか。この問はケラーの説の中でも有意味である。この問に答えるためには、極く普通の手続き、即ちこれら知覚銅貨が幻像のようなものでないことを確かめ、物さし（これまた知覚である！）を当ててみる以外にはあるまい。この手続きは全く知覚の中で行われそれ以外にはしようがないのである。すなわち、物理空間の中での空間的関係を知るためには、知覚空間の他に手掛りがないのである。すると、上のケラー式の物理学者の説明において、鏡とA、および、AとAに対置される物理的事物、との間の物理空間的関係についても全く同様なはずである。もしこのことを認めるならば、ケラー式の考えは奇妙な結論に導かれる。上の光学的説明は、物理的事物（大脳を含む）による知覚の説明、即ち知覚因果説的説明であることを意図されていた。しかし、この説明の根拠になる物理的事物の空間関係は、説明を受くべき知覚の領域によってしか知り得ないのである。つまり、この説明をたどると、知覚の領域内だけの説明となって、因果説的説明の性格を失うのである。そしてこのことは、上に例をとった光学的説明に限られるのではなく、すべての因果的説明にあてはまることは明らかであろう。

結局、投影を無意味にすることを可能にした知覚と物理空間の絶縁は同時に、物理空間の独立性を失わしめることになるのである。このことはケラー説が論理的矛盾を持っていることにはならないが、その論理的空虚さを示すものである（カントの物自体との類似）。

以上の議論では物理空間として物理的大脳を含む包括的空間を考えた。そうしないで、物理的大脳だけを取り、その中での状態と知覚の対応とを考えても論旨は影響を受けない。また、このように大脳だけを取っても話が変らない点にもケラー説の奇妙さがある。物理的には私の大脳だけが存在するものとしても、その大脳が適当な状態変化をしてゆけば、私の知覚世界は正常なのである。もっとも、この事はケラー説に限ることではなく、二元論的解釈での知覚因果説一般について言えることである。

とにかく、ケラーの考えは上に述べた空虚さのゆえにとることはできない。しかし、同時にその論理的空虚さはこの問題に強い示唆を与える。結局、知覚空間と物理空間とを分つことは無理なことがそこで示された。では次に、空間を一つにするにとどまらず、知覚と物理的事物を一元的に考えてはどうだろうか。

＊1　知覚の作用については、第十章参照［「知覚の作用と内容」、本アンソロジーには収録せず］。

＊2　Köhler, "Ein altes Scheinproblem", *Naturwissenschaften*, 17, 1929. また、印東太郎「アイソモルフィズムの問題」『哲学』（慶応大学）、二七。

3　物理的事物と知覚、現象論

ケラーの考えをとると上に示したように、物理空間の中の空間的関係は結局知覚空間での空間的関係に還元されざるを得ない。だがこのことは、ケラーの説だけの帰結ではなく、同一空間の考え（2―3）でも同様なのである。実は知覚への還元の不可避なことは同一空間説をとるかとらぬかに関係せず、知覚と物理的事物の二元論からくることなのである。上の2―4で示したことは、ケラーのように同一空間説を否定しても、この帰結はやはり避けられないということである。

ただし、同一空間説の場合には、知覚に還元されざるを得ないのは、知覚と同一空間に属する物理的事物の位置である。同一空間説においても、例えば、物理的コップは何処に位置するかと問われれば、普通の手続きに従ってコップの見えている所だとか、コップの見えている場所の上とか右とかと答えるわけである（レンズ、蜃気楼、太陽等の場合）。そして、この答を得るための手続きはすべて知覚の領域内であることは説明を要しまい。

さらにこの知覚への還元は、物理的事物の位置や空間的関係にとどまらない。重さ、電導度、ヤング率、分子構造等々の物理的性質および物理的関係もまた、知覚に還元される。われわれは天びんのバランスの知覚、メーターの針の位置の知覚、スペクトル線の位置の知覚等々からこれら物理的性質を定めるのである。概括して言えば、すべての物理的性質や関係についての知識は知覚の領域から得られ、また、それ以外から得られないのである。

このことは、知覚と物理的事物に新しい関係を考えねばならぬことを示すものである。2—1での二元論は、知覚と物理的事物の間に、ある差異と類似性と関係とを立てることによって定義された。その場合、関係としては、原因結果の関係（対応関係）と空間関係（同一空間への所属非所属）の二つだけを考えたのである。しかし、ここに今一つの新しい関係、即ち〈証拠の関係〉を入れねばならぬことが示されたのである。つまり2—1の二元論の定義はそれだけに止まることができず、その定義は論理的に今一つの関係、証拠の関係、を要請せざるを得ないのである。したがって、この証拠の関係がどのようなものであるか、またそれに従って二元論の定義がどのように補足されるかを検討せねばならない。その補足のされ方によっては、二元論はもはや二元論と呼ぶより、一元論と呼ぶべきものになる可能性が生じる。

それゆえ、問題は次の点にある。即ち、物理的事物についての発言、知識は、知覚の証拠に基づいてなされるが、この〈証拠の関係〉は知覚と物理的事物との相互関係をどのように規定するだろうか。

（1） 知覚と、知覚の描写

知覚とは何か、と問われると私は困惑する。眼を開いて見える光景が知覚である。聞えている音が知覚であり、肩に感じている痛みが知覚である。知覚はそこにあり、それだけなのである。もやにかすんだ家並の風景は、明確な知覚であり、何の不明確なところもない。明瞭にかすんだ、明確にぼけた風景の知覚である。

だが、この知覚を言葉で不十分にではあるが描写することはできる。水の半ば入った水差があり、青い模様のついたコップがその右手に……というように描写できる。しかし描写には真偽が云々される。ここに、錯覚論法 (arguments from illusion) を始めとしてあらゆるデカルトの疑いが入ってくるのである。光の欺き、大脳の欺き、手品師の欺きから悪魔の欺きに至るとめどのない懸念が生じる。だが、これらの疑いは何についての疑いなのだろうか、何に対して欺きの懸念があるのだろうか。それは明らかに、客観的物理的実在性についての疑いであり、それについての欺きの可能性である。水差の知覚の場所に、果して、物理的事物としての水差があるのか、という疑いである。このことは、これらの懐疑はすべて上の知覚の描写を物理的事物の描写と取った上での懐疑であることを示している。物理的命題の真理性について疑っているのである。

しかし、問題の描写は、物理的事物の描写として意図されたのではなく、知覚の描写として意図されたのである。そして、前者に対する疑いは、後者の真理性に対する疑いにはならない。知覚の描写の真理性は、知覚に対する描写の適切さに他ならず、物理命題の場合に必要なテストや実験は不必要なのである。たとえ、悪魔ないしは大脳の欺きで、赤い象が見えるのであっても、「赤い象が庭にいる」という描写は、知覚描写としては真なのである。

しかし、と反駁されるだろう。コップ、水差、象、というような言葉は物理的事物のための言葉であり、物理的実在性をその意味の中に含んでいる。したがって、そのような言葉によって知覚を描写することはできない、と。事実、多くの人（例えば初期のラッセル、カルナップ）がそう考え、知覚描写専用の言葉として、センスデータ言語を案出した。しかも、そのセンスデータ言語から逆に物理的言語を構成しようとしたのである（センスデータ現象論）。しかし、これまた多くの人によって指摘されたように、そのような試みは無理であるか、無意味になる。だが、そのような試みは不必要である。物理言語によって、知覚描写はできるし、また日常そうしているのである。焼きごてをあてられたような痛み、という時、焼きごてが物理的にあてられているわけではないことは誰も知っている。それは痛みの知覚描写をしているのである。双眼鏡で船を見て、「すぐそこに船が見える」という時、船が客観的にすぐそこにあると信ずる人はいない。しかもこの描写は真であることはまた誰しも認めよう。もちろんこの時、視野にある光景を〈船〉として認知するには長い経験が必要だし、推測や推論も入っていよう。しかし、その為、この知覚が純粋でなく、知覚以外の要素が入っていると言うのは間違っている。第一に、知覚を感覚素材と悟性の合成と考えることは不可能だし[*1]、第二に、ある知覚の生じた由来と知覚そのものとは別なことであるから。知覚は眼を開けば見える光景であり、耳に聞えてくる音なのである。船がそこに見えれば、船としての知覚があるのである。この時、実際にはそれがまやかしの書割であり、しかもそのことを承知していても、船の姿がそこに見えるならば、「船がそこにある」という描写は真なる知覚描写なのである。このようなし方で、物理言語を知覚描写に使うことができる。しかも、使わざるを得ないのである。センスデータ言語はかえって、知覚描写に使えない（異常な場合を除き）。日の丸の旗が見えている時、知覚は正に日の丸の旗であって、単に白地に赤い色の拡がりではないからである（第八章［「物と知覚」、本アンソロジーには収録せず］第2節参照）。

一方、この知覚描写の性質は、知覚の性格をあらわしている。知覚は、物理的事物の表面だとか宙に浮いている不可解なエーテルのようなものではない。船の知覚は、大きく重く堂々とした船の姿なのである。足裏の圧触覚は確固とした大地の知覚なのである。それは事実そうだからそうなのである。シミュレーターの中で訓練をうける操縦士はこのことをよく知っていると思う。自分は今地上のケビンに居るのであって大空を飛んでいるのではないことを百も承知していて、しかも、その知覚を描写することを求められれば、現実の飛行の場合と同じことを同じ言葉で述べるだろう。そしてその時、彼はラッセルよりも認識論的にはまともなのである。彼の描写は正しく真であり[*2]、何の不純もなく、何にも欺かれていはしない。彼が物理的事物の描写ではなく、知覚の描写をしている限りそうである。

（2） 物理的描写

一方、物理的事物についての叙述（以下物理的描写と呼ぶ）については事情が異る。物理的描写に対しては、きりのない疑いが可能であるし、またそれらの疑いには根拠がある。物理的描写について、これこれの点が疑わしい、これこれであるかも知れないではないか、ということは、その点についてのテストがまだすんでいないということと同じである。したがって、疑いの項目を列挙することは、その物理的描写が真であるために必要なテストの項目を列挙する一つのし方に他ならない。そして、物理的描写の場合、それが真であるためのテストはすべて知覚の中でなされることは前に述べた。これが〈証拠の関係〉と呼んだものである。しかし、証拠の関係は正に、意味の関係ではないだろうか。即ち、物理的描写の真理条件証拠の総体は、この物理的描写の意味そのものではなかろうか。あるものが鉄である、ということを言うためにはそれが鉄の満たすべきテストをすべてパスせねばならない。すると、「鉄である」というこの意味は正にこれらの必要なテストの全体に他ならないのではないか（意味の検証理論）。もちろん、鉄は金属であり、テストは手続きである。手続きは金属ではなく物質でもない。したがって、手続きをいくら集めても鉄という金属ができるわけではない。しかし、今問題にしているのは鉄の製法ではなく、「鉄である」という描写であり、この描写の意味がテストの描写の総体と同じであると言っているのである。では、鉄そのものは何であるかと問われよう。鉄が物理的事物として知覚とは別のものであるとすれば、鉄を見も聞きもできないのだから、この問には再び「鉄である」ことの描写を以って答える以外にはあるまい。すなわち、鉄そのものは何であるかと問うことは、「鉄である」という描写の意味を問うことに一致してしまうのである。

こうして、物理的描写は知覚描写の集りと同意味になるのである。そしてまた物理的事物について云々したり、それについて問をだすことは、物理的描写について云々し問をだすことと同じなのである。知覚は描写しないでも、また描写される前に、そこにある。しかし、物理的事物は描写されぬ限り意味を持たない。そして、その描写は知覚の描写に還元される。こうして、〈証拠の関係〉は実は〈意味の関係〉になるのである。

しかし、直ちに疑問が生じるだろう。このように物理描写が知覚描写の集りに還元されるとすると、循環が生じる。なぜならば、知覚描写は物理的言語を使ってなされると3—1で述べられているからである。

だがしかし、この循環は見かけのものである。繰り返し言ってきたように、知覚はその描写以前に、そこにある。そこで、この知覚を描写する代りに、ａｂｃ……と名をつけてゆくことができる。例えば、ａはこの角度から見た水差の知覚像、ｂは手をその方にのばして触れた時の触知覚というように。そして次に、これから物理描写を定義する。例えば「そこに（物理的に）水差がある」という物理的描写を、ａｂｃ……等の存在を言う命題の集りで定義し、これをＡとする。もし、ａｂｃ……等で名付けられた知覚を私が十分よく記憶でき、また他人に伝達する必要がなければこれで十分なのである。しかし、私は知覚を描写する必要に迫られる。この時、ａの知覚の描写として、Ａを特異なし方で使うのである。つまり、物理的言語による命題Ａを3—1の方式で知覚描写ａの意味に転用するのである。実際には、このような、またこれと同じ機能を持つ操作を一挙にしてしまうために、表面的な循環が生じるのである。ａの意味に転用されたＡが、転用前のもとの物理的意味に誤って解されるためである。

結局、物理的描写が知覚描写の集りであるとは、物理的描写は多くの他の物理的描写の特異な転用法の集りだということである。しかし、ここに悪循環はない。肝心なことは、描写されるものは知覚か、または知覚の集りだということである。

である。

（3）二元論――一元論

次に今一つの問題が起きる。物理的描写は知覚描写の集りだとしても、特定の一つの物理的描写（例えば「これは机だ」）をとった時、それは如何なる知覚描写の集合か、ということである。

その集合は無限集合である。机であることの証拠が無限だからである。無数の角度からの机の知覚、無数の物理化学的テストの知覚が「机である」という物理的描写に含まれていることは明らかである。しかし、一方それに含まれない、含まれてはならない知覚も無限にある。すると、この物理的描写に含まれる知覚描写と含まれない知覚描写をどうしてより分けるのだろうか。それは他でもなく、「机である」という物理的描写の意味の理解によってである。むしろ、「机である」の意味を理解していることと、それに含まれる知覚描写をより分けることができることとは、全然同じことだというべきである。「机である」とはどういうことかを理解していれば、机（物理的）であるために必要な知覚が何であるかを示すことができ、また逆も真である。では、この理解はどうして生じるのか。それは実際問題としては自然で容易（子供も理解している）であるが、論理的に分解することはほとんど不可能である。それは長い経験によって、無数の知覚が区分され、まとめられ、統制をうける、としか言えない。そこには日常の経験も科学知識も科学理論も入ってくる。しかも、絶えず訂正され、新たな連関が生じ、錯雑を増す一方では整理が進むといった具合に、常に動き常に開いている。このことは、物理的描写は知覚描写の集りではあるが、知覚描写によって物理的描写を置き換えてしまい後者を消去することはできないことを示している（3―2では循環の問題の所で、これができるように述べたが、それは簡単のためであった。しかし、このことは、3―2の論点にはひびかない）。

さて、以上で物理的事物と知覚の〈証拠の関係〉、したがって〈意味の関係〉がどのようなものであるかを述べた。要約すれば、(a) 物理的描写は知覚描写の集りである。(b) しかし前者を後者で置き換えて消去することはできない。

この(a)と(b)との関係が、先の二元論の定義（2―1）に加えられねばならないのである。だが、(a)が加えられることによって二元論はもはや二元論と呼び難いものになる。しかし一方、(b)のために、単純に一元論と言うことも無条件にはできない。しかし、問題は(a)と(b)が成り立つということであって、何元論という命名ではないはずである。それにしても次のような考慮から、一元論と呼ぶ方がより自然で、呼び名による誤解の量が少ないものと思う。

例えば、水差の知覚と物理的水差が同一空間の中の同じ場所にあるという時、二種類のものがそこに共在しているのではない。物理的水差がある場所に存在する、というのは一つの物理的描写である。その物理的描写は(a)によって知覚描写の集りに他ならない。ただこの集りを一挙に表現するためには、物理的言語が不可欠なのである (b)。しかしともかく、登場するのは知覚という一種類のものなのである。完全な二元論の誤りは、物理的水差が水差の知覚とほとんど同じ意味でそこにあると考えた点にある。物理的水差の存在の意味は遥かに理論的、構成的なのである。

この意味で一元論を言うことは、存在を意識にしてしまうことではない。第一に、3—1で述べたように、知覚は現実的で確固としたもの、素朴な考えでの客観的事物とほとんど同じ現実性を持っている。第二に、この知覚描写を物理的言語でまとめあげた場合、科学者の抱く〈客観性〉の概念は少しも損われない。むしろ、この一元論は、科学者の常識を、幾分用心深いが非常識な言葉で言い直したものに他ならない。例えば、私の睡眠中、電車が衝突したのであれば、翌朝その証拠を知覚で調べ証拠十分ならばその物理的衝突は真であり、また、客観的事件である。

＊1　拙稿「知覚と客観性」『東京大学教養学部人文紀要』昭和三四年［大森荘蔵著作集第一巻］。

＊2　厳密には、記憶の誤りと言葉の使い違いが問題となってくる。

4　一元論的解釈による知覚因果説

以上においては、まず知覚因果説を仮定し、それに前提されているかに見えた二元論を押しつめてみると、一元論になってしまうことを述べた。では果してこの一元論は逆に因果説と整合するだろうか。もし整合するとすれば因果説の意味はどう変るだろうか。これが最後の問題である。だが、この問題はひどく簡単である。

上の一元論はもちろん因果説と整合する。物理的な大脳の状態が知覚に対応するということと、この一元論がその大脳状態の描写は知覚描写の集りだということは、ほとんど独立したことがらであり矛盾を起す要素がない。因果説の物理的事物に関する部分を、ただ知覚描写の集合だと解すべきだ、というだけのことである。

一方、この一元論の解釈は、因果説の二元論的解釈でのつまずきの石であった投影の問題を消滅させる。それはもはや、異種のものの間の関係ではなくなり、知覚という同種のものの間の関係になるからである。しかも、大脳から知覚像への距離の飛躍すらなくなるのである。

因果説は例えば、物理的水差（a）→物理的大脳（b）→水差の知覚（c）、という経路をとる。ところが、一元論の解釈では、aとbとは知覚描写の集りであり、cは知覚描写そのものである。さらに、aを知覚描写の集りとする時、その集合はcを含むはずである。つまり物理的水差がある場所にある、という物理的描写を知覚描写の集合とみる時、当然、その場所に見える水差の知覚像即ちcはその集合の一つの要素でなければならぬ。すると、因果説の説明、「a→b→c」は、「(c+α)→b→c」となる。[*1] これは明らかに説明としてはトートロギーである。「水差の知覚があり……大脳変化があり、そのゆえに水差の知覚が生じる」という説明だからである。それゆえ、一元論的解釈では、因果説は説明ではなく記述なのである。即ち、「a→b」という記述に他ならぬ。そしてこの記述は、物理的水差から大脳までの過程の記述であり、そこから水差の知覚に飛ぶ必要がない。飛べば、トートロギー、即ち「a→b」の記述の繰返しになるだけである。このことによって、一元論的解釈は投影を始めあらゆる脳神話の奇妙さを霧散させる。しかも、因果説の科学的仮説としての内容には少しも変化がないことは説明するに及ばぬと思う。

*1　ここの叙述は少し単純化してある。厳密には条件法が描写に入ってくる。また、幻覚の場合には、aとbの両方の組み合わさった分解が必要となる。幻覚の場合については十三章「「観測と世界像」、本アンソロジーには収録せず」参照。

知覚風景と科学的世界像

〔『言語・知覚・世界』十一／初出：一九六九年〕

普段、私たちが暮している世界とは、家具や部屋や路や空、それに家族をはじめとする人の群れの風景である。つまり、普通に見たり聞いたり触れたりする風景の世界、見聞の世界である。それを知覚風景と呼んでさしつかえあるまい。一方、自然科学が描く世界は別世界ともいえるような世界である。すなわち、素粒子だとか電磁場だとかからなる世界である。この科学が描く世界の姿を科学的世界像と呼ぼう。あるいは、科学風景と呼んで、常識的世界である知覚風景に対置してみよう。

しかし、もちろん、知覚風景と科学的世界像は二つの別世界の別々の風景ではない。それはともに、私たちの現に住んでいるこの一つの世界の風景である。といって、それらはこの一つの世界を異る画風または描法で描いたものだということですむまい。この二つの世界風景の間の関係は一見するよりも遥かにこみ入ったもののように思える。この関係をやや立ち入って観察することによって、科学的世界像を生みだす科学理論や科学的概念の機能を理解する一つの糸口が得られるのではあるまいか。

1　二つの描写の重ね描き

いま、世界の一微小部分、私の机の上の一つのペン先の科学的描写が与えられたとしよう(それは古典物理的であっても量子力学的描写であってもかまわない)。一方、私はそのペン先に目をやれば、ペン先の知覚風景が見える。それは銀色に光るペン先の姿である。科学的描写の方はそれに対し、色についての言及はない。ただ電磁波の波長やその反射についての叙述を含むだけである。この二つの描写はどういう関係にあるだろうか。

まず第一に、科学的描写は、常識的で粗大な知覚風景描写をより精確に描写し直したものだといえるだろうか。もしそういえるとするならば、科学的描写が与えられれば、そこから知覚風景描写を引き出せるはずである。精密な地図から思いのままの略図が、精細なデータから各種の統計が引き出せるようにである。しかし、ペン先の科学的描写から、たとえばそれが「銀色に光って見える」ということを引き出せるだろうか。一見、当然引き出せるようにみえる。普通の光源からの入射光、ペン先でのその反射光の科学的描写をつけ加えるならば、その反射光が「銀色」であることが引き出されるようにみえる。しかし、この科学的描写の中の反射光の描写は（たとえば）電磁波の描写である。その波形そのものは銀色でも金色でもない。波形そのものは色と無縁である。銀色となるものは、ある波形の電磁波ではなく、その電磁波が眼球に到達したときに私が見る知覚像なのである。しかし、かくかくの波形のときかくかくの色の知覚像がみえる、ということは物理理論からでてくることではない。また生理学の理論からでてくるものでもない。それは、科学的描写と知覚風景とをつき合わせた後に見出されることであって、それ以前にいわば科学的描写の中に内蔵されているものではない。ということは、科学的描写の中に知覚風景が含まれてはいないということ、したがって、科学的描写から知覚風景を引き出すことはできぬということである。つまり、科学的描写が、常識的な知覚風景に取って代わることはできないのである。言語的にいうならば、知覚風景を叙する言葉、たとえば赤いや青い、高い音、柔らかな手ざわり、冷たい熱い等は科学的描写の言語とは独立なのである。すなわち、科学理論の中に組み込まれていないのである（それゆえ、物理の教科書からこれらの言葉を消去することが原理的に可能である）。

では逆に、知覚風景は科学的描写にどのような情報を与えるのだろうか。ペン先の知覚風景はペン先の科学的描写にどんな手掛りを与えるのだろうか。たとえば、その銀色はペン先の表面の構造に、その形はペン先を構成する素粒子の存在する領域の限界について情報を与えると考えられよう。しかしたとえば、ペン先の知覚像の形状が、その科学的描写での形状と同じ（あるいは、ほぼ同じ）だということ、このことはどこから知られたのだろうか。つまり、見られたペン先の姿のある場所に、それと同じ大きさと同じ形状をした物理的ペン先（たとえば、素粒子の集合）があるということ、このことをわれわれはどうして知ったのだろうか。

さらに言い換えると、物理的事物が在るちょうどその場所に、その物理的事物と同形同大の知覚像を見るということはどこから知られたことなのだろう。そのことは、科学理論から引き出されることではない。物理学も脳生理学も、物理的事物としての机の視覚像がその机の場所に机と同形同大で見られるということをその理論から導くことはできない。だとすれば、それはふたたび、科学的描写と知覚風景とをつき合わせて、そこで見出されることであるほかはない。しかし、では、どうやってこの科学的描写と知覚風景とをつき合わすのだろうか。まず、知覚風景の方はそれが眼前に見られる風景なので問題はない。だが、たとえば、ペン先の科学的描写をどうやってするのだろうか。知覚風景ではない物理的ペン先は一体どこに在ってどういう形をしているのか、それをわれわれはどうやって知ることができるのだろうか。ほかでもない、それは知覚風景から知るのである。銀色に光るペン先の見える場所にあり、それと同形同大のものとして知るのである。ところが、出発点では、それをそうと知るためには、ペン先の科学的描写をその知覚風景とつき合わさねばならぬ、ということだったのである。これは明白な循環である。

この循環が指示するのは、科学的描写は一つの根本的前提の上になされているということである。それは、物理的対象（たとえば、素粒子、電磁場等）の在り場所（位置座標）、したがって形状や大きさもまた、知覚風景の中で知覚風景によって定義されている、ということである。物理的ペン先が知覚風景のペン先と同位置、同形、同大であるのは、事実そうであることが見出されたからではなく、前者がそのようなものとして定義されたからなのである。すなわち、科学的描写は知覚風景に（時空的に）重ねて描かれた描写なのであり、そうしないで知覚風景と独立にそれを描くことはできないものなのである。もちろん、この重ね具合は必ずしもペン先の場合のように単純なものではない。そこには系統的なずれが入っている（星や太陽とその像のずれ、鏡にうつる像や蜃気楼の原物とのずれ、レンズやプリズムによるずれ、等々）。また、知覚風景では何もない透明な場所に、電磁場を描くようなこともある。しかし、それらもまた知覚風景の中で位置づけられていることに変りない。

このように知覚風景をその根本的前提としながら、いったん描かれた科学的描写はその前提を離れて独り歩きできるような錯覚が生じる。つまり、知覚風景をすべて消し去って、この世界の科学的描写をすれば、それがいわば真の世界描写であり、知覚風景はいわばその二次的なうつしで、たまたまある種の生物に生じる現象である、と。たとえば、物理的なペン先からの反射光束が網膜に達し、そこに生じた神経興奮が大脳の視覚領野に達する（以上は科学的描写である）ことにより、ペン先の知覚風景が見えることになる、という次第である。しかし、ことはむしろ反対なのである。知覚風景なくしては（何も見えず、何も聞えず、何も触れずには）、科学的描写そのものが意味を持ち得ないのである。何の描写であるかが不明になるのである。それゆえ、知覚風景は、（科学的描写によって描写される）大脳の状態を原因として生起するものではない。ある知覚風景が（たとえば、銀色のペン先の姿が）見えているとき、それに重ねて一つの科学的描写（物理的ペン先、反射光束、大脳を含む）が描かれているのであって、後者で描写されるものが原因となって前者が生じるのではないのである。

このことのアナロジーとしてたとえば幾何光学と波動光学の関係をあげることができよう。ある幾何光学的描写、たとえば、水面に斜めに入射した光線が水面で屈折して入射するという描写があるとする。その描写に重ねて、波動光学的描写が描かれよう。そのとき、後者で描かれた波動の波面の伝播が原因となって、前者の入射光屈折が生じるのだとは、誰も言うまい。波動光学的描写は入射光屈折という幾何光学的描写に重ねて描かれた描写であって、その原因を描いたものではないからである。知覚風景と科学的描写の関係は、この二つの光学的描写の間の関係ほど単純でもなく密着したものでもない。しかし、その関係が原因結果の間の関係でもなく、また互いに無縁でただ対応があるだけというような並列的な関係でもないという点では変りがない。もし、知覚風景とは単に、大脳のある物理化学的状態に対応するというだけのものだとすると、その知覚風景はどこに見えてもかまわないはずである。つまり、物理的ペン先に対するその知覚風景は、そのペン先の場所に見えようが幾万光年のかなたに見えようがかまわない。かまわない、という意味は、物理的世界に対して知覚風景がどういう位置関係にあるかを識別する方法がない、ということである。単なる対応である限り、物理的世界と知覚風景との位置関係は任意であり、したがって、その位置関係を云々することは空虚となる。しかし、われわれがそう考えていないのは、科学的描写における位置ぎめを知覚風景によってしている、すなわち、科学的描写を知覚風景に重ねて描いているからなのである。そして、はじめに述べたように、この重ね描きは、科学理論からでてくることでもなく、実験観察によって発見確定されることでもなく、科学的描写そのものが成り立つ条件であり前提なのである。

2　科学理論

科学理論というとき、人は二様の意味を与えている。一つは、時と所の指定を持たない一般現象についての法則のようなもの（たとえば、物理学で基礎法則と呼ばれるもの）、今一つはこの世界のどこでいつ何が起っているかについての描写である。地球の内部についてのさまざまな理論、天文学や宇宙進化史の理論、あるいは特定の人に関する神経生理学のいろんな学説のようなものは後者に属する。この二種の理論の関係を単純化していえば、一般的理論に初期条件と境界条件（着目体系の構成を含んで）を与えると、具体的描写としての理論が生じる。その意味で、一般的理論はこの世界の具体的描写の描法を与えるものだともいえようし、また可能的世界の描写の型を与えているともいえよう。もちろんことはこのように単純なものではなく、さまざまな段階で中間的な理論があり、互いにこみ入った関係にある。しかし、すべての理論が最終的に目指しているのは、この世界、このわれわれの住む唯一の世界の具体的描写だといえると思う。つまり、この世界の科学的描写が理論の目的だといえると思う。

そうだとすれば、理論による説明、理論による解明といわれるものも実は一つの科学的描写を提示することにほかならぬこととなる。事実、科学的説明とは科学的描写の提示ではあるまいか。水が凍るとかさが増すことの説明とは、酸素原子と水素原子の配列が氷の場合の方が拡がる様子を描写すること、食べた食物が血肉となることの説明とは、食物の胃腸での分解吸収から始まって血球や蛋白質の合成に至る複雑な過程をできるだけ精しく描写することではあるまいか。そして多くの場合、「精しい説明」とは「精しい話」であり「精しい描写」なのではあるまいか。したがって、より精しい描写がそうでない描写の説明となるのであり、もっとも精しい描写というものがあるとすればそれが最終的説明となるはずである。ここに「精しい」

とは文字通り時間空間的に精しいこと、すなわち、時間空間的細部の精しさである。そしてこの意味でもっとも精しい描写とは、原子論的描写と場描写の二つであることは明らかであろう。物理学の基礎法則がすべてこの様式の描写であるのは以上のことから当然のことである。それゆえ、それら基礎法則が物理学のみならずすべて空間的対象に関する現象の最終的説明を与えることになる（もちろん、ある時点での知識に相対的に、最終的なのである）。それが時間的にも空間的にももっとも精しい科学的描写を与えるからである。ここでもまた、理論的説明を与えるとは、一つのより精しい科学的描写を提示することであることが見てとれはしないだろうか。

こうして、科学理論が目指すところはこの世界の細密な科学的描写であるようにみえる。だがこの世界の科学的描写とは結局は、このわれわれの住む世界の全域の全歴史の描写に向うことになる。たとえば地球の誕生やその地磁気の生因、動植物の進化やそのさまざまな代謝過程、リンゴの落ち方やその腐り方、これらはすべて、この世界史の描写の中の部分的描写である。それらは、あるいは粗く、あるいは概括的、あるいは空白を残しているにしろ、この世界描写の部分的描写として試みられたものである。そして、少なくとも自然科学のデータや理論はすべて同じくこの世界の部分的描写であるといえよう。自然科学の目的は窮極のところ、これらの部分的描写を接続して一枚になった世界描写を得ることではあるまいか。そしてその世界描写とは全宇宙の世界史の描写にほかならない。

一方、その描写の細密さを追うならば、先に述べたように、それは時間空間的な細密さとなる。すなわち、全宇宙の可能な限りの空間的細部の連続時間的な描写であり、それがしたがって原子論的または場の描写となるのである。その究極的細密描写がどこででも従わねばならない条件が、物理学の基礎法則といわれるものなのである。そのときもちろん、その条件は世界描写の外から課せられるものではなく、世界描写そのものの中で見出されるものであり、その意味では描写の一部なのである。この細密な描写を具体的に描きあげることは、たとえそれがただ一本の毛髪の描写であっても人間わざでは不可能であろう。しかし、細密にいえばどんな種類の現象がそこで起っているかに言及しないでは、太陽の熱についても毛髪の代謝についてもわれわれが納得する科学的描写が描かれたことにはなるまい。最近の宇宙論、または天体物理学はそのような描写の試みだと見ることができよう。また一方では、分子生物学が生体に対して同様の描写を試みていることも明らかであろう。この意味では今世紀［二〇世紀］の自然科学において初めて、世界の一枚岩的な科学的描写の緒が具体的に開かれたといえる。その名に値する、科学的世界像の眺望が始まったといえよう。

3　検証と観測

しかし繰り返していうように、この科学的世界像は独立して完結できる世界描写ではない。それは知覚風景と重ねないでは別世界の話、住所不定の世界の絵姿になってしまう。この科学描写が描く太陽は、私がふり仰いで見るまばゆい円板に重ねて（この場合はずれをもった重なりであるが）位置づけられないではどこの太陽とも定めることはできない。このわれわれが住む世界の科学描写である限り、知覚風景と重なる描写でなくてはならない。一切の知覚風景と位置的に無縁な科学描写は、われわれが見聞する世界とは無縁な、よその世界の描写でしかない。知覚風景を棚上げしてこれと絶縁することは、科学が描写する世界の場所ぎめをする手だてを失うことであり、どこの世界かその場所のわからぬ世界はまさに宙にさまよう世界なのである。

だからこそ、科学理論すなわち世界の科学描写の検証の場が知覚風景にあるのである。実験にせよ、観測にせよ、それらは知覚風景の中での作業である。それらは最終的には、メーターの針の位置読み、写真フィルム上での模様、望遠鏡や顕微鏡の視野の中での風景等にほかならないからである。

一つの科学描写がこれらの知覚風景によって検証または反証され得るためには、当然不可欠のことが一つある。すなわち、その科学描写が与えられたとき、それに重ねられるべき知覚風景が決定できねばならない。簡単にいえば、ある科学描写があるとき、その対象にわれわれが面するとどのように見えるか、どのような風景が見えるかが決定できねばならないのである。たとえば、銀河系の構成を描く科学描写であるならば、地球上からの銀河系の見え姿がどんなものであるかが決定できねばならない。これはあまりにも自明なことにみえるかも知れない。しかし、この科学描写から知覚風景のひき出しは決して科学理論からは導きだせないのである。細長い小さな物体としてのペン先の科学描写から、細長い小さなペン先の風景をひき出すのは科学理論によってではない。それはもともとこの科学描写がこの知覚風景に重なるものとして描かれている、そのことによるのである。しかし、この科学描写と知覚風景の重なりは量子論的描写の場合には自明なものではない。電磁場と相互作用の下にあるある系の量子力学的描写が与えられたとき、その系の見え姿、つまりその系の知覚風景を決定できるだろうか。あるいは、私の眼から大脳皮質に至る部分をこの系に加えて、その合成系の量子力学的描写が与えられたとしたとき、私に見える知覚風景を（原理的に）決定できるだろうか。私にはわからない。しかし、かりにそれが決定できるとしても、その決定方法は量子力学の理論によって与えられるものではないことは確かだと思われる。同様な状況を古典物理学の描写に設定した場合にはそのことが確かであるからである。

このことが、いわゆる観測問題にひびくところがあるのかないのか、まだ私にはわからない。しかし、観測問題が物理学の内部、すなわち量子力学的描写の内部にとどまる(その場合は、純粋に物理学内部の問題であろう)のではなく、科学描写と知覚風景との関係にまで拡がるところの問題であるならば、上の諸点がこの問題にひびくはずだと思える。

Ⅲ

第Ⅲ部は中期に属する代表的な論文三篇を取り上げる。

中期大森哲学の最大の特徴は「立ち現われ一元論」と呼ばれる立場の確立と展開である。立ち現われとは、世界と主観を媒介する表象のような何ものかではなく、世界そのものがじかに露出した姿にほかならない。そして中期において特徴的なことは、そこに知覚だけではなく思考も含まれるようになったことである。世界は、思考においても（思い的に）じかに立ち現われるとされる。

「立ち現われ」という用語が初めて現われるのは「ことだま論」である。この論文で大森は、言葉と世界との間に「意味」なる何ものかを考えることを拒否する（無‐意味論）。そして言葉の働きを、世界をじかに立ち現わすことに見る。「賀茂川」という言葉によって、京都市北部を流れるあの賀茂川が、私に思い的に立ち現われる。

思い的な立ち現われが認められた結果、知覚もまた前期よりもはるかに豊かなものとして捉えられるようになった。一個のリンゴはリンゴとしての相貌だけではなく、おいしそうだといった相貌ももつ。さまざまな思いをこめられ、知覚はさまざまな相貌をもつのである。

さらに大森は、知覚状況からある仕方で思い的な立ち現われの側面を取り出したものが、科学描写であると論じる。相貌描写も科学描写も、この世界のある側面を「抜き描き」したものにほかならない。そう論じることによって大森は、科学が描写する対象こそが実在であり、知覚はその主観的像であるとする二元論的描像へとわれわれを導く「科学の罠」から抜け出る道を示すのである。

「虚想の公認を求めて」では、さらに立ち現われのあり方が拡張される。例えばいま正面から椅子を見ている私は、その現在ただ今の背面を見ることはできない。だが、その原理的に知覚不可能な見え姿の思いが、いまここからの私の椅子の正面の知覚を成り立たせている。大森はその思いを「虚想」と呼ぶ。こうして、立ち現われはいっそう豊かなものとなり、大森の思考はますます生き生きとその翼を広げるのである。

（野矢茂樹）

ことだま論——言葉と「もの - ごと」

［『物と心』6、一九七四年／初出：一九七三年］

日本をはじめ、多くの民族において、ことばには霊力がそなわっており、その力によってことばは事物を喚びおこすものと信じられた。それは光をこの世に生れいでさせた「光あれ」という神のことばにとどまらず、人のことばにもあると信じられた霊力である。言《こと》は事《こと》をよびおこす。その力が言《こと》にひそむ「ことだま」なのである。

この古代の考えは原始的信仰として、現代ではかえりみられない。しかし、言葉の働きを観察するとき、再びこの「ことだま」の力を見ざるをえない。もちろん、言葉に不可思議な神秘的な力がそなわっている、と言うのではない。そこには、ひとかけらの神秘もない。むしろ、それは平々凡々たる事実であるように思われる。

以下で、その凡々たる事実を平坦に述べてみたい。しかし、その平凡な事実が、真理や実在についてのわれわれの抱いている考えに訂正を迫ることになろう。

1 「無-意味」論

1 言葉の働き――その多様性

言葉は話し手によって語られ書かれる。それは話し手自身に向って語られ(独り言)、話し手自身に向って書かれる(ノート)こともあれば、聞き手、読み手に向って語られ書かれることもある。言葉の働きを見てとるためにまず後の場合、それも一人の聞き手に向って語られる状況に注目してみよう。

その状況に限ってみても、言葉は千差万別の仕方で働いていることは一目瞭然であろう。話し手は聞き手に、命令し、懇願し、約束し、告げ口し、説明し、説教し、お世辞を言い、皮肉を言い、グチを言い、挨拶する。聞き手を罵り、口説き、叱り、怒り、喜ばせ、悲しませる。歌って聞かせ、どなってみせる。なだめ、すかし、はげまし、おどす。ときに、何も言わない無言の沈黙もある。

この、言葉の働きの多岐多様は、まさに人と人とのかかわり方の多岐多様そのものに他ならない。正確に言うならば、上にあげた働きの類別にとどまらず、言葉の働きは二度と同じではありえない。話し手と聞き手が変るごとに、また同じ人間でもその気分、意図、居場所、時、が異なるごとに、またその状況の変るたびに、言葉の働きは異なるのである。それは、人と人とのかかわりが一回毎に異なることに相応するからである。歴史はくり返さず常にただ一回きりのものであり、人は同じ川の水に二度足をつけることができないように（ヘラクレイトス）、言葉は二度と同じ働きを働くことはできない。

「水を下さい」。この願いの働き方は、話し手が誰であり、聞き手が誰であり、場所がどこであり（居間、台所、庭先、オフィス、レストラン、プール、戦場、火事場、等々）、時（例えば昼か深夜か）と天候（暑い日、寒い日、嵐の日）、水の在り場所（他人の家、井戸、川、水筒等）が異なるごとに異なることは明らかであろう。だが、といわれよう。それは同一不変の「水を下さい」という「意味」が様々な状況にあって、様々に使われ、様々に働くだけではないか、と。なるほど、同一不変の一つの小刀が、紙や爪や果物や肉をこれまた様々な切り方で切り、様々な突き方で突く、ということは言えよう。しかし、同一不変の小刀に当る、同一不変の「意味」とはどんな「意味」なのだろうか。小刀の場合には、それが使われず、働いていないときにも、明確な形を持ち明確な重みを持って机の上にある。だが、使われていない、働いていない、「水を下さい」という「意味」とはどんな姿で在るのだろうか。それは辞書の中に「しまいこまれて」在るのだろうか。

他の場合を考えてみよう。「一つ」の歌、例えば「命短し」は様々多様に歌われる。高く低く、様々な音量、様々な声、様々なリズムで歌われ、全く同じ二つの歌い方はまずあるまい。このときもし、それは同一不変な「命短し」のメロディがあり、それが様々な歌われ方で歌われるのだ、と思う人がいれば、その人にその同一不変な「命短し」を歌って戴きたい。いや、同一不変なのは歌ではなく、楽譜だと言われるならば、楽譜は歌い方の仕様書きであり、歌ではないことに注意されたい。楽譜は破いたり燃したり書き直したり消したりできるが、歌にはそのようなことはできない。同じように、「一つ」の振付けに従って無数の踊りが踊られる。そこでも、振付け自体は踊り方の指示であって、踊りではない。

もし、「水を下さい」の同一不変な「意味」なるものがあるとすれば、それは「言葉」、「働く言葉」ではなく、言葉の振付けであり言葉の仕様書きである。そして、楽譜自体がピアノやバイオリンを弾くのではなく、誰かが、「楽譜に従って」弾くように、「水を下さい」の「意味」が何かをし、何かの働きをするのではなく、それに「従って」、或る声や或る文字が働くのである。水が欲しいとき、どういう声や文字を発し書けばよいか、という指示があり、それを習得していることがとりも直さず、「ミズオクダサイ」の「意味」、「水を下さい」の「意味」を知っていることである。それは、同一不変な「歩き」というものが小刀のようにあって、それを状況に応じて様々な「歩き方」に使うのではなく、速い、遅い、まっすぐ、千鳥と様々な歩き方があるだけであるように、千差万別の「水を下さい」の働きがあるだけであって、千変万化の働きをする同一不変な「水を下さい」の「意味」なるものがあるわけではない。しかし、一つの国語を話せるということは、その国語の表現の「意味」を了解していることであり、同一の表現の「意味」は状況が無限に変ろうとも、一つの「意味」しか持っていないのではないか。このように問われよう。

そうではない。一つの国語を話せるということは、無限に変化する状況の中で、これまた無限に変化する働きをしようとするとき、どのような発声動作をすればよいかを習得していることである。それは、たとえば、無限に異なる紐で蝶結びをつくる手動作を習得することと同じことである。長い紐、短い紐、太い堅い紐、細くて柔かい紐、というようにありとあらゆる紐から、これまたありとあらゆる大きさや形の蝶結びをつくる。そのとき、同一不変の「結び方」「手指の動かし方」などがないことは、同一不変の「命短し」の「歌い方」、同一不変の「白鳥」の「踊り方」なるものがないのと同様である。それと同様、同一不変の「水を下さい」の「意味」なるものもないのである。様々な状況において「ミズオクダサイ」という発声動作もまた無限に変る。強い命令口調、遠慮がちな、哀願的な、明るい、暗い、きつい、間のびした、明晰な、呟くような、断固とした、弱々しい、といった具合に。それらは音声的にも千変万化していること、一つの楽譜に従った演奏が千変万化するのと同じである。それに応じて、その発声動作の働き方、そしてその働きの結果、そして結果（水を手に入れる、拒まれる等の）の起り方もまた千変万化なのである。

　ヴィトゲンシュタインは、言語の習得とはその表現の「使い方」の習得であることを強調したが、その「使い方」の習得とはより具体的には上に述べたように発声動作の習得というべきであろう（話し言葉の場合には）。一方、文字模様で書かれた「水を下さい」は、その発声動作の楽譜に他ならない。その楽譜は読み手によって無数の仕方で、声高く、または声なしに（黙読）歌われること、楽譜が無数の仕方で演奏され、または黙読されるのと異ならない。そして、一つの楽譜が同一不変の演奏を指定しないように、一つの文字模様に同一不変の「意味」なるものがそなわっているのではない。チョムスキーは、字面《じづら》の表層構造と、話し手の意図した深層構造との区別を指摘したが、彼の「深層」の水深は僅か数センチの深さであるように思われる。それは「深層」でもなく、「深く《ディープ》」もない。言葉の働きは、「深層」にあるのではなく「底」、すなわち具体的、個別的状況での働きにあるのである。そして、「意味」なるものは浅い「深層」や「表層」の夢幻的浮遊物であって、水を干しあげて「底」を陽光にさらせば雲散霧消するものであろう。

　したがって、国語という「言葉」があるのではない。国語、ソシュールの言う langue は「言葉」すなわち「働く言葉」ではない。そこでの語は各種の音符おたまじゃくしや休止符その他の記号にあたり、文法は転調やペダルその他を含む作譜規則にあたる。われわれは国語を「使う」のではなく、それら諸規則に「従って」発声動作をし、ときに作譜すなわち文章を書くのである。その規則や記法である国語は、野球規則が野球試合でなく、将棋規則が一つの勝負でないのと同様、「言葉使い」ではないのである。

「記号はそれ自体では命を持たぬ。何がそれに命を与えるのか。使用の中にそれは生きるのだ。そのとき、命ある息吹きを得るのか。あるいは、使用こそその息吹きであるのでは？」（ヴィトゲンシュタイン『哲学研究』§432）。

2 声は身《み》のうち――声振りによる触れ合い

人は話すとき、声を出す。それは息を「吐き」、汗を「出し」、血を「出す」ように身体の一部が外へ「出て」、身体への所属を失うことだろうか。肺の中で酸素を供給中の空気、口の中で消化中の唾はわたしの肉体の一部であろう。また体内を循環中の血もまたわたしの身体の一部であろう。血を「失う」ためには、まず血を「持って」おらねばならず、血を「持って」いるとは、胃や神経や骨を「持って」いるのと同様、それが身体の一部だということである。しかし、吐き捨てた唾や、流れだした血はすでにわたしの肉体との親密な関係を失い、身体の一部ではなく、外の物となる（この点、父にとっても母にとっても子供は微妙な関係にある）。

このように、身体への所属関係は、身体（の他の部分）との親密な関係を持つか持たぬかに依存している。では親密な関係とはどんな関係だろうか。それは簡単に言えば、身体が全体として、生物的にまた社会的に生きていることに「参加」していることだ、と言えよう。吐かれた唾、流された血、流された汗はその参加を止めたから、外の物となるのである。

声は血や汗と非常に異なっている。それは血や汗のように「見られ」「触れられる」物ではなく、「ひびき」「聞かれる」ものである。さらに血や汗と違って、「出される」以前には存在しなかったものである。また、「出され」ても、その命は短く、聞かれた途端に消え去ってゆく。レコードやテープによって音は繰り返せるが、特定の状況で働いた「声」はもはや二度と帰らず、「駟馬《しば》も追う能わず」なのである。また、音としてさえ滞留することができない。さらに、血や唾は体内にあって身体が生きることに参加している。つまり、体内にあって働く。それに対し、声は、通常の意味での身体、の外にあってのみ、すなわち、「出され」てのみ働くのである。しかし、だからこそ、声は皮膚の外で身体の生きることに「参加」しているのである。そこでこそ、身体と親密な関係を持つのである。

その意味で、声をそのあらゆる特異性にもかかわらず、身体の一部と見てとることもできる。それはあくまで「見てとろう」という意図であって、「そうである」という判定でもなければ、「そのように〈身体〉を定義しよう」という定義でもない。そのように「見てとれ」ば、言葉の働きがある角度からより鮮かに把えることができると思うのである。声を肉体の一部と見てとるならば、声は咳やくしゃみのように出ては消えゆく身体部分である。五体や五臓六腑はそれに対し、姿態は変るが長年保持され、他の人に「見られ」「触れられる」身体部分である（もっとも絶えざる物質代謝によって入替えが行なわれているが）。声は「出され」、「ひびき」「聞かれる」、身体部分であり、それは他人によって、手足とは違った意味で「見られ」「感じられる」身体部分である。同じ見てとり方からすれば他の人の方に向けた「視線《まなざし》」もまたれたり、「眼《がん》をつけ」られ「目をつけ」られたり、と他人に「感じられる」身体部分である。だが、「視線《まなざし》」は眼球のように触れることはできない身体部分である。しかし、声と違ってそれを意図すればかなりの時間保持できる、だが「出てゆく」ことのない身体部分である。眠れば閉じられ、死ねば「うつろ」になる部分である。

人は五体を複雑な仕方で動かすことができる。それと同様に、その視線を様々な様態で様々な方角と距離に向けることができる。すなわち、視線を動かすことができる。またそれと同様、様々な発声動作によって、声を様々に動かすことができる、と言えよう。五体の動きを「体振り」と言うならば、視線の動きは「視振り」であり、声の動きは「言い振り」または「声振《こわぶ》り」と言うことができよう。そして、五体、視線、声、はそれぞれ身《み》の一部なのだから、「体振り」「視振り」「声振り」を合せて「身振り」と総称できよう。

さて、人は「体振り」すなわち手足や胴体を動かして他人を動かすことができる。他人を動かす、とは文字通りその他人の体を変形移動させる場合もあれば、他人の心を動かす場合、また、その両方である場合もある。手で突き飛ばし、足でなぎ倒し、頭突きでひっくりかえすこともできれば、肩を叩き頭を撫で握手することもできれば、拳を振り上げて脅かし、頭を振って拒絶し、頭を下げて挨拶、謝罪、恭順、感謝をすることもできるのである。それらの体振りは、それぞれの状況の中で相手を身体的、精神的に動かす意図の下になされ、多くの場合相手はそのように動くのである。

「視線《まなざし》」の場合も、「視振り」によって他人を（多くの場合）精神的に動かす。脅かし、羞じらわせ、侮り、賞讃し、へつらい、非難する。「目でものを言う」のであり、ときには「目顔で知らせて」相手を身体的に動かすこともある。

声は視線にくらべて目ざましい仕方で働くことは明らかであろう。人が人を動かすのは大部分声によってである。声は手足で相手に触れるようには触れはしない。しかし、相手に「聞かせる」ことによって、広い意味では相手に触れて相手を動かすのである。手で相手をなぐるように、声で相手を鞭うつことができる。相手に「声をかける」のである。手で相手を押し出すように、「でてゆけ」の声で相手を押し出すことができる。相手の肩や背を手で撫でさするのと同様、声で相手を慰めることもできる。指差し、押し止めて相手を危い場所から遠ざけるように、声によって相手を押し止めることができる。

日常生活の場では、このような「体振り」「視振り」「声振り」は一体となって「身振り」として働く。言葉の働きはそのように、人の働きの一部であり、声は人の身の一部なのである。「言葉を話すことは、一つの行為の一部、または、ある生き方の一部なのである」（ヴィトゲンシュタイン、前出、§23）。しかし、「命題を道具として、その意味をそれの使用としてみよ」（同、§421）、と言うよりは、声を身の一部として、そして言葉の働きを身振りの一部として見るべきである。わが身と相手の身との（広義の）触れ合いの一部が、言葉の働きなのである。

聞き手は話し手の身振り、すなわち話し手の体振り、視振り、声振りによって（広い意味で）触れられる。それによって聞き手は身体的、精神的に動かされるのである。多くの場合、人は対面して話す。その対面の場面では、声振りは体振りと視振りと一体となって働き、その一体となった身振りから声振りだけをひきはがして分離することはできない。しかし一方、後向きでの対話、電話での対話、壁を隔てての話のような場合には、触れ合いは声振りによる触れ合いである。だがその場合でも、壁の向う、電話線の他端、自分の背後には、身振りをしている「人」がおり、いま触れられている「人声」はその一部であることが承知されている。それに対し、たとえばコンピューターがどんなに巧みな会話をわたしとすることができたにせよ、その声は「人声」ではなく、「人」の身振りの一部ではない。たかだか、それは「コンピューター振り」の一部としての「コンピューター音」なのである。たしかにその場合でも、わたしとコンピューターとの間に触れ合いはある。しかしその触れ合いの仕方、その触れ合いによってわたしが動かされる仕方は、人を相手としての場合と全く異なるのである。たとえば、コンピューターが「水を下さい」と発音するとき、わたしは何をすべきなのだろう。「ぼくは猫は嫌いだけれど犬は可愛いね」と発音したとき、わたしは何を考えてよいのだろうか。

したがって、もともとは「人間の言葉」、人と人との間の言葉、の意味を拡げて、コンピューターとのやりとりをも、「言葉」と呼ぶことは自由であるが、そう呼ぶことによって、「人言葉」の働き方と、「コンピューター言葉」の働き方の大違いは些かも減りはしない。それは、日程を「消化する」と言うことによって、食物の消化が旅と些かでも似てきはしないのと同様である。

「人」の声振りによって聞き手に声がかかり、そして聞き手が動かされる仕方は習得されねばならない。体振りや視振りによる動かされ方の大部分は習ったり練習したりする必要はない。突き飛ばされたり、にらみつけられたりしたとき、どう動くかを誰も習得したわけではない。しかし、或る種の体振りや視振りによってどう動かされるかは習得されたものである。たとえば、指でのVサイン、掌を上に下に向けての手まねき、合掌、ウィンク、等によってどう動かされるかは習いおぼえたものである。

それに対し、声振りによる動かされ方は、極く一部（泣き声、甘え声等）を除いてはすべて習得されたものである。それはしかし、「意味」なるものの習得ではなく、声振りに触れられてどう動かされるかという、動かされ方の習得である。バレリーナとそのパートナーが体の微妙な触れ合いでどう動かされるか、ダンスの相手に触れられてどう動かされるかを習得するように、話し手のどういう声振りに触れられてどう動くかを習得するのである。ここで「動く」「動かされる」と言ったが、それは再び、単に身体的運動のみならず精神的に動かされることを含むことを注意したい。

相手が「水を下さい」と声振《こわぶ》るとき、その特定の状況の中で相手が「水を欲しがり、それをわたしに求めている」という相貌をもってわたしに立ち現われてくる。そのように、わたしは（精神的に）「動かされる」。「水を下さい」という声振りに触れられてそのように動かされることを習得するのである。「さっき門の外で交通事故を見た」という話し手の声振りに触れられたとき、「先刻門の外であった交通事故」がわたしに立ち現われ、更に「そこに居あわせた」という相貌と「それを今わたしに告げ知らせている」という相貌とをもって話し手がわたしに立ち現われる。そのようにわたしは彼の声振りに触れられて動かされる。そのように動かされる仕方をわたしは習得したのである。

逆に、「水を下さい」と言う人は、そのように声振ることによって相手に、「水を望んでいる人」として自分を立ち現わし、水を得ようとする。自分のその目的に対し、どのように声振ってよいかを習得しているからである。手足を使って相手を水の在る場所に押しやり水を汲ませて渡させる、という体振りは習得の結果ではない。しかし、声振りによって水を得ることの方が、遥かに少いエネルギーで遥かによい結果をもたらすことは余りに明白であろう。更に、声の物理的性質からして、相手が何かに遮蔽されて見られぬ場合、また相手がこちらを向いていない場合にも、「声は届く」のであり、それは「手の届かぬ」また「目の届かぬ」場所にまで届くのである。その利点は、聾唖《ろうあ》者の指話や手旗信号（ともに体振り）と比較すればすぐわかるだろう。だからこそ、様々な声振りを可能とする発声器官をもった人間は、習得作業という代価をはらってでも声振りをするのである。

この声振り方の習得訓練が積み重なって或る程度に達したとき、すなわちそれまで習ったことのない新しい声振りをしたり、それに適切に動かされたりする段階に達したとき、その人はその国語を学習したと言われる。つまり、その国語が「わかる」と言われる。しかし、前節でも強調したように、国語は「言葉」ではない。いかに声振るか、いかに相手の声振りによって動かされるか、の慣習である。その慣習に従って声振り、それに従って触れられる、その行為が「言葉」なのである。文字でしるされたものは、言葉使いそのものではなく、その楽譜でしかありえない。だから、慣習である国語を文字だけで書きしるすことはできない。既知の文字で未知の文字を説明することはできる（辞書）。しかし、或る範囲の語や命題や表現は声振りの実演、すなわち行為によって習得される以外にはない。それは歌を習い、ピアノを習い、運転を習い、また鳥が囀《さえず》りを習うように、行為によってのみ習得されるのである。

或る状況の中で或る意図を持つとき、どのような声振りをすればその意図がはたせるか、また相手の声振りに触れられてどのように動かされるべきか、それを承知することが或る表現の慣習を習得することなのである。

それが通常、その表現の「意味」を知る、と言われていることなのである。しかし、「意味」なる何ものかがあるのだろうか？

3 「意味」と二元論的構図

前節まで、言葉の働きの事例として故意に、命令だとか懇願だとかそれが行為であることが鮮かなものをあげてきた。それは、声は話し手の身《み》の一部、つまり話し手自身の肉体的部分であること、そしてその声を聞くことは話し手の肉体によって（広い意味で）触れられることであること、つまり、話し合いとは肉体の触れ合いであること（少くとも、そう見うること）を強調するためであった。

しかし、言葉の働きには一見行為とは見にくい働き方がある。それは、叙述とか描写とか報告といわれる動きのにぶい働きである。そして言葉の「意味」なるものが想定されやすいのはその働きにおいてである。

叙述や描写や報告、通常「命題」と呼ばれる表現の働きにおいて「意味」を想定する誘惑にかられるのは次のような原因からであろう。

或る日或るとき或る人Aが他の人Bに向ってたとえば、「実は昨日競馬でひともうけした」と打明けるとする。BはそのAの言葉を了解する。すると、その了解された何ごとかはAとB以外の誰もが知らない。その何ごとかはいわばAとBの心の中にのみある。そのようなあり方であるもの、それが「意味」と呼ばれる。この事情が誘惑の原因の一つである。

しかし、そのような「意味」を想定する必要は必ずしもない。というのは、上の場合、AとBのみが知り了解していることは、「Aが競馬でもうけた」という一つの事実、現にこの世に生起した事実だとしてもよいからである。その事実をAB以外に知る人がないことに何の不思議もない。ところがここに第二の誘惑の種が生じる。それは、Bが了解した何ごとかは、その事実そのものではないように見えることである。BはAがどこの競馬場でどのレースのどの馬にどういうやり方で賭け、どれだけもうけたかを知らない。つまり、Bが了解した何ごとかは、上の事実そのものではなく、いわばその事実の漠とした略画なのであり、ピンボケの写しなのである。したがって、事実と或る仕方では対応しているが、事実そのものではない何ものか、つまり「意味」なるものが想定したくなる。

さらに、上のAの叙述、「実は昨日競馬でひともうけした」という発声は、Aとは別な人が別な競馬について誰に語っても何ごとかが了解される。そして、その発声が同じであるのだから、了解された何ごとかも常に同じであるはずだと思われがちである（この誤りは第1分節で指摘した。また次の第2節でも再検討される）。すると、了解された何ごとかは、Aの賭でもなし他の誰の賭でもない、つまりいかなる事実でもない、ということになる。そこで、事実とは別種な何ごとか、つまり「意味」なるものが想定される（この事情は、ラッセルが、系統的多義性〈systematic ambiguity〉、フッサールが状況的表現〈okkasionelle Ausdrücke〉と呼んだ「私」「ここ」「今」などの場合の一般化であるが、ここでその細部には立ち入らない）。

しかし、更に強く「意味」の想定に誘惑する事情がある。それは、実在しない「もの」、事実でなかった「こと」（false fact）、についてもわれわれは何ごとかを了解する、という事情である。「エーテルは電磁波を伝える」、「桃太郎は桃から生れた」という言葉を聞いてわれわれは何ごとかを了解する（もちろん、その真偽は別問題である）。また、「義経は屋島で討死にした」「太陽は地球より小さい」等の言葉を了解する。さらに、「問う」ことはすべて、その問いに対応する事実が在るかどうかを知らずして問うことである。その際、当然問う人は自分の言葉を了解している。このように、実在しないもの、事実でない（また、ないかもしれない）

「こと」について何ごとかが了解されるとすれば、その了解された何ごとかは、実在する「もの」、事実である「こと」とは別な何ごとかでなければならない。それが「意味」だと呼ばれることになる。

だがさらに、これら、「意味」の想定に導く様々な誘いを、いわば総括するともいえる単純だが強力な「誘い主」がある。それは、われわれが様々な「もの」「こと」を、言葉を機縁とするかしないかにかかわらず、「思い浮べる」、あるいはそれらが「念頭に」、「心に」、「浮ぶ」と考えることである。「浮んだ」何かはわたしにのみ「浮んだ」のであり、わたしにのみ「思われた」のである。だから「思い浮べられた太陽」は真夜中でもわたしの「念頭」では輝いているのである。ここで、そのわたしの念頭にあって輝く太陽は、今地球の反対側にある実物とは別の何ものかである、と考えたくなるのは至極自然なことである。そこで実物の太陽が「対象」と呼ばれ、わたしの念頭に浮ぶものはその「表象」とか「像《イメージ》」とか呼ばれるに至る。

太陽のような「もの」についてと同じことが「こと」についても言える。「太陽が輝いていること」「太陽は巨大な原子炉であること」「今月総選挙があったこと」の「表象」が念頭に浮ぶのである（だが、「もの」と「こと」が分離可能な別々のものとは思わない。「こと」なくて「もの」はなく、「もの」なき「こと」もないであろう。しかし、それに対応する、「表象」と「判断内容」、また「表象作用」と「判断作用」についての長い論争にここでは立入らない。

――第8章「宇宙風景の「もの－ごと」」［本アンソロジーには収録せず］参照）。

さらにこの、対象と表象との二重化・二元化の傾向（デカルトとブレンターノはその際立った促進者であった）は、今知覚されていない「もの」「こと」の場合から、今知覚されている「もの」「こと」にまで拡大されてくる。

たとえば、「単に樹木といふもの即ち自然内の物は、知覚意味として知覚に、而も不可分離的に属してゐる所の知覚されたものそのものでは決してない。単に樹木といふものは焼失したり、化学的元素に分解したり等々するといふ事ができる。然るに意味――此の知覚の意味、即ち此の知覚の本質に必然的に属するもの――は焼失できない。それは何等の化学的元素、力、実在的特性をも有たないのである」（フッサール『イデーン』89節、池上訳）。また、トワルドゥスキーが「表象せられた対象はもはや対象ではなくて、表象の内容であり、真の対象とは全然異なった或るものである」と言い、「表象せられた対象とは表象の内容であり、対象の〈精神的模写〉である」（『表象の内容と対象』4節、川村訳）と言うとき、今知覚している「もの」を含めていることは明白である。

この一般的な二元論の誘惑にむしろ喜んで応じて、「意味」の想定がなされる。言葉を聞いて了解される何ごとかは、「もの」や「こと」それ自身ではなく、その「表象」であり「像」であり、その「表象」や「像」こそその言葉の「意味」に他ならない、この構図にはまりこむのである。「命題記号と事態との間に何か純粋な中間物（Mittelwesen）を想定する傾向」（ヴィトゲンシュタイン『哲学研究』§94）にはまりこむのである。たとえば、ソシュール（『言語学原論』第一篇第一節）の「概念」または「所記」signifié がそれであり、オグデン、リチャーズ（『意味の意味』p. 11）の三角形（本書161頁［本アンソロジーには収録せず］）の頂点である「心的なもの」がそれである。

「意味」がこのように二元論の構図にはまりやすいのには今一つの事情がある。それは、言葉はその叙述の働きにおいて、単に個々別々の「もの」「こと」を描写するのみならず、一般的事態や抽象的「もの」「こと」を描写する、という事情である。「すべての烏は黒い」「彼は数匹（複数）の犬を飼っている」「誰かが行った」「知は力なり」「愛は死よりも強し」「犬も歩けば棒にあたる」、これらの言葉で了解されることに対応する「もの」や「こと」は普通の意味ではこの世に存在しない。それにもかかわらずわれわれは何ごとかを了解している。そこで、「意味」の世界が想定されて、そこに居所を得ることになるのである。

しかし、この二元論の構図は世界と人間に対する見方を根幹的に拘束する構図である。それは「存在」を、「物と心」を、「身体と心」を、「意識」を、一つの向きに規定してしまう構図である。こういう基幹的構図は単に「哲学」を拘束するだけではなく、日常の一事、茶飯の一事の見方にまで滲透する。それは生活の構図、生き方の構図だと言っても誇張したことにはならない。

この二元論の構図が誤っているとは言わない。しかし、適切でないと思うのである。構図は一つの染色法になぞらえることができよう。細胞の構造を視覚的に識別するために、各種の染色法が使われる。一つの染色法はたとえば細胞の核を鮮かに浮き出させるが細胞膜に明瞭なコントラストを与えない。他の染色法は丁度その反対の効果を持つ。そのいずれも少しも誤っておらず正しい構造を染めだす。ただ、或る目的に対しては一つの方が他方よりも、より適切なのである。しかし、細胞の構造をより精しく見ようとするならば、できるだけ多くの染色法を並用せねばならない。それと類比的に、二元論的構図が誤りであるとは言えないのである。*「対象」と、「表象」や「意味」との対立を、「物」と「心」の対立を、強いコントラストで際立たせるには適切な構図であろう。しかし、危険なのはそれが唯一の構図であると思いこむことである。その構図に鎖でつながれ釘付けになることである。

その危険を防ぐためには、この二元論的構図とは違う別の構図を具体的に描いてみることしかない。その別な構図の下では、「対象」や「表象」や「意味」が、編制変えを受けるだろう。たとえば、「対象」は「表象」の「原物」として「表象」に対立するもの、という姿を変えて別な姿をとってくるだろう。そして「表象」や「意味」はひとたび姿を消して、新しい「対象」に対立するものとしてではなく、対象にもっと親密な姿をとって再び浮びでてくるだろう。既に先立つ二つの分節でこの別な構図を暗示し準備したつもりであるが、次の分節でそれを明確にすることを試みる。

＊ 今では私は誤りだと言いたい。「表象」という概念は論理的に空虚であると思われる（本書第4章「無心の言葉」［本アンソロジーには収録せず］）。

4 「立ち現われ」——そのさまざま

今東京にいるわたしが、誰かの言葉を聞いてか、おのずとか、とにかく京都の賀茂川を「思い浮べた」としよう。二元論的構図の下では、その「思い浮べられた」賀茂川は、京都を貫いて流れている「対象」としての賀茂川の「表象」なのである。しかし、この賀茂川の「表象」はどこを流れているのだろうか。二元論の下では、いや「表象」はどこをも流れない、「表象」は流れる種類のものではないことは流れ水の写真が流れないのと同様だと考えられよう。しかし、わたしはいま賀茂の写真を思い浮べているのではない。コピイを思い浮べているのではない。わたしが今思い浮べているのは京都の賀茂川、流れている賀茂川なのである。しかし、いや、それは賀茂の「表象」を「通して」durch 対象である賀茂を思い浮べているのだ（トワルドゥスキー、前出、4節）、と言われるかも知れない。わたしならそれに加えてこう言うだろう。

とにかく君が思い浮べている賀茂川の流れに手を入れることはできまい、その流れを見ることもできまい、だからそれは本物の賀茂川ではなくて「表象」の賀茂川なのだよ、と。それは食べることのできない「画にかいた餅」と同様、触れることのできない「頭に描いた賀茂」、つまり「表象」なのだ、と。

しかし、ここで別の構図をえがいてみよう。本物の賀茂川は二つの仕方でわたしにじかに「立ち現われる」。「表象」なるものを「通して」ではなく、じかにである。一つの立ち現われ方は、知覚的に立ち現われる仕方である。賀茂がその立ち現われ方をするのはわたしが賀茂のほとりに居り、肉眼で眺め、あるいは手を入れてその水に触れる場合である。それに対して今一つの立ち現われ方は、今のようにわたしが遠く離れて賀茂を「思う」ときの立ち現われ方で、その場合は見たり触れたりできない、つまり知覚できない。知覚的立ち現われに対して、この思い的立ち現われの根本的性格は今述べたように、知覚できない、知覚していない、という所にある。

二元論の誘惑の発端の一つは、この「思い」が知覚でない、という所にあると思う。眼で見なければその姿がわからず、手で触れねばその冷たさがわからぬ種類の事物である賀茂川を、今見ることも触れることもできない所にいるわたしに何らかの形で現前させるためには、ただ何かの仕方での本物の写しによる以外はない、と考えるのである。そしてその写し、またはそれに類する何ものかに「表象」の名を与え、それを認知したのである。

ここまではいわば素朴二元論の段階であって、「表象」といういかめしい名はつけないものの、多くの人が暗黙の中にこの構図の中にいると言えよう。しかし、素朴二元論がその素朴さを失うと、「表象」を現に知覚しているものにまで拡張する。ヒューム（『人性論』*Everyman's Library*, p. 188, 202, 203）は、素朴《バルガー》な人は物の連続存在の信念に止まるに対し、哲学者は更に「知覚」perception と「物」object の二重存在（double existence）をでっちあげる、と述べている。その通り、多くの哲学者は、知覚現場においても「表象」すなわち「知覚像」と「対象」とを区別するに至ったのである。

ここに至って二元論は奇妙な図柄を呈示することになる。すなわち、知覚も思いもすべてこれ「表象」となり、「対象」はそのすべてを蔽う「表象」の幕の向う側に押しやられる。そこで不可知論や懐疑論におち入るまいとすれば、「対象」を何らかの仕方で「表象」から再構成せざるをえなくなる。するとその結果、「対象」と「表象」の、本物対写しという当初の関係が変質を受けざるをえなくなる。こうして、二元論の構図はみずから変態して焦点のぼけた構図になるのである。

だがその反面、こうした変貌を経た二元論の構図は、今わたしが述べようとしている一元論的構図に接近したものとなる。そしてそこには簡単な対応が見られることになった。すなわち、

二元論構図（名詞的構図）　一元論構図（副詞的構図）
知覚「表象」…………………対象の知覚的立ち現われ
非知覚的「表象」……………対象の思い的立ち現われ

しかし、その根本的違いは、二元論では二元論である限り、「対象」は「表象」を「通して」のみ現われると見るに対し、一元論では、「表象」のような仲介者なしに「対象」はじかに立ち現われると見る所にある。「あれこれのものやかくかくのことを言ったり考えたりするとき、事態の手前（vor）に立ちどまっているのではない」（ヴィトゲンシュタイン、前出、§95）。

このことは、過去の想起において尖鋭にあらわれる。二元論の構図では、去年の嵐のことを思いだすとき、今思いだされているのはあくまで「表象」、去年の嵐の「表象」であり、去年の嵐そのものは今では既に過ぎ去って存在しないものと見るであろう。それに対し、一元論の構図では、去年の嵐そのものが今、じかに思い的に立ち現われている、と見るのである。また、未来の予期であるならば、予期された未来の事件が今思い的に立ち現われる。過去も未来も「今」において存在するのである。「今」は永遠の今であり、その「今」において、過去と未来そのものがじかに思い的に立ち現われ、それと並んで現在の知覚風景はじかに知覚的に立ち現われているのである。ただし、現在でも、知覚されていない何ものか、たとえば隣室のことや数学の定理は、知覚的にではなく思い的に立ち現われる。

過去や未来の「もの」「ごと」が思い的に立ち現われる場合の仕方にも無限の変化がある。たとえば一週間を費やした旅行が今一挙に立ち現われることもある。歌うのに数分必要なメロディが今一挙に想い起されるようにである。しかしまた、その旅行なりメロディの一部が次々と立ち現われ、また立ち消えてゆくこともある。さらに、「或る日」「或る時」「近頃」「ずっと前」といったような不定の時間規定をもって立ち現われることもある。

だが、想起の様態をもつ思い的立ち現われの相当部分に共通したことは、それらに「かつて知覚的に立ち現われた」という、いわば消印*がともなっていることである。換言すると、それらは「かつての知覚的立ち現われ」の、「思い的立ち現われ」という様態をもった立ち現われである。それと並んで「かつて思い的に立ち現われた」という消印のついた立ち現われがある。たとえば今から三日前に今から四日先、したがってその日から七日先の或ることを予期したとする。そのことを今想起するとすれば、その（三日前に思い的に立ち現われた）予期が、「かつて思い的に立ち現われた」という消印をもって今また思い的に立ち現われるのである。この消印は文字通り何かのしるしがついているのではもちろんない。しかし、一つの立ち現われがいわば「見憶えのある」もの（正常な意味で déjà vu のもの）として端的にそう立ち現われるのである。端的に「まがうことなく」から、端的に「うろ憶え」、端的に「あるいは」、と様々な濃淡をもってではあるが。この「かつて知覚された」という消印または刻印は、「かつて夢みられた」「かつて物語られた」「いま願望されている」「いま予期されている」等々の消印と並ぶ一つの消印なのである。

＊ ラッセルの「熟知の感じ」feeling of familiarity（『心の分析』第9講義、1921）はこれに近縁であるが、「感じ」というのは不適切であろう。なおヴィトゲンシュタインはこの「熟知の感じ」の分析で『茶色本』第II部を始める。

想像の様態での立ち現われにはその消印がない。これまた端的にないのである。その代り、現実性についての様々な様相を帯びている。熟知している建物の内部の想像では、その内部が現実性の様相を帯びて立ち現われる。よく知らぬ家の内部は、「不確実」「半信半疑」「疑わしい」「どうでもよい」等の様々な様相を帯びて立ち現われる。もちろん知覚的にではなく思い的にである。予期や予想や期待の想像にあっても、現実性様相は様々なものがある。

一方、現実性を拒む様相を帯びた想像がある。物語りや虚構の空想である。この空想においては、通常の意味での存在せぬ「もの」、事実でない「こと」がその様相を帯びて、思い的に立ち現われる。だが「思い誤り」の場合には、現実には実は存在しない「もの」、たとえば亡くなったことを知らなかった人、こわされたのを知らなかった家、あると思い違えていたが実はなかった階段、それら存在しない「もの」が現実性の様相を帯びて思い的に立ち現われることがある。同様に、「思い誤られ」て、真実ではない「こと」が現実性の様相を帯びて立ち現われることもある。

これらの空想や「思い違い」では、実在しないものやことが立ち現われに登場する。ここに、「立ち現われ」と、「実在」および「真理」との明白なずれ、、がある。しかし当然、このずれは二元論的構図にもあるはずのものである。事実、デカルトも「……私は夢みており、私の見たり想像したりするものはすべて偽であると私は想定したのだけれども、しかし、それらのものの観念が私の中に真実にある、ということは否定できなかった……」(『方法序説』4部)、また「……観念は、単にそれ自身において見られ、他のものと関係させられないならば、本来偽ではありえない。なぜなら、私が山羊を想像しようとキマイラを想像しようと、私が想像するということ自体はどちらの場合でも等しく真である」(『省察』Ⅲ)ことを認めている。

すなわち、デカルトにとって、夢の事物であれキマイラであれ、また眼前に見えるランプであれ、「それ自身において見られ、他のものと関係させられないならば」、それらの立ち現われは最も強い意味で「真」なのである。立ち現われたのだから立ち現われたのである。したがって、それらの立ち現われは最も原初的な意味で「存在」したのである。夢の立ち現われ、キマイラの立ち現われも「存在」したのである。この強引な言い方も語源的には多少正当化されるように思える。茅野良男氏によれば、ヨーロッパでの「存在」(エグジステンツ、エグジステンス等)の語は、「外に(エクス)立ち出る(シストー)」に由来し、「立ち出る」「立ち現われる」ことから「立ち出た状態」「立ち現われた状態」を意味するとのことである（「哲学の日本語」『言語』七三年一月号。またこのことは井上忠氏に確認して戴いた）。いずれにせよ大切なことは、「実在するもの」も「実在しないもの」もその立ち現われにおいては、「それ自身において見られ」る限りは、同等の資格で「存在」する、ということである。実在する、しない、は「他のものと関係」してはじめて生じる区分なのである（このことはのち程、あらためて検討する）。

同様に、個別的に「実在」するのではない「もの」や「こと」も独特の仕方で立ち現われる。幾何学の証明の中に立ち現われる三角形一般は、ロックの普遍的三角形ではない。そのとき立ち現われるのは、無限個の個別的三角形である。もちろん無限個の個別的三角形が顕在的に立ち現われるのではない。それら無限個の三角形のすべて、または二、三のものを除いたすべてがいわば「待機的に」立ち現われる。この待機的な立ち現われ方は独自のもので、それを説明することはできない。ただ事例をあげてみることだけができる。たとえば、「掛け算」の立ち現われでは、無限にある個別的掛け算が顕在的に立ち現われはしない。それはむしろ、アルゴリズム的に、すなわち具体的数が与えられたならばその掛け算を実行する用意がある、という「待機の姿勢」で立ち現われているのである。「自然数」「実数」の立ち現われ方も、複雑な待機の姿勢をもっている。その姿勢は小学生と大学生と数学者ではそれぞれ異なるだろうし、わたしにも立ち現われの度ごとに異なっている。「犬」の立ち現われ方も、無数の犬、死んだ犬、生れてくる犬を含めたあらゆる犬が待機的に立ち現われるのである。

以上で述べてきたのは、様々の立ち現われ方のうちで主だった種類の若干に過ぎない。しかし、二元論の構図とは別ないま一つの構図の輪郭を示すには十分であろうと思う。この一元論の構図の中で言葉の「意味」を定位することが次の仕事となる。あるいは、「意味」を抹殺することが。

5　ことだまの働き――話し手と聞き手

聞き手の側から始めよう。話者の「今朝賀茂川の水かさが増した」という声を聞いたとき、わたしに水かさの増した賀茂川、今朝の賀茂川が立ち現われる。そのとき、話し手の言葉の「意味」がわたしに立ち現われるのではなく、水かさの増した賀茂川、しかも今朝という過去の賀茂川そのものがじかに立ち現われるのである。また、まず第一に話し手の言葉の「意味」を了解し、その「意味」を「通して」今朝の水かさの増した賀茂川が立ち現われるのでもない。そのような「意味」が仲介者として登場する余地はどこにもない。そのような「意味越し」に賀茂川が立ち現われていはしない。賀茂はまさにじかに立ち現われている。

話し手の「ケサカモガワノミズカサガマシタ」という声振りに触れられて、過ぎ去った今朝の、水かさの増した賀茂川がじかに立ち現われるのである。それはそのとき、わたしが京都に居ようと東京に居ようとそうである。わたしは相手が誰であろうと、そのような声振りに触れられればそのような賀茂川が立ち現われるように訓練されている。つまり、日本語がわかるように訓練されている。相手の声振りにそのように動かされるように訓練されているのである。この訓練の成果に抵抗することは、兵士が上官の「気を付け」の号令に抵抗するよりもっと難しい。叙述の声は命令の声より、はるかにあらがいがたいものである。

しかし、この話し手の声振りに触れられて、今朝水かさの増した賀茂川が一定不変の仕方で立ち現われるわけではない。時と所、話し手の変る毎に、その立ち現われ方もまた変る。また、わたしの賀茂川への親しみの増すにつれそれは変る。そのときの賀茂川への興味の多少につれてもそれは変る。外国人にその言葉を翻訳して教えた場合、その外国人は訓練ずみの彼の母国語にそれを転調するであろう。しかし、その外国人の訓練はまたわたし同様一定不変のものではない。

一方、今朝水かさの増した賀茂川の立ち現われ方がいかに毎回変るにせよ、それは昨日水かさの減った賀茂川の立ち現われ方とは区別できる。ということは、毎回変るその立ち現われ方も、他の「こと」や「もの」の立ち現われの中では、「似たもの同士」として一つのグループを作る。もし「意味」なるものを想定するとすれば、それはこのグループを名指すものとする他はあるまい。すなわち、「今朝賀茂川の水かさが増した」という言葉の「意味」とは、千差万別でありながら互いに相似る立ち現われ方のグループなのである。だから上の文章に対応する一つの声振りに触れられたとき、まずその「意味」を了解し、ついでその「意味越し」に賀茂川を志向する、ということは意味をなさないのである。

ましてや、「意味」を文字で記すなどということは不可能である。それは歌い方や弾き方を楽譜に記すことが不可能なのと同様である。なるほど、人は楽譜を見て歌い弾く。しかし、たとえば五線の一番下の線に音符が乗っているのを見れば、ミの音を出す、ということを楽譜で記すことはできない。また♪を見れば♪の二倍長く音を続けよ、ということを五線譜で記すことはできない。同様に、「赤いバラが咲いた」という文字譜をみて、どのように声振ってよいかをその文字譜で記すことはできない。そして次に、その声振りによってどのような「もの」「こと」が立ち現われるように訓練すべきか、それもその文字譜で記すことはできない。ことは逆で、まず、その立ち現われの実地訓練があり、その実地訓練との対応の約束をまた訓練した上で、メモとしての文字譜が可能となるのである。

要するに、聞き手の側からすれば、言葉の意味の了解なるものは実は、話し手の声振りに触れられて動かされること、叙述の場合であれば、或る「もの」「こと」が或る仕方で訓練によって立ち現われること、じかに立ち現われること、に他ならない。そこに「意味」とか「表象」とか「心的過程」とかの仲介者、中継者が介入する余地はないのである。すなわち、言葉

（声振り）がじかに「もの」や「こと」を立ち現わしめるのである。言葉の働きはこの点において、まさに「ことだま」的なのである。しかし、個々の人の身振りの一部である声振りを離れて言葉はない。したがって、「ことだま」が宿るのは声振りに、したがって身振り、したがって「人」に宿ると言うべきである。このことは命令や懇願の場合に、より鮮かにあらわれる。話し手が「水を下さい」と声振るとき、その話し手は自らを「水を求めている人」の相貌をもつ人として聞き手に立ち現わすのである。その声振り自体がその相貌の一部であり、したがってその相貌を持つ話し手の一部なのである。それゆえ、「ことだま」がその声振りに宿るというのであれば、話し手の眼差しには「眼だま」が、手には「手だま」が宿るといわねばならない。このように、「ことだま」には何も神秘はない。

叙述において、話し手が聞き手に「もの」「こと」を立ち現わしめる、といっても、それは打出の小槌のひと振りで何かを出現せしめるようなものではない。むしろ、広い意味で聞き手の視線をその「もの」「こと」に向けてやるのである。話し手はその声振りで聞き手に触れて、その「もの」「こと」の方に聞き手の視線を向けてやるのである。わたしに、賀茂川が立ち現われるとき、その賀茂川はずっと以前から在るもの、という持続の相貌をもった賀茂川であり、「持続の途上」の相貌をもった賀茂川が立ち現われるのであって、無からの誕生の相貌で立ち現われるのではない。詩人が或る「こと」や「もの」を創造するときですらそうである。「ぶど一酒の一滴にほんのりあかく染まった海」（ヴァレリー）を立ち現わすときも、その海は悠久のかなたから、という相貌をもって立ち現われるのである。奇妙に聞えるかもしれないが、詩人は過去に遡ってその海を創ったのである。

一方、踏切り標識は前方の踏切りを立ち現わし、青赤のダンダラは床屋を立ち現わしめるのだから、もし「ことだま」というならば「標識だま」「看板だま」を言う権利がある。このように「ことだま」はありふれた日常茶飯のものである。しかし大切なことは、それは、声振りがじかに「もの」「こと」を立ち現わしめるのであって、「意味」や「表象」という仲介者を通してではない、ということを示唆する点である。逆に「意味」とは、その声振りの「じか働き」を名指すにすぎないものである。平たく言えば、この声振りの「じか働き」は心理学の言う「連想」にあたる。ただ、「連想」という考えの危険は、それが再び「表象」に舞い戻らせるところにある。「連想」の代りに、「刺激－反応」の概念を使っても、その「反応」が過度に行動主義的になるか、過度に表象心理学的になるか、の危険を思えば、古人の「ことだま」はすぐれた表現であると思われる。

聞き手の側から話し手の側に話を移そう。話し手は様々な声振りをすることで、相手を（身体的、精神的に）動かそうとする。どのような声振りで相手に触れればどのように相手が動くかを習得すること、これが相手と所を変えて相手によって動かされる仕方の習得とともに、国語を習得することである。そこにいる蛇を相手に示そうとして、「そこに蛇がいるよ」と声振ることは、指差しという体振りで相手に示すのと異ならない。だがやや複雑な意図を遂げるにはパントマイムの体振り視振りでは不可能で声振る以外にはない。声振りはそれだけ複雑でしかも体系だった組織をもっているのである。しかし、声のみがこの働きがこなせる、とは言えない。絵、またはそれに類する物でも恐らくやれるであろう。もちろん、文字や指話や手旗やモールス記号のように、声を仲立ちにすればそれができることは言うまでもない。そうではなく、声を仲立ちにしないでも絵の組合せで声の働きと同様なことができると思われる。しかし、絵の本来の働き、すなわち何「もの」かの似姿である、ということに止まっていてはそれは不可能である。似姿としての絵や写真や地図は、人や風物という「もの」を立ち現わしめることはできる。しかし、意図した「こと」を立ち現わしめることはできない。「右手の山は左手の山より高い」という「こと」を似姿の絵で立ち現わすことは非常に困難である。また、「ここ」「あれ」「むかし」「最近」「そして」「……でない」等の似姿は描けないのである。しかし、絵が似姿であることをやめ、いわば記号として使われ、その記号系列を実地に行動と結びつける訓練を行なうならば、声振りの働きと同様な働きを絵振りによっておこなうことは可能であろう。事実、ガードナー夫妻はチンパンジーに指と手の身振りを使うことを教えたし、プリマック夫妻はサラというチンパンジーに、色付きプラスティック板（様々な色と形をしている）の組合せで、連言詞、否定詞、疑問詞、「……は——の名である」、「同じ」、等の機能を含む働きを教えこむことに成功している。サラは「文法」にかなった、しかも習ったことのない組合せをすることもできる。現在、語彙は約一三〇で、75～80パーセントの信頼度で絵振ることができる（*Scientific American*, Dec. 1972)。このことの教訓はふたたび、言葉の働きは実地訓練（ヴィトゲンシュタインの「使用」、特定の状況での「使用」）によってしか習得できない、ということである。

叙述や報告においては、話し手は相手に立ち現わしめたい「もの」「こと」にかなった声振りをする。その声振りで相手に触れて、その「もの」「こと」を相手に立ち現わしめるのである。しかし、人は対話するばかりでなく、独語するし、自分用に書くこともする。この場合の言葉の働きはどのようなものだろうか。

「痛い！」「ほう」「しまった！」「ちくしょう！」とかの間投詞の発声は、眼をむいたり、口をあけたり、飛び上ったり、という体振りと異なることはない。それらは自然発生的な身振りである。しかし、人が自分に「言い聞かせ」たり、「呟いたり」、「ぶつぶつ言ったり」、「自問自答」したりするとき、それが発声となった声振りであるにせよ、発声のない「声振りの想像」（それがいわゆる「内語」である）にせよ、言葉はどう働いているのだろうか。

それは自分に立ち現われている「もの」「こと」の確認のための表現ではないだろうか。パイロット同士、また、機関車の運転手が自分自身に、「……よし」とか「前方に赤信号」（国鉄では「呼唱」といっている）とかと声振るのは、まさに事態の確認であり、声振りによってその事態の知覚的立ち現われにアンダーラインし、傍点をふることである。それはその立ち現われを際立たせ、立ち消えるのを防ぐためである。また、ドライバーや歩行者が、「あの信号を右に曲れば橋があるはずだ」と声振り、または内語する（声振りを想像する）のは、やはりその地理的事態の思い的立ち現われを確認することである（ここで、内語、すなわち声振りの想像では、想像された声振りはあからさまな声振りのように完全に規定されてはいない。それはメロディの想像、風物の想像と同様、想像特有の「不定性」をもっていることを注意しておきたい）。

だが、われわれは屢々表現を求めて模索する。作家、詩人、学者、また、手紙を書き日記をつける人、報告を書く人、推薦状を書く人、すべてこれらの人は表現を模索する。作文を書く小学生も表現を模索する。それらは最終的には特定のあるいは不特定の他人に宛てられたものであっても、まずは自分自らに宛てての表現の模索である。今わたしもまた表現を模索している。わたし自らのために。

こういうとき、或る「もの」「こと」が立ち現われていて、それを適切な表現で描写する、といった平板な作業ではない。普通はまずその「もの」「こと」の立ち現われ方が明確ではなく、いわば「渋って」立ち現われている。それは、「しかと見定め難い」立ち現われ方でしか立ち現われていないのである。われわれは、それを凝視し、見定めよう、見極めようという立つ。そこに、一つの表現（声振り、またはその想像）が立ち現われてくる。もしそれが的を射た表現であるときは、それまで渋々立ち現われていた「もの」「こと」はさっとその姿相貌を変え鮮かにくっきりと立ち現われる。ためらい渋り、ゆれ動いていた相貌が、鮮かに確とした ものに変貌して（知覚的に、あるいは思い的に）立ち現われるのである。それは試薬の一滴でさっと色を変える液体、あるいは或る物の姿を発見した途端がらりとその相貌を変えるかくし絵、また、見方の転換によって瞬時に変わる反転図形に似ている（また、図と地の転換で姿をかえるルビンの絵に）。その表現によって描写するのではなく、その表現によって立ち現われが変身するのである。

われわれはその表現を文字で書きとめる。それは、やっと立ち現われたその「もの」「こと」を逃がさぬように文字で縛りとめるためである。「開けゴマ！」の呪文を忘れては扉が開かぬように、その表現を失っては、その立ち現われは再び立ち現われることが困難なのである（もちろん、容易な場合もある）。その表現はまさに一つの呪文なのである。その呪文を声振り唱える（または、それを想像する）ことによって、その「もの」「こと」を繰返しわたしに立ち現わしめることができる。そして幸運な場合は、わたしがそれを声振り、その声振りで人に触れると、その人にもまたそれを立ち現わしめることができるのである。また、著者の声振りを通さなくともその文字を「読む」ならば、人は自分にそれを立ち現わすことができる、少くとも著者はそう願って「書く」のである。声振りの仕様書きとして。

創作（物語りにせよ詩歌にせよ）の場合は、ときに、初めに立ち現われる「もの」「こと」がなく、作者は或る立ち現われを作るのである。前にも述べたように、そうして作られたものは、過去に遡って作られうる。今日、太古の森の何ごとかを作り、立ち現わしめることもできる。

造形美術は、絵、彫刻、建物、等の物を作る。実在する物を作る。その物がたまたま他の何ごとかを「思わせ」、立ち現わすこともある。だが、それはたまたまである。しかし、声は、声振りという実在によって人に触れ、そうして何ごとかをじかに立ち現わしめることがその本来の働きなのである（音楽はその中間にあると言えよう）。

それが「ことだま」の働きなのである。

2 対象は「じかに」——真理と実在の流動

6 対象、の問題——同一性・同類性・同族性

前節で二元論的構図に対して一元論的構図を描いたが、そこでは一つの根本的問題を意図的に保留してきた。それは、二元論的構図において、「表象」や「意味」と対立させられている「対象」が一元論的構図ではどう見られるか、という問題である。なるほどわたしは、対象がじかに立ち現われる、と度々述べてきた。しかし、「同一の」対象が何度も立ち現われてくるのである。賀茂川、同じ一つの賀茂川が幾度もわたしに立ち現われる。そして立ち現われる度毎に、その立ち現われ方（知覚的、想起的、想像的等）も違えば、その立ち現われる姿も違う。

この事情は、人を二元論的構図に誘う強い誘因の一つである。すなわち、繰返し立ち現われる「同一の」賀茂川が「対象」であり、その度毎に異なるその立ち現われの姿は、その「表象」、その「現出《エアシャイヌング》」なのであるとの考えに人を誘う。その結果、「対象」と、その「表象」「現出」「現われ」、との区別が立てられることになり、二元論の構図にはまるのである。したがって、この「対象」と「現われ」の関係が一元論的構図、「じかに」の構図でどのように見られるのか、という問題を避けて通ることはできない。

この問題の鍵は、「同一性」の概念にあると思われる。さまざまな形相をとりつつしかも「同一」な「質料」、さまざまに変化しつつしかも「同一」な「実体」、そして、さまざまな姿で現われ表象されながらしかも「同一」の「対象」、というように、質料、実体、対象、という三つの概念は相互に滲透し合いながら、「同一性」の概念を軸にして廻っている、と思われるからである。それとともに、前節で拒否してきた「意味」の概念もまた「同一性」をその支えとしている。すなわち、その場その場で「水を下さい」はさまざまに異なりながらしかも「同一」の「水を下さい」の「意味」がある、つまり一つの表現には一つの「意味」が対応すると考えがちだからである。

このように、「同一性」の概念はほとんどすべてのものごとや見方を浸している基盤的概念なのである。だがさらにこの「同一性」(数的同一性 numerical identity)と並んで、「同類性」(類的同一性 specific identity)の概念も等しく基盤的である。「同類性」とは、あの紙とこの紙は「同じ」色、「同じ」形をしている、というときの「同じ」である。すぐ気付くように、この「同じ……」の概念はすべての普遍概念の基盤となっている。換言すれば、「形相」「性質」「関係」はすべてこの「同類性」の概念に支えられている。さらにこの「同一性」と「同類性」に接続する基盤的概念は、集合とそのメムバーとの関係において、「同じ集合に属する」という概念である。これを「同族性」(語呂を合せれば、classical identity)と呼んでおく。この概念は外延的集合、例えば、「家族」「日本人」「僕の本」「東大生」といった概念の支えであるにとどまらず、集合という数学の基礎概念を支えている。

このように、「同一性」「同類性」「同族性」の三概念は一つのグループをなして働く最重要な概念群である。しかし、以下では「同族性」については触れず、「同一性」と「同類性」を検討の主題とする（ここで、しかし公理的集合論では、同一性は同族性から定義されているのだから、派生概念ではないか、というのは全くの的外れである）。

7 同一体制

一つの抽象映画を想像していただきたい。初め何もないのっぺらぼうの白いスクリーンの左下に、赤いなまこ形の色斑が現われる。それがアミーバのようにくねくねその形を変えながら中央上の方に蛇行してゆく。その間、初めの赤色も漸次色を七変化させてゆく。それはスクリーンの上縁に達すると、スクリーンから抜けでてしまう。が間もなく、上縁の少し離れた場所に、抜けでた色斑とさして違わない色斑が再び現われて今度は右下の方に蛇行しながら下ってゆく。前と同様、その間、色と形を漸次変えながら。そして右下からスクリーンを抜けだしてゆく。

このとき誰もに、少くとも初めの色斑は、スクリーンから抜け出すまで「同一の」色斑として現われるだろう。だが二度目の出現では、それが再び現われたと見えるか、別な（同一でない）色斑が現われたと見えるかはきまるまい。しかし、再登場した色斑がスクリーンの下縁から抜け出すまでは「同一」であると見えることはたしかであろう。

そのとき、「同一」だと見えた（連続無限の）諸斑点は「同ヽ一ヽ体ヽ制ヽの下ヽにヽあヽるヽ」と言うこととにする。つまり、無数の、色斑の「現われ」、が「同一体制の下に」現われる、のである。それが一つの「同一体制の下に」であるか、あるいは、二つの（初めのと、次にスクリーンの上に再び現われたのとの二つ）「同一体制の下に」であるかは、見る人や状況によって違うだろう。そのいずれとも決しかねる「ためらいの同一体制」もある。移動の途中で色斑がたとえば三つに分裂したような場合は、その三つの部分のそれぞれが分裂以後三つの異なる「同一体制の下に」現われると同時に、その三つの部分を合せた全体は、初めからの「同一体制の下に」とどまるだろう。すなわち、或る一つの「現われ」は二重三重の「同一体制」に属することもあるのである。

しかし、色斑の移動は物質の移動ではない。各瞬間に色付いたスクリーンの布面の部分が物として動くのではない。したがって、色付いた布面部分のそれぞれは「同一体制の下に」はない。同じように、夜空を掃くサーチライトの光は「同一体制の下に」現われるが、それに照された空気（または塵）は「同一体制の下に」ない。電光ニュース板を登る一つの文字は同一体制の下に現われるが、その文字を光らせた電球群は同一体制の下にない。ガスの炎もまた同様である。また、海辺に立つ人に、寄せくる波の波頭は同一体制の下に現われるが、その波として上下する海水は同一体制の下にはない（そう学校で習っている）。しかし、そのひと所で上下する海水は同一体制の下にある。

このように、同一体制にはさまざまのものがある。「きつい」同一体制もあれば、「ゆるい」同一体制もあれば、「ためらい迷う」同一体制もある。物質的同一体制もあれば、光や色の同一体制もある。物質的同一体制にしても「きつい」体制から「ゆるい」体制まで様々のニュアンスがある。一つの顔の百面相は同一体制にあり、キイの上を躍るピアニストの手の千変万化もまた同一体制にある。しかし、人の顔や手を流れる血液、にじみ出す汗、呼気や唾を考えれば、百面相の各々、一刻一刻の手は別ものであって同一体制にはない。前の場合の同一体制は後の場合のそれに比べて「ゆるい」のである。ヒュームが、種子から大樹となるまでの植物の成育の諸段階や人間の刻々の状態を通しての「同一性」を仮構的《フィクシャス》としたのは、彼が最も「きつい」同一体制のみが「真の」同一体制だと思い込んでいたがためである。それは、無数のリーマン幾何学のうちで最も「簡単な」ユークリッド幾何学のみが「真の」幾何学であると思い込み、オムレツの「真の」味を想定して、われわれの食べるオムレツは「ほんもの」じゃないときめつけるのに等しい。

最も「きつい」同一体制は、ライプニッツの不可別同一原理で表現されるように、天《あめ》が下、同一な二物はないことを結果とする。二つの物を比べる、ということは既にその二つを区別しており、その二つは不可別ではないからである。しかし、その次に「きつい」同一体制は、原子や素粒子の概念を生むという点で自然科学の根本をなしている。それは、異なる時刻での二つの物の状態が、その空間的位置以外は不可別であり、しかも、その二つの時刻の間に時空連続的な（無限の）状態があり、その無限の状態の各々が初めの二つの状態と、再び位置以外には不可別であるとき、初めの二状態（また、その二状態を両端とする無限の状態）が同一体制の下にある、ということである。この同一体制は、位置以外の規定の不変を要求するところから、「同一不変体制」と呼ぶことができよう。

この（位置以外の）規定の不変性を要求する代りに、規定の変化を許しながら、しかもその変化を通して「不変な何ものか」を要求するのが事物的「実体」の要請である。わたしの強調したいのは、その要求は不当であり不必要である、ということである。その要求は、「同一性」には「同一不変性」、つまり「不変性」が含まれている、いや含まれておらねばならぬ、という偏見に根ざしている。原子や素粒子の場合に明らかなように、「同一体制」は規定の不変性を含みうる。しかし、規定ではなく規定を担う何か基体的なものの要請、その不変性の要請は、その意味がわからぬ、わけのわからない要請である。少くとも、そのようなものなしに「同一体制」は確立しうるのである。わたしが「同一性」に代えて「同一体制」を云々してきたのは、そのことを明示したかったからである。「同一性」は「同一不変」ではなく、「同一性」と「不変性」とは独立であり、「同一性」は規定の「不変性」を含むことも含まぬこともできるが、規定以外の形而上学的実体の不変性とは無縁なのである。「同一性」はそのようなものなしに確保することができる。そのことを明示するために「同一体制」と言い換えているのである。「もの」が時間を通して持続し同一であるのは、その刻々の状態でのその「もの」、その刻々の「現われ」が「同一体制の下」にあるものとして現われる、それ以上でも以下でもない。その刻々の状態や現われが絶えず変化しても不変にとどまってもかまわない。しかし、刻々の状態での「もの」や刻々の「現われ」の他に、何か「同一不変」なものがなければ「同一体制」は不可能だと考えるのは全くの誤りであると思う。その考えこそ、「同一不変」の「意味」、「同一不変」の「対象」、の想定に誘うのである。

「実体」要請の不必要なことを明白に示すのは音の事例であろうと思う。たとえば、ピアノのキイの一つを長くおさえて音をだす。それは「一つの音」として持続して聞えてくる。刻々の音は連なって一つの同一体制の下に聞える、「同じ音が続いている」と聞えるのである。また、一定のリズムで断続する音、たとえば時計のカチカチや単調な太鼓の音である。それらはときに、「別々の音」としても聞えるが、ときには「同じ時計の音」「同じ太鼓のひびき」として聞える。その個々の音と音とが、ためらい定かならぬ同一体制の下に聞えるのである。また、メロディを聞くとき、その各音はつながって一つのメロディとして聞えてくる。一つのメロディという同一体制の下に聞えてくるのである。沈黙すら、ときに或る同一体制の下に「続く」のである。さらに、痛みやかゆみ、怒りや喜びもまた同一体制の下に現われてくる。高まり低まりながら痛み続ける歯痛、断続的に襲ってくる腹痛、これらはその持続や断続を通じて同一体制の下に痛むことが多い。「同じ痛みが続く」場合である。これらの事例を見れば、何か実体的な、同一不変のものを想定することの不当と不必要が明らかになると思う。

このように、「同一体制」には、物質的、現象的、感覚的、とさまざまなものがあり、きつい、ゆるい、ためらい迷う、とさまざまなたちのものがある。その中で、どれが正しいとか、どれが根本的で他は派生的であるなどということはできない。自然科学の「きつい」同一体制も、自然科学自体の中で適用の壁にぶつかるのである。たとえば、相互作用下にある同種の素粒子の系では、その一つ一つの素粒子の「同一性《アイデンティティ》」を適用することはできない（量子統計*）。また、たとえば二つの素粒子が衝突して一つの別種の素粒子になった場合、初めの二つは消滅し、後の粒子が創出したと見るべきか、衝突の前後の系は「同一」であると見るべきか、そのどちらでもよいはずである。あるいは、一つの系の量子力学的状態は、或る物理量を観測することによって突然変化すると考えられている（波束の収縮）。しかし、その観測結果を観測者が知るまでは系は同一の状態（定常状態の場合）にとどまるのかどうかは議論されている（例えば、シュレーディンガーの猫）。また、化学者は物理学者よりも「ゆるい」同一体制を使うことが多く（試験管内の硫酸はほぼ一日中同一である）、生物学者はさらに「ゆるい」同一体制を常用する（たとえば、細胞の同一性）。しかし、それら異なる同一体制の中に価値の上下、真性さの程度、に違いがあるわけではなく、さまざまな同一体制が重なり交錯しつつそれぞれの目的にかなった機能を果しているのである。

＊ この問題はもっと慎重な考慮を要する。古典統計においても二つの素粒子はその位置以外では区別できない。量子統計の特異性は標準的ケースでは同種素粒子の間の位置交換した状態を別々に数えない、というところにある。それゆえ、量子力学では「同一性」の意味が変る、とは軽々には言えない。

科学者の同一体制は多少なりとも意識的なものである。それは、裁判官や警察官が容疑者が真犯人であると同定するには、「同一人物」という同一体制に多少なりとも意識的でなければならないのと同じ事情からである。数学者はその点最も意識的である。数学者は＝《イコール》記号をそれぞれの領域、たとえば整数演算、極限、ルベーグ積分、群論、等において定義せねばならないからである（ときに理論物理学者も定義せねばならない。アインシュタインは、「異なる場所」での「同時性」を定義した）。

それに対し、日常生活での「同一体制」は意識的である場合もないではないが（子供の認知、書画骨董の真贋定め）、多くは自然に現われてくる。それは、まず「同一体制」の定義なり判定基準というものがあり、それにしたがって「同一体制」の存否を判定するのではなく、さまざまな同一体制がおのずと与えられているのである。そのそれぞれにそれぞれの特徴はある。しかし、その特徴は「見出される」のであって、あらかじめその特徴が知られていて、その特徴によって「同一体制」が判別判定されるのではない。

スクリーンの上の色斑は、一つの同一体制の下に現われ動き色を変えるのである。それは、花が赤く現われ、柳が緑に現われると同様、「同じもの」として現われるのである。或る音はただ「同じ音」として現われ、他の音は「別な音」として現われる。どうしてそれらが「同じ」として、また「別な」として現われるのかという問いに対しては、「どうして」という理由も根拠もない、ただ事実そう現われるのであって、その現われ方を「同一」と呼び「同一体制の下」と名付けただけだと答える。二つの赤色がどうして似ているか（同類体制）に理由も根拠もないように。「説明が底につくと、固い基盤があらわれる」とヴィトゲンシュタイン（前出、§217）は言うが、今の場合は初めから基盤が露頭しているのである。だから「説明がつかない」のではなく、「説明することがない」のである（それと同様、自然科学的説明が底をつくと、基礎方程式の基盤に達する。そこで説明は終って、事実その通り、ということになる）。

8　一元論的構図での「対象」「意味」

この第2節の出発点であった問題は、一元論的構図（「じかに」の構図）にあっては「対象」

がどう見てとられるか、であった。「対象」とその「立ち現われ」はどのような関係にたつものとして見てとられるか、ということであった。それに対して次のように答えたい。

賀茂川は幾度となくわたしに立ち現われてきた。或るときはそのほとりに立つわたしに知覚的に立ち現われたし、今は想起的に（思い的に）立ち現われている。また昨日もそれは想起的に立ち現われ、その立ち現われが今また想起的に立ち現われている（想起の想起）。つまり、(1)「先月、知覚的に立ち現われた」という消印をもった賀茂川、(2)「「先月、知覚的に立ち現われた」という消印をもって昨日想起的に立ち現われた」という消印をもった賀茂川、また、(3)「子供の頃、知覚的に立ち現われた」という消印をもった賀茂川、……こういう賀茂川が今わたしに想起的に立ち現われている。それらはそれぞれ相貌を異にし明度を異にし様々に異なる消印をもった「立ち現われ」である。しかし、それぞれ異なるその幾つかの「立ち現われ」は、「同じもの」「同じ賀茂川」という「同一体制の下に」立ち現われている。繰返すようであるが、事実そのように立ち現われている、というだけである。

この事実を、「同じ賀茂川が様々な相貌、様々な姿で立ち現われる」と表現することは次の条件の下でのみ許される。その条件とは、だからといって、「立ち現われ」とは別な「同一の賀茂川」「同一対象としての賀茂川」というものが何らかの意味で存在するのではない、ということである。立ち現われるのは「立ち現われ」だけである。「対象」が「現出する」のでははなく、現出しているのはただその「現出」のみである。「立ち現われ」が或る「同一体制の下に」立ち現われている、それだけであり、そこにとどまる。

では、ただ一度、ただ一つの「立ち現われ」の場合はどうなのか。その場合も、その一つの「立ち現われ」は、様々な他の「立ち現われ」と「同一体制の下に」立ちうるという会得を含んだ相貌をもって立ち現われる。今わたしの前に知覚的に立ち現われているランプの「立ち現われ」は、未来においてさまざまに立ち現われることが可能であり、それらさまざまな未来の立ち現われは今の立ち現われと同一体制の下に立つ、このような会得を含んで今ランプの「立ち現われ」がそこに立ち現われているのである。このもって廻った言い方を日常的な言い方で簡約すれば、「物」の相貌をもってランプがそこに見える、ということに他ならない。「持続する物」としてのランプの相貌である。

前節で、「もの」が「じかに」立ち現われることを繰返し強調したが、その「もの」とはさまざまな「同一体制」の会得を含んだ「立ち現われ」なのである。その「立ち現われ」の背後に「対象」なるものはない。したがって、その「立ち現われ」は「じかに」立ち現われるのである（ここでフッサールの用語を使ってフッサールの見方との違いを表現する。「立ち現われ」はフッサールの「射映」Abschattung にあたる。しかし、フッサールと異なり、この「立ち現われ」「射映」の相貌の中に「指向的対象」が「じかに」立ち現われているのである。「指向的対象」はイデールに指向されているのではなく、レールに「立ち現われ」の相貌の中にある。それは不透明にではなく、透明に、「じかに」、立ち現われているのである)。

二元論的構図では、(1)言葉を聞く、(2)その「意味」を了解し、(3)あることを思い浮べ(表象し)、(4)その「表象」を通して「対象」に向う(または、「対象」が「表象」として「現出」する)という四段構えが考えられている。それに対し、この一元論的構図では、(1)言葉(声振り、またはその想像)に触れられて、(2)「立ち現われ」が「じかに」立ち現われる(さまざまな「同一体制」の会得を含んで)。それでおしまい、という二段構えで見るのである。

以上では、個物的な事例をとったが、一般的な、抽象的な、あるいは数学的な「もの」(「こと」については別途の考察が必要である)についてもほぼ同じことが言える。たとえば「π《パイ》」はさまざまな相貌で立ち現われる。ときには円周率として、ときには超越数の一事例として、ときには3.1416…という十進法小数として、ときには180°として、あるいはその幾つかまたは全部を合せて、さまざまな明度で立ち現われる。そしてそれら相互に異なる相貌の「立ち現われ」は一つの同一体制の下に立ち現われるのである。それらの背後に同一不変の「π」という「対象」があるのではない。同一不変の対象「π」がその姿をさまざまに変えて「現出」するのではない。「露出」するのである。対象があってそのさまざまな姿があるのではなく、同一体制の下にさまざまな姿が立ち現われるのである。

個別的ではなく、一般的な「もの」、たとえば三角形の場合はどうであろうか。前に述べたように、一般的三角形という個物があるわけはない。三角形の場合は、無限個の個別的三角形が「待機的に」(第4分節)立ち現われる。しかし二つ三つの三角形が事例的に顕在的に立ち現われることもあろう(バークリィ、ヒュームの代表説の場合のように)。しかし、それらの立ち現われ方はこれまた毎回異なる。無気力でなげやりな立ち現われ方、積極的で活発な立ち現われ方、というように(犬とか国とかビフテキとかの場合はそれがより明瞭である)。無限個の三角形のいわば集団的(しかし待機的)立ち現われ方にさまざまな仕方があるのである。そしてふたたび、そこに同一不変の三角形集団という「対象」があるのではなく、同一体制下の、さまざまな三角形集団の「立ち現われ」があるだけである。どんな立ち現われ方でもない「同一対象としての三角形集団」なるものはないこと、どんな角でもどんな辺でもない三角形なるものはない(バークリィのロック批判)と同様である。

だが、この一般的な「もの」において一つの新しい事情が見られる。というのは、さまざまな「三角形集団」はひとかたまりとなって同一体制の下に立つが、その各々の三角形集団の中にあっては、その集団に属する個々の個別三角形同士は全く別の体制の下に立つ。それは同一体制ではなくて「同類体制」である。個々の三角形同士はお互いに異なりながら、「三角形であること」において相似る。それを「同類体制の下に」立つ、というのである。するとこういうことになる。⑴同類体制（ここでは、三角形である、という）の下に無限個の個別的三角形がある、⑵その無限個の、同類体制下の、個別的三角形のかたまり、三角形集団、のさまざまな「立ち現われ」がある、⑶その三角形集団のさまざまな「立ち現われ」が一つの同一体制（「三角形」という）の下に立ち現われる。換言すれば、まず、無限個の個別的三角形が、「三角形である」という同類体制の下に凝集し、ついで、ひとかたまりに凝集した三角形集団が、かたまりとしてさまざまに立ち現われ、そのかたまりのさまざまな立ち現われが一つの同一体制の下に立ち現われる、ということである。

ここで「同類体制」について一般的に言及する必要が生じる。

さまざまに異なるがしかし同じく赤い色を、「赤い」という「同類体制の下に」あると言おう。したがって、一人一人異なる人間も、「人間である」という点で「同類体制の下に」立つ。ここで同一体制の場合と全く同様に、「どうして」とか「どういう理由で」さまざまな赤が「同類体制の下に」見られるか、という問に答はない。さまざまな赤が事実「似た色」として立ち現われる、それだけである。「似ている」から同類体制の下に立ち現われるのでもなく、何かの特徴によって「似ている」のでもなく、「似た色」として事実立ち現われる、そのこと自体を「似た色」と呼び、名付けるのである。

同類体制は同一体制以上にさまざまであり、流動的であり、重畳的であり、互いに交錯する。「赤い」という同類体制の下にある無数の色の一部は「深紅」の同類体制の下に立ち、他の一部は「ピンク」の同類体制の下に立つ。またそれらは、「黄色」「緑」等の同類体制の下に立つ色と共に、「暖色」の同類体制の下に立つ、といった具合にである。一つの「もの」「こと」「色合い」「音色」はさまざまな同類体制の下に重なって立つといえる。極言すれば、どんなに飛び離れたものも、何かの観点の下では同類体制の下に立ちうるのである。それも、複数の同類体制の下に、である。

ここにある一冊の本は無数の同類体制の下に立ちうる。横にあるノートとは「深紅」の同類体制の下に、そのノートとともにそこにあるピンクの布切れとは「赤」というより広い同類体制の下に、また他の本とは「本」という同類体制の下に、さらにそれらを含むまわりのすべてのガラクタとともに「私のもの」という同類体制の下に立つ。その中の一つの同類体制に着目することがいわゆる「抽象」であり、「理知的区別」distinctio rationis なのである。それは「抽《ひ》きだす」のではなく、「着目」することなのである（ヒューム『人性論』*Everyman's Library*, p. 32, の白黒角球の大理石の例。また公孫龍の堅白石論）。

同一体制の場合に、さまざまに異なる「立ち現われ」の奥に、同一不変な「対象」を想定する必要がないことを述べた。それとパラレルに、同類体制の下に立つさまざまな個別者の奥に、同一不変の「本質」、普遍者、「イデア」「形相」「スペチエス」、等を想定するのは不当であり不必要である、と言いたい。その理由もパラレルである。赤鉛筆の色と、梅干しの色は異なりながら「似て」立ち現われる。それは端的な事実であって、それを同一不変な「本質」その他を見てとることによって「似ている」と判定する、といったような説明を必要としないからである。また、「類似性」を見てとることによって「類似する」のではなく、「類似している」ものとして「立ち現われ」ている、それだけである。そのような説明の誘惑にはまりこむと、うそがうそを生むように、とめどもなく事実から離れてゆくものである。

その一つのよい悪例が「意味」の想定である。千変万化する状況のなかで「水を下さい」という声振りはまた千変万化する働きを働く。その働きは互いに一つの同類体制の下に立っている。そこでことが終るにもかかわらず、それは同一不変の一つの意味（水を下さい、という）なるものがあり、それが状況に応じてさまざま異なった働きをするのだ、と説明するのは全くの蛇足なのである。「水を下さい」というそのときどきの声振りの働きを、もし「意味」というのであれば、そこには「同一の」意味があるのではなく、互いに同類体制の下に立つ、無数の意味があるのである。二つの表現が「同意味」だというのは、その二つの表現が一つの「意味」を共有することではなく、いかなる状況においてもその二つの表現はほぼ同じ働きをする、ということなのである。当然、そのような同意味の二表現のペアはありえない。ありうるのは、いかなる状況においてもではなく、或る範囲に制限された状況においてほぼ同じ働きをする二表現である（このことは、カルナップが互換性 interchangibility の概念を使って指摘した（『意味と必然性』University of Chicago Press, p. 47, 51））。

また、「右へ曲れば橋がある」という表現に一つの同一な「意味」があるわけではない。この表現は実にさまざまな「こと」を立ち現わしめる。右へ直角に曲るか、70°に曲るか、右へ曲ってすぐか、しばらく行ってか、橋といっても木の橋か鉄橋か、その橋の長さ、幅、造り、これらは三角形がさまざま無数であると同様、無限に多様な「こと」である。しかし、わたしが誰かにこの表現の声振りで声をかけられるとき、わたしに立ち現われるのはその無限に異なる「こと」の集団ではない。そうではなく、「その集団のどれか」という「不定の相貌」が立ち現われるのである。というのは、今は見えないにせよ、右手の橋は個別的な一つの橋である。それは「三角形」というような一般概念ではない。だから「三角形」の場合のように、無数の個別的三角形が待機的に集団登場しはしない。それとは立ち現われ方が違うのである。一つの個別的な橋が「不定の相貌」で予期的に立ち現われるのである。しかし、全くの不定ではなく、「右手に曲っての橋」という一つの同類体制の中の「どれか」という不定の相貌をもってである。したがってこの場合、同一不変な「意味」などは全くない。

それに対して、ピタゴラスの定理のようないわば一般的・普遍的な「こと」は違った立ち現われ方をする。それは無数の個別的三角形についての「斜辺の二乗イコール……」という「こと」が待機的、集団的に立ち現われるのであって、それは「三角形」で無数の個別的三角形という「もの」が待機的、集団的に立ち現われるのと異ならない。

この、「こと」の立ち現われ方の違いを、「分類的」と「集団的」立ち現われ方、と呼んでもいいだろう。個別的な「こと」の報告や物語りを読み聞くとき、その「こと」は分類的に立ち現われる。一方、全称的な「こと」を読み聞くときには、無数の個別的な「こと」が集団的(かつ待機的)に立ち現われるのである。そして、このことは「もの」の立ち現われ方についても同様である。ただ、今知覚的に立ち現われている「もの」「こと」のみが、「分類的」でない。想起においてすらすでに、「もの」「こと」(個別的な)は「分類的に」立ち現われるのである。

以上において、一元論的構図では、「対象」とか「意味」とかがどのように見られるかが概略ながら明らかになったものと思う。

9 真理・実在・生き方

或る人のことを考える。さまざまな彼がわたしに立ち現われる。一緒に山に登ったときの彼が、わたしと口論したときの彼が、学生であったころの彼が、人伝てに聞いたパリでの彼が、二人の息子の父としての彼が、とさまざまな彼が立ち現われる（思い的に）。このさまざまな立ち現われはしかし一つの同一体制、「彼」という同一体制の下に立ち現われる。しかし、或るとき、彼の子供は息子ではなく娘であったことを聞かされたとする。もしそれが本当ならばわたしは「思い違い」をしていたのである。だが、そうなると、「彼には二人の息子がある」という「こと」は偽になる。その「こと」は実在しなかった「こと」なのである（ラッセルの「偽の事態」false fact の問題、ヴィトゲンシュタイン『哲学研究』§79のモーゼの例）。

実在しない「もの」「こと」が立ち現われることには何のおかしなこともない。事実それは立ち現われるからである（このことは上の第4分節で述べた）。しかし、彼の子供は息子ではなく娘であることをわたしが確信したならば、「二人息子の父」としての彼の立ち現われは、さきの同一体制から脱落する。あるいは、「二人息子の父と思い誤られた」彼があらたに立ち現われて、もとの同一体制の中に入る。

このように、同一体制は固定したものではなく変化し再編成されるものである。あらたな「立ち現われ」が立ち現われてくるごとに成長する。その成長の過程において訂正改編されるのである。また、上の例で、ありそうにないことだが一つの想像をしてみよう。すなわち、或るとき、彼には見分け難い双児の兄がいて、わたしはそれをごちゃまぜにしてきたことを知ったとする。するとそれまでの同一体制は崩壊するか、二つの別な同一体制に分裂するだろう。このように、同一体制は生き物のように、崩壊し、成長し、分裂し、再編されるものなのである。このことは歴史上の人物や事件の同一体制のことを思い浮べれば納得がゆくと思う。新たな資料、新たな解釈が生じるたびに、たとえば、聖徳太子の立ち現われ、法隆寺の立ち現われの同一体制、は変態してゆくのである。同一体制の変化再編には終りというものはありえない。

ここで、それにしても、聖徳太子は或る人格で或る事をなし或る役割を果したことは確かであり、それはわれわれが知る知らぬ、思い違える違えない、とは関係なしに確定している、と考えるのは再び二元論的構図にはまったのである。それは、立ち現われの奥に、立ち現われの背後に不透明におわす「対象」、「同一対象としての聖徳太子」、を想定することだからである。

前に強調したように、「立ち現われ」には真偽がない（第4分節）。遠くに丸く立ち現われた塔が近づくと角塔に立ち現われた場合、いずれの立ち現われが真でいずれが偽ということはない。強いて言えば両者ともに真なのである。ミュラー・リエルの錯視図で一方の直線が他方より短く立ち現われる。が、物指しを当てると両者とも同じ目盛りに重って立ち現われる。このときも、その二つの立ち現われに真偽の別はない。ともに、事実そのように立ち現われるのである（さもなくば、「錯視図形」なるものが土台ありえない）。ジャストロウ・ヴィトゲンシュタインの「あひるうさぎ」（本書243頁［本アンソロジーには収録せず］）は或るときはあひるの絵に、或るときはうさぎの絵に立ち現われ、また別なときにはただの落書きに立ち現われる。それらの立ち現われのあいだに真偽の別がないことは明らかであろう。また、向うからくる人が初めは「ソクラテスらしい人」として立ち現われたが、近づくと「プラトンに違いない人」として立ち現われたとしても、その二つの立ち現われに真偽の別はない。そのときたとえ遠くで「ソクラテスに間違いない」人が立ち現われたとしてもそうである。

これらの場合に真偽の区別をたてるとすれば、同一体制の下に属するか排除されるかということでしかない。* 近づいたプラトンは絶えずプラトンとして立ち現われる。その仕ぐさ、風貌、語調、と。それらの立ち現われは一つのものの立ち現われとして強力に成長し、凝集した同一体制の下に立つ。そしてさきに遠方で「ソクラテスに違いない」立ち現われはこの同一体制からはじきだされる。そして「誤り」の立ち現われとされるのである。それゆえ、以後普通の用法からはずれる犠牲をはらって、普通は「真偽」と言われることを「正誤」と言うことにする。するとすべての立ち現われは「真」なのだから、「偽」の概念は不用となる。

* ここでは「同一体制への帰属」に「真偽」を結び付けたが、これは限られた場合での「真偽」であって、より一般的には「現実組織への帰属」に結び付けるべきである。精しくは拙論「言い現わし、立ち現われ」、岩波講座『文学』第I巻〔『新視覚新論』、大森荘蔵著作集第六巻〕。

すると上に述べたように、正誤の別は、或る同一体制に属するか、属しえぬか、によって定められる。しかし度々強調したように、同一体制は固定したものではなく、変化再編をうけるものであり、さらに「きつい」ものから「ゆるい」ものまでさまざまにある。それに応じて、「正誤」もまた固定されたものではなく変化再編をうけるとともに、さまざまな「きつさ、ゆるさ」の程度を持つことになるのである。つまり「正誤」(普通の用法での「真偽」)の自由化がおこなわれなければならないのである。

さきほどのプラトンの同一体制の場合でも、別の同一体制がありえて、その同一体制の下には「ソクラテス」の立ち現われが属しうることになる。つまり、「ソクラテス」の立ち現われは「誤り」ではなく「正しく」なるのである。その、別の同一体制とは、「変身」の同一体制である。遠くではソクラテスであり、近づいてからプラトンに「変身」する、という同一体制である。この「変身」の同一体制はテレビ漫画にのみあるお子様向きの同一体制ではない。古代錬金術では、卑金属から金への「変身」の同一体制が信じられていたし、現代化学者も化学変化をマクロ的には「変身」の同一体制の下に見ているのである。さらに、前に述べた素粒子の生成消滅を、衝突の前後において「変身」の同一体制の下に見ることもできるのである。生物学者にとってもこの同一体制は親しいものである。蛹から蝶へ、種子から樹木へ、芽から葉へ花への「変身」である。また動物発生学で、受精卵からの発生は連続変身なのである。食物の「血肉化」もまた一つの変身《メタモルフォーゼ》である。そして化け猫もまた。

輪廻や羽化登仙、妖怪変化を語らないでも、変身は日常的である。酒を飲み、環境が変り、年をとれば、「人が変る」し、株式市場も「様変り」するのである。と同時に、以上のすべての例は、物理学的な「きつい」同一体制をとるならば、その同一体制の下には入らない（ただし化学変化は例外）。

いずれにせよ、とにかく変身の同一体制はありふれたものである。それにもかかわらず、ソクラテスからプラトンへの変身の同一体制が受け入れられないのはなぜだろうか。その理由は簡単である。そのような変身はこの世ではなかったし、また今後もありそうもないからである。

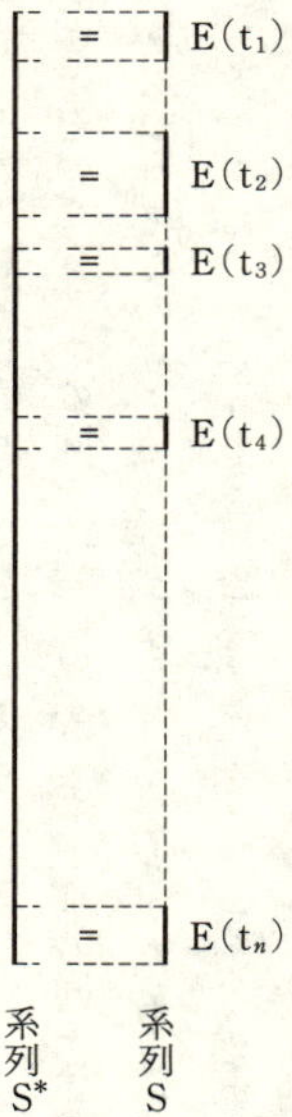

ここに、同一体制が根本的に慣習的であることがあらわになる。一般に、時空的「もの」「こと」のさまざまな立ち現われ（エクスシストー）E_1E_2……E_nが或る同一体制の下に立つときを考えよう。E_iは或る時刻t_iでの「もの」「こと」の立ち現われであるとする（一方、「立ち現われる」のは常に「今」である）。その断続するt_iを時刻の順に並べ、それに応じて、「立ち

現われ」E_1E_2……E_nをも並べ変える。並べ変えたものを順にあらためて$E(t_1), E(t_2), \ldots, E(t_n)$と呼び直す。こうして、立ち現われの系列Sが得られる。t_iは断続しているのでこの系列Sには多くの隙間がある。そこで今度は隙間のない連続的な立ち現われの系列S^*を「想像する」。そしてSとE_1E_2……E_nでは重なるようなS^*が想像可能であるときSを「充塡可能」と呼ぶことにする。

ここで系列S^*は色斑の連続運動でもあれば、中絶のないメロディのひと節でもあれば、打寄せる波でもあれば、物体の連続運動でもありうる。

さて、E_1E_2……E_nという立ち現われが、或る同一体制の下で立ち現われるときには、その系列Sが上の意味で「充塡可能」であることが会得されている。ここで大切なのは、まず「充塡可能」かどうかを「考えた」上で同一体制が許可されたり拒否されたりするのではなくて、或る同一体制の下に立ち現われる立ち現われにはこの「充塡可能性」が会得されている、ということである。換言すれば、「充塡可能」は同一体制の理由または根拠または判定基準ではなく、同一体制の立ち現われに「含まれるもの」、簡単に言ってしまえば、同一体制そのもの、なのである。

ところが、「充塡可能」かどうかは、この世界の法則連関に依存する。すなわち、この世界の（物理的、生理的、経済的 etc.）仕来たり、慣習に依存する。したがって各種の同一体制も世界の慣習に依存する。だから、「ありふれた充塡」が可能な場合は、その同一体制も「ありふれた」同一体制であって、それゆえに「強固な」同一体制である。食器だとか家具だとか人体だとかがその下に立ち現われてくる同一体制がそれである。「みなれない、珍しい充塡」を含む同一体制は不自然な「ひよわい」同一体制である。それを手品師や魔術師が利用する。また、一夜にしてその容姿性格を変えた人をみて「これが同じ人か」と疑うのである。

こうして、或る立ち現われが「誤り」とされるのは、その他の立ち現われと共に一つの同一体制の下に立つと、その系列が「充塡不能」だからである。それは充塡慣習、整合慣習からはずれるからである。それゆえ一群の立ち現われに、新たな立ち現われ（たとえば、新しい他人の証言、新資料、新観測）がこれに加わると、同一体制は再編制され、それまで「誤り」であった立ち現われが「正しい」ものとなり、「正しかった」立ち現われが「誤り」となりうる。そして、この再編制は終ることはない。「正誤」は絶えず流動するのである。また一方、「誤りでない」ことは直ちに「正しい」ことではない。さまざまな程度の「未決」があるのである。それは通常、「疑わしい」とか「半信半疑」とか「ほんとうらしいが」とか「恐らくは」等の信憑語で表現される状態である。またふたたび、歴史の信憑性を思い浮べればそのことがはっきりすると思う。

では何が「正しさ」を保証するのだろうか。いや、こう尋ねるべきであろう。すなわち、何が「正しさ」を強めるのだろうか、と。

それは知覚的立ち現われである。充塡可能な系列Sの中に、知覚的立ち現われ（過去と現在の。もちろん過去の知覚的立ち現われは今思い的にしか立ち現われない）が増すにつれてS系列に属する立ち現われはその「正しさ」が「強化」される。

知覚的立ち現われの優位は、人間生活の必要からである。それとは別ないわば「認識論的優位」は見当らぬと思う。あるのは「実践的優位」である。われわれは想像的に立ち現われた山海の珍味を「食べる」ことはできず、夢に立ち現われた車に「乗る」ことはできない。そして、食べ、乗る、のはまさに知覚的に食べ、乗る、のである。生きる、とは、知覚的に生きる、ことなのである。だから、知覚の優位の中でも、見る、聞く、よりは、味わい、触れることがさらに優位に立つのである。味わい、触れること、それがさまざまな立ち現われの「正しさ」を最も強く「強化」する。したがって、見ること、聞くことにおいても、「身近」なほど「正しい」のである。簡単に言い切ってしまうならば、「正しさ」（通常の「真」）とは「知覚に導きうること」、特に「食べ、触れることに導きうること」なのである。幻は見えるが、触れない、つまりわたしの生命生活に触れないから「誤り」なのである。「正しさ」の核はいわばわたしの生活、わたしの身辺にある。わたしの食べ、触れることにある。他人の知覚証言が（特に自然科学で）「正しさ」を非常に強化するのも、わたしの身辺への信頼すべき導きの糸となってきたからである。さまざまな立ち現われは、慣習の糸でこの核に結び付けられ、あるいは結び付けられない。一般に、その糸が遠のくほど、つまり空間的遠方、時間的遠方（過去と未来への）にゆくほど「正しさ」は弱化されるのが普通であろう。繰返すが、「正しい」、「誤り」、が何かわたしと関わりのないところで定まり、それをわたしが知覚的に検証する、というのではなく、知覚に導きうることそのことが「正しい」ということなのである。眼前のオムレツが「正しい」立ち現われだからわたしはそれを食べることができるのではなく、逆に、わたしが食べられるからそのオムレツの立ち現われは「正しい」のである。「正しい」から「信じる」のではなく、命賭けで「信じる」ことがらが「正しい」ことがらなのである（信じていたことが後ほど「誤り」だと判明した、ということは、単に、信じていたことを後ほど信じなくなった、ということである）。「正しさ」とはわたしの命を賭け、生活を賭けることだ、というのは言い過ぎであろうか（以上では、時空的な立ち現われについて述べているのであって、数学的・論理的立ち現われはまた別途の、しかし関連した「正しさ」を持っていることを付言しておく）。

このことは、確率や帰納法の正当化（経験に適用することの正当性）が存在せず、われわれは帰納法に命と生活を賭けていることに照応する（本書第14章「帰納と確率」〔本アンソロジーには収録せず」)。そして上に述べた「充填可能性」が基づいている慣習とは、まさに帰納そのものなのである。だから、帰納に賭けることと、上に述べた賭とはほとんど同じことなのである。そして、命にかかわる賭の選別の結果を「正誤」と名付けているのである。繰返して言いたい。「正しい」からそれに賭けるのではなく、われわれが慣習によって賭けるものが、「正しい」と呼ばれるのである。この賭の慣習が成功してきていることは、わたしを含む人間の生存それ自身がそれを示している。こういう生き方が自然淘汰を生き抜かせたとも言えよう。もし夢に賭け空想に賭ける人がいたとすれば、その人は短命に終ること間違いないとわたしは賭ける。しかし、その人は「誤っている」のではない。その人には夢や空想が「正しい」のである。ただその人は命の危ない尋常でない生き方をする、それだけである。

「正誤」について述べたことはまた「実在」(「現実性」)についても言える。上に述べたように、もともと「正誤」は同一体制への参入の可能不可能ということである。ところが、さまざまな同一体制の中で、「物」の同一体制が圧倒的なシェアを占めている。そしてこの「物」の同一体制は、「長続きのする」持続の同一体制である。そして、長続きする持続の同一体制にあること、それは「実在する」ことである。もちろん、それのみが「実在」ではないが、それが「実在」の幹線であることに疑いはあるまい。この幹線のネットワークに食い違いなくはまって、そのネットワークに連絡できることが「充塡」なのである。長続きしない同一体制、たとえば短い音の同一体制は、孤立しては「正誤」の選別とはならない。ゴトンという物音は、しばしば空耳ではないかと疑わせるのである。また、サッと過ぎゆく物影は、目の「誤り」ではないかと疑わせるのである。それらが「正誤未決」ではなく「既決」となるためには、その充塡系列S*はより広い、長続きのする「物」同一体制のネットワークに組込まれなければならない。ゴトンという音なら、その音源、たとえば本が棚から落ちるとか、鼠がリンゴを落したとかという、「物」同一体制に組込まれたとき「正しい」音になる。

こうして森羅万象、あらゆる横道小道が幹線網に接続されたとき、それは「充塡世界」、すなわち「実在世界」となる。その組込みに参入できない立ち現われは、夢であり、幻であり、思い違いであり、空耳であり、空事なのである。この道路網の日本橋が、わたしに知覚的に(特に、味覚、触覚的に)立ち現われる「立ち現われ」なのである。そして必ずしも常には信頼できない各所の料金《トール》ゲートが他人の知覚証言だと、なぞらえよう。

しかし、この実在世界は、個々の同一体制のネットワークであるゆえに、それら同一体制と同様に習慣に支えられている。この慣習は、立ち現われの総体のもついわば慣性であり、決して固定したものではない。それとともに、それぞれの同一体制が変化再編をうけ、ときに崩壊するように、そのネットワークである実在世界も常に揺れ動き、成長し、再編制され、分裂し、局部的には崩壊する。それはまさに巨大な一つの「生き物」なのである。そのことは度々述べてきたように、歴史像、また、宇宙論や地球物理学の描く世界像がいかに揺れ動いてきたかを考えれば納得がゆくと思う。

このとき、われわれの知る知らぬにかかわらぬ実在世界が厳として実在し、揺れ動くのはわれわれの知識に過ぎぬ、という二元論的構図は、これまで問題にしてきた構造を適切に染めださない。わたしには、一元論的構図がより適切な染色法に思える。

すべての立ち現われはひとしく「存在」する。夢も幻も思い違いも空想も、その立ち現われは現実と同等の資格で「存在」する。そのもろもろの立ち現われが同一体制、さまざまな同一体制の下に慣習的に組織される。その組織に参入した立ち現われが「実在する」立ち現われであり、その組織にあぶれて孤立する立ち現われが「実在しない」虚妄の立ち現われと、呼ばれるのである。

そしてこの組織は固定したものではなく、絶えず再編制され絶えず揺動するものである。この組織は「真理」や「実在」の観点から組織された組織ではなく、生きるために賭けられた実践的組織であり、この生きんがための組織が「真理」とか「実在」とかと呼ばれるのである。真理や実在によって生きるのではなく、生き方の中で真理や実在が選別的に定義されるのである。その定義はそれゆえ気まぐれや知的興味からなされる定義ではなく、命を賭け、生活がかかった定義なのである。だから、生き方が変ればまた真理や実在も変りうる。極端な想像をしてみよう。われわれの食べ物はわれわれに何の栄養ともならず、かわりに、空想の中で食事をするとそれが栄養になる、といった世界の中で生きるとすれば、食卓の上の食物は「幻」であり、空想の中の食物こそ「実在」であり、われわれはそれに賭けて生きるだろう。

III

この一元論的構図では伝統的な真理論の中で、対応説（correspondence theory）ではなく、プラグマティズムに極端に汚染された整合説（coherence theory）をとることになる。そして、整合説に対する伝統的な非難、すなわち、真理は一つでなく多義となる、という非難に対して、真理は固定したものではなく、揺動するものだと、答えるのである。それは、「素朴存在論」ともいえるだろう。

しかしまた、「実在」もまた揺動する。そして、「ことば」はその揺動する実在にかまわず、「存在」を喚びおこし立ち現わしめる。それこそ「ことだま」の働きなのである。

附記　本章に対しては、山本信、黒田亘、吉田夏彦、前原昭二、黒崎宏の諸氏から御批判を戴き、またそれらに答えさせて戴いた（「ことだま論をめぐって」『科学基礎論研究』43号、Vol. 11, No. 4, 昭和48年）。

科学の罠

自然科学、または自然科学的世界描写それ自体が罠であるのではない。科学に善意や悪意を言うことは全く無意味である。また科学が特定の人間的、歴史的概念枠の中で形成されたことを、したがってそれが唯一の真理ではないことを認めるにせよ、それが全体として信頼できる真理であることには間違いあるまい。つまり、科学にうさん臭い所はない。しかし、この無邪気な科学に人が或る仕方ではまりこむ時、科学は罠となるのである。科学は仕掛けられた罠ではないが、天然自然の罠の形をしているようにみえる。それと意図して作られたのではないが、天然のハエ取り器の形に作られている。そして、そう作ったのは他でもない、ハエ自身なのである。このハエは明らかに自縄自縛の習性、というより本性を持っている。

この罠から抜け出すには、罠の作成過程とその出来具合を見てとることが一番の近道であろう。縄抜けするには縄の結ばれ方を承知せねばなるまい。

〔『物と心』2／初出：一九七四年〕

だが馬車が自動車の原型であり、ソロバンがコンピューターの原型であるように、科学の罠型は日常的常識にその原型をもっている。その上、知識としての科学は常識を遥かに超えているが、その罠の形は、常識のそれとさして変りがない。ナイロンの織り物も、その織り方は原始人の竹籠の編み方と変りがないようなものである。それでまず、常識の罠が作られてゆく工程を観察してみよう。

1　常識の罠

今、坐っている私に壁ぎわの本箱が見える。罠の入口は、この本箱が私から離れた所に見える、という余りにも当然すぎる所にある（当然でなければ罠にはなるまい）。ここで人は考える。離れた物がここにいる私に見えるためには何かの仲立ちがあるに違いない、と。（こう考えねばならぬ、というのではない。こう考えるのが我々の常識の習性なのである）。プラトンは私の眼からでてゆく視線が本箱から出てくる何かと真中あたりで握手すると考えたし、エピクロスは本箱の表面から薄膜のような映像《エイドロン》がはがれて私の眼に入ると考えた（眼はそれにしては小さ過ぎないかと思うがルクレチウスにもこれについての申し開きはない）。デカルトは更に、眼に達した光（微粒子または圧力）が神経の糸を引張り脳室内の動物精気溜にその影響を伝え、それが例の松果腺を揺さぶる、と考えた。ここまでくれば、現代科学の描写と構造的には全く変りがない（竹籠の編み方がナイロンブラウスの織り方と変りないように）。われわれもまた罠にかかりうる程度には知的であると自負する限り、これら偉大な常識人の常識はまたわれわれの常識でもあると認めねばなるまい。この考え方を「近接作用（action through medium）の要求」と呼んでもいいだろう。触覚と味覚の場合のように、身体表面以遠がからまないときにはこの要求が起らぬ理由も明らかであろう。

この要求は非常に自然なものである。本箱と私の間に何かあれば本箱が見えなくなる遮蔽効果（まぶたを閉じても同様）、しかし鏡をうまく置くとそこにうつるという反射効果、などのありふれた経験にぴったり適合する。例えばルクレチウスは、映像が鏡の面で「全体的にひっくり返ることなく直線的に打ち返される」ので鏡像の左右が実物と逆になることを記している。しかし、この如何にも自然な近接作用の要求は同時に如何にも奇妙な帰結を同伴している。それは、私に届くものは本箱自身ではなく、いわば本箱からの手紙だということである。映像も、松果腺に届くものも、脳細胞の興奮も、本箱自体ではなく、そこから届いた通信なのである。しかも更に、私は私に届いたこの通信を私のいる所で読むのではなく、その発信地に投げ返して読むことになる。なぜなら私は本箱の姿を本箱の場所に、つまり、私から離れた場所に見ているのだから。ベルグソン（『物質と記憶』）、また心理学者や脳生理学者が「投射《プロジェクション》」というのはこのことを指している。そして、この投射、または投げ返された手紙、を読むためには何の仲立ちを考えることもできない。もし仲立ちを考えるとすれば、それはまた同じ手紙を出してもらう、つまり、始めからやり直すことになる。だからそれは仲立ちなしの「遠隔作用」action at a distance に止まらざるをえないのである。つまり、本箱→私→本箱、という往復旅行《ラウンド・トリップ》の往きと還りは全く異種な旅行となるのである。

だが奇妙なのはこの旅行の仕方だけではない。この旅行の目的もまた奇妙なのである。この旅行は、本箱から光なり映像なりが旅立つところから始まる。だがこのとき、その本箱とは何だろう。疑いもなく、今私に見えている本箱である。だが「私に見えている本箱」とはまさに旅行の終点である「本箱の姿」ではないか。この旅はだから、旅の終りが旅の始まりという奇妙な旅である。この旅の目的は何だろう。というより、これは一体旅なのだろうか。

常識の本性はその健全さにある。健全な常識はもちろんこのような奇妙な旅を受け入れない。そして、その健全さによって罠の第二段階に落ちるのである。すなわち、その到着点から出発する、というわけのわからぬ旅をまともな旅にする一番自然な道を本能的に進むのである。その道とはただ到着点と出発点とを別にするということに他ならない。私に今見えている本箱の姿はとにかく旅の終りなのだから、旅の始まる本箱はそれとは違ったもの、実の本箱だと考える。当然、その実の本箱からの便りで私に見えるに至った本箱の姿は、その実の本箱の「像」

あるいは「見え姿」ということにならざるをえない。この、実物と像、という一見単純素朴な剝離こそ、常識が罠にがっしり捕えられたことを意味する。だがよく出来た罠の何よりの条件は、それが罠であることを気付かせない、かくれた罠であり透明で見えない罠であることであろう。事実、この罠はまことによく透きとおっており、日常世界をくもりなく眺めさせるのである。多くの経験がこの「実物‐像」の剝離が真実のものであることを指し示しているように思われる。

第一に、実物は元通りなのにその像が様々に変る。赤メガネをかけると白壁は赤く「見え」、黄疸にかかれば黄色に「見え」る（デカルト）。風邪をひくと、煙草や食べ物の味が変るが、煙草や食物の方には何の変りもみられない。まぶたを強く押すと、または酒を飲み過ぎると、徳利も何もかも二重に見えるが、実の世界が倍増したわけではない。メガネなどで実の世界が赤化、黄化するのではないのと同様である。眼を細めたり、焦点をかえたりするだけでさえ世界の風物は変って「見え」る。世界は流転の塵界であるとしても、この種の流転変貌を世界の側に帰することは常識には承知できない。そこで、変貌するのは像の方であって実の世界では ないということになる。第二に、見間違えがある。実物とくい違って見えるからこそ、「間違い」がありうるのである。第三に幻視幻聴幻影肢のたぐいがある。これらが「対象なき知覚」と呼ばれるのも、「実物‐像」の剝離があってこそである。第四に記憶や空想がある。昨日のオレンヂはもうない。私が食べてしまったからである。しかし、私はその姿や味を思いだす。そこで思いだされたオレンヂは今は亡き実物の像である他はない。第五以下はきりがないので省略する他はない。

このように、すべてが「実物－像」の二元的剝離を指し示しているようにみえる。実際、上記の第一、第二、第三のような事例をたてにしてこの剝離を主張するのが錯覚論法（arguments from illusion）と呼ばれるもので哲学史上繰返してあらわれる。しかし、若干の人々（例えばJ. L. Austin）が指摘したように、この論法は異常例から正常例への根拠のない拡張である。この論法は「実物－像」剝離の積極的論拠ではなくて、事例呈示にとどまる消極的保証でしかない。剝離が生じる道は論証ではなく、上に述べてきた罠へのはまり方なのである。ヒュームもまたこの論法を根拠としてではなく、人がこの罠（彼の言葉では「二重存在」double existence）にはまる誘因として描いた。ここに問題はない。罠にはまるはまり方が幾通りかあっても不思議はないからである。

いずれにせよ、すべての経験がこの「実物－像」の剝離を至極当然なものに思わせる。だからこそ、それが罠たりうるのである。では、そのどこが罠なのか。

この罠の仕掛けもまた至極簡単である。この剝離の想定それ自身によって「実物」への手掛かりが皆無になる、これがこの罠の仕掛けである。なぜなら、この想定自身によってわれわれの見聞きするのはすべて像であって実物ではないからである。黄疸にかかって黄色に「見え」る壁が像であると全く同様に、病癒えて白く「見え」る壁もまた像であって実物ではない。幻の本箱が像であると同様、今私に見えている本箱も像であって実物ではない。ということは、この剝離の想定を至極当然なものに思わせた多くの経験での「実物」と「像」は、実はこの想定で要求された意味での「実物」と「像」ではなく、この想定の「像」の中での、「実像」と「虚像」だったのである。先の錯覚論法が説得力を持たない理由もここにある。この後の方の分別、「実像と虚像」の分別を比喩として、真正の「実物と像」の分別を主張するのは明らかに比喩の誤謬に他ならぬからである。にせ札と本物の札があるから、本物のお札もまたもっと本当のお札のにせだと思う人はいないだろう。だから、錯覚論法は比喩としてすら説得力を持たないのである。

しかし、罠に気付かぬ人、罠であることを認めない人は、もちろん罠から抜けようとはしないで、逆に罠に合せて思考の糸を紡いでゆく。この人々は、われわれの見聞きするものはすべて実物ではなくその像であることを喜んで認める。そしてここで、実物は所詮不可知である、或いは何を言っても疑わしい、と不可知論や懐疑論のあきらめ顔をするか、あるいは、或る像は実物の正しい像であることを、証拠抜き理由抜きに確信して実物はかくかくのものであると布教するか、この二つの道のどちらかをたどることになる。

例えば、ロックやデカルトは後者の道をとった。ロックは一方で、「物体の中の性質とこれらの性質によって心の中に生じる観念《アイディア》との区別」をする（『人間悟性論』CH. 8, §22）。そして、ミクロ粒子の本来的、一次的（original, primary）性質から、粒子集団の粒子配置（organization）がわれわれに色、寒暖等の感覚を生ぜしめる力という意味での、二次的（secondary）性質が派生するが、これらの色、寒暖等はその二次的性質そのままの像ではない。「黄色は実際に金の中にあるのではない」（同、CH. 23, §10）のである。しかし、「円または四角は観念の中にあっても実在の中にあっても……同一のもの」（同、CH. 8, §18）である如く、「物体の本来的性質の観念はこれらの性質の像であり、これらの観念の原型は実際物体そのものの中に存在している」（同、§15）のである。だがロックは、なぜ形や大きさ等の本来的性質の観念（像）が実物そっくりであるのかについては一言の説明も与えることができない。ここで彼が、順序を逆にして、実物の方が観念そのままのものとして設定されると考えれば罠の抜け口に近づいたはずである（バークリィがそれに近づいたように）。他方デカルトはロックのように無頓着ではなかった。彼は、感覚にとってではなく精神にとって明晰判明な観念（像）は実物の正しい像である、と言いたかった。しかし結局は「神の誠実」に頼る他なかったのである。だがカントは明確にこの難所をみていた。彼の先験的観念論は、像の中に実物を構成する、あるいは、像の中に既に実物が前提されている、ということであったと言えよう。だからして、「外的対象の現実性に関して推論を必要としないのは、私の内感（私の思考）の対象の現実性に関して推論を必要としないのと全く同様」（『純粋理性批判』A371）、だと言えたのである。

このような事情を承知した上で、なお「実物 - 像」の剝離に固執する道は恐らくただ一つしかあるまい。それは、実物世界の在り様、およびそれと像との関係を一つの「仮説」とする、そして、像世界の中での整合性をもってこの仮説の保証とする、という道である。この道は、外見がいかに実在論的にみえようと、その内実は現象主義なのである。「実物」は神棚にあげられてひっきりなしに祈り唱えられるが、決して「像」世界に介入できないからである。

これはもちろん、罠にとどまる道である。しかし、われわれはこの道を強制される必要はないことをみてとるために、事の始めにもどって検討をする必要がある。

2　風景の相貌

われわれが見、聞き、触れるとき、われわれに見え、聞こえ、触れるものを「風景」と総称しよう。一つの風景の全体、また風景の中のいろいろな事物や部分は、これから「相貌」と呼ぶ「見え姿」や「聞こえ」を必ずもっている。ある歌は物哀しい相貌をもっているがそのある一部は諧謔的相貌をもって聞こえる。「明るい」風景の中に「暗い」小屋が見える。「怒り」の表情の中で眼元だけが「笑っている」、というように、どんな風景でも事物でもおよそ何らかの相貌をもたないものはない。いかようにも見えない情景、いかようにも聞こえない歌、そういうものは考えられないからである。相貌抜きの風景はありえない。

相貌の何よりの特性は、それの全体性である。相貌はその相貌をもつもの全体の相貌であって、その時空的部分に分散的に所有されるものではない。だから、有名な『ミリンダ王の問い』で長老ナーガセーナはこの相貌の全体性を逆用した詭弁を弄することができた。全体の部分自身はまた相貌をもつが、それは全体のそれとは別な相貌である。びっこの相貌は両脚の相貌であって片脚だけでびっこであることはできない。十字架の形の相貌はその横木にも縦木にもないし、五重の塔の相貌をその各層がもつことはできない。三角形の各辺は三角形ではないし、円弧は決して円ではない。細長い棒の一部はやはり細長いが、その「細長」の相貌は全長の「細長」の相貌とは全く別である。小さな円と大きな円との相貌もまた別である（つまり、「相貌」という語を、完全な個別性を持たせて使う）。

この相貌の全体性という性格は以上にとどまらない。すなわち、一つの風景の一部がもつ相貌は、その風景全体の相貌から孤立的に切り離すことはできない、という更に強い全体性がある。一軒の家の相貌はその家がその一部となっている風景全体（の相貌）から孤立してはありえないのである。背景前景が代わればその相貌は変る（5節で述べる「共変」という変化の仕方で)。物理的には同じ一小節も別のメロディの中ではその相貌を変える。このとき、この家にはその家固有の相貌がもともとあって、それが周辺風景の変化の影響(または対比)で変る、と考えるのは基本的な誤りである。その家固有の相貌なるものがありえないからである。空間的事物としての家は、その家の「周囲」というものを必ずもたねばならない。周囲のない家とは、地のない図と同じく矛盾概念である。空白や暗黒の周囲にせよ、周囲のない家はない(心理学の実験は多くこの種の周囲を設定する)。したがって、家の相貌は必ず、ある特定の風景の中の家の相貌なのであり、いかなる風景からも孤立したその家固有の相貌なるものはありえない。それは「犬が走る」「球が走る」等の文の中の「走る」にいかなる主語からも孤立した「走る」固有の意味(普遍的三角形に類する普遍的走り)がないのと同様である。また、例の反転図形に、いかなる見方からも孤立した固有の「見え」がないのと同様である。より一般的に言えば、多くの現象において、部分のもつ性質はその部分固有の孤立した性質ではなく、特定の全体の中でのみ意味のある性質なのである。これを、無頓着に、全体は部分の和ではない、と言うのは適切ではない。全体に先だって和の項となるべき固有の部分(的性質)がないからである。さらに、既に在る特定の全体は部分に分割できるからである。換言すると、全体は、その全体に何の手も加えないならば部分に分割できる(理知的区別)、しかし全体から独立した部分から全体が合成されているのではない。合成以前の部分は合成後のその部分とは(相貌的に）別のものだからである。

当然、同じことが時間的部分についてもみられる。一分間の長さの映画フィルムの断片を想像してみよう。そこでは、画面の左から右へ裸のひげの老人が街を走り抜けているとする。この断片をその前後は空白のままうつしてみる。次に自然なつながりで現代劇に挿入して、ついで古代劇のフィルムに挿入してうつしてみる。それに従って、その同じ一分の情景は非常に異なる相貌で見えるだろう。例えば、気狂い老人の疾走、老ストリーカー、浮力発見直後のアルキメデス、と。時間的断片も、空間的部分が周囲を必ずもつように、その前後なしではありえない。前後のない時間帯は時間帯ではありえない。そして、その時間帯のもつ相貌は必ず特定の前後の中の相貌でしかありえず、前後とかかわりない（前後から孤立しての）その時間帯固有の相貌なるものはありえないのである。人は或る日の生活を一時間毎の時間帯に分けて他の時間帯と無関係にその各時間について書き、それを連ねればその日の日記になると思いがちだが、その各一時間はその特定の日の生活の中の一時間としてしか書けないのである。そして、その一日は彼の特定の人生の中の一日としてしか書けないのである。人の日記の一頁を読むとき、われわれはそれを一つの人生の一日として読んでいる。それが如何なる人生であるかを漠然とながら想像しながら。

以上述べてきた、相貌の全体性はまだ本当の全体に依存してのそれではない。一つの風景全体の相貌も更に包括的な全体の中でのみ「風景の相貌」でありうる。一つの風景が私に見えているこの状況全体の一部分が、私の前面に「見えている風景」なのである。まず、風景（視覚的）は必ず、どこからか見られるものである。すなわち、一つの視点からの風景である。私に見える風景は、ここからの風景である。当然、視点が変れば風景の相貌もまた変る。双眼鏡で見る風景が時に異様になるのに気付いた人もいよう。例えば、肉眼ではなだらかなお寺の屋根が双眼鏡ではけわしくなる。それはお寺に十分近づいて肉眼でみれば屋根は見えなくなるのに、同じ程の近さにみせる双眼鏡では屋根は前通りに見えるからである。通常ではこのような距離と角度の分離が起らないが、風景の相貌が変ることにはかかわりない。だが、風景の相貌が変るのはこの視点の変化だけではなく、私の体調、気分、感情によっても変るし、眼の状態によっても変る。眼をすぼめる、焦点を外す、色眼鏡をかける、これらで風景の相貌は変る。また、けだるい、緊張している、探索的になる、いらいらする、退屈している、等々によって風景の相貌はがらりと変る。このとき、私の気分等にかかわりない風景固有の相貌がありえないことは、風景の一部である一軒家に固有な相貌がないのと同様である。したがって、私の気分等に依存しない風景の相貌がまずあり、それが私の眼鏡や気分でいわば変調される、といった考えは不可能である。無情の風景に情を感じるのではない、風景そのものが既に有情なのである。

選手のまずい動きがあり、それを見て私がいらいらする、というのではない。選手のいらいらするような動きが見えるのである。いらいらと無関係な風景が私をいらいらさせるのではない（そのような風景にいらいらする筈がない）。その風景がいらいらするような相貌で私に見える、そして事実私はいらいらしているのである。蛇を摑んだ時のぞっとする感触から、ぞっとする、ということを差引いた感触などはないのである。心地よい海の水の冷たさから、心地よさを抜いた冷たさを考えることはできない。まして、更に冷たさまで取去った水の感触などは。同様に、先の風景から私のいらいらを分離して差引いた風景などはありはしない。平静な風景はもちろんある。しかし、その風景には私はいらいらしない。私の渇きに無関係な水の相貌があり、それをみて、喉から手が出る思いがするのではなく、喉から手が出るような相貌をもって水が私に見えているのである。

結局、私の眼前に展開している風景の相貌とは、風景が私に見えているという「状況」全体の中での相貌なのである。この状況全体から「見えている風景」を孤立的に切り離すこと、またその切り離した風景の相貌を考えることはできないのである。同様に、この状況全体から「私の気分」（これも相貌である）を切り離し、風景と関わりのないその相貌を考えることもできない。何かにいらいらしている時、その何かと、それとは分離されたいらいらがあるわけはない。悲しみの中で陽も暗く見えるのであって、悲しみのゆえに陽が暗く見えるのではない。

こうして、特定の「状況」全体の中で、風物の相貌、そしてまた気分（の相貌）がありうるのであり、「状況」から切り離された相貌なるものはありえないのである。この切り離せない「状況」を分断するとき、「主―客」「見るもの―見られるもの」「事実―価値」、といった二元論の束が生れるのである。

しかし、このことは前節の「実物‐像」の剝離と抵触するものではなく、むしろそこでの「像」の持つ性格を述べただけである。したがって、前節での罠からの抜け道を示したことにはならない。ただ、抜け道の準備にすぎない。

3 状況の「抜き描き」

今一度、前節の結論を言い換えてみよう。すべての風景（視聴味触匂）は相貌をもっている、そしてその相貌について語ることは同時にその全状況（全体験）について語ることであり、この全状況から切りとられた「見え、聞こえている風景」について語ることはできない。本箱の相貌は、実は本箱固有の相貌ではなく、「その本箱が私に見えている」という全状況の中での相貌なのである（しかし以後も、「本箱の相貌」と簡略化して言う）。

だからこそ、様々に異なる状況を通じて中立不変な本箱風景というものはありえないのである。しかし、それに対し、様々に異なる状況を通じて中立不変なものがある。それは位置である。本箱の右上のかどは丁度壁のしみの位置にある、ある本の上縁はその隣りの本の帯の上縁の位置にある、といった、本箱の様々な箇所の位置である。やや過度に厳密に言うと（従って適切でない）、本箱や壁の無数の「点状箇所」の「点位置」である。更に、「これらの点位置をただ連続的（または離散的）に連ねた」ものとしての線や各種の図形、つまり「形」と「大きさ」とその「相互位置」もまた、状況を通じて中立不変の性質である。ここで持って廻った言い方をしたのは、形と大きさ、特に形は常に相貌をもつので（例えば、丸い、鋭い、平たい、縦長の、真直ぐ等）、この相貌を抜いた「点位置の連ね」を指定したかったからである。それゆえ厳密には「点位置の連ね」は「形」ではないが、簡略的に「形」と呼ぶこともある。

さて、相貌の方は、状況の一体性から「本箱自身」の相貌として切り離し分断することができないのに対し、点位置的性質は状況の変化に対して固定しているゆえに、状況から分断的に切り離せる。点位置について述べるとき、相貌の場合と違って状況全体に言及することにはならないのである。簡単にいえば、点位置は「客観的」なのである。視点が変れば点位置相互の「見え」は変化するし、本箱が動けば点位置も動くが、それにも拘らず、「本箱自身の点位置」という分断的表現の意味をわれわれは持つことができるし、また現に持っている。それに対し、「本箱自身の相貌」という分断的表現の意味をわれわれは作りあげることができないのである。

このゆえに、点位置を状況全体から孤立的に記述し、孤立的に計測できるのである。「孤立的に」とは、状況のそれ以外の部分への言及なしに、という意味である。したがって、点位置こそ状況全体の、真の意味での「部分的性質」と言えよう。これに対し、本箱の相貌を描写することは、いや応なしに、状況全体を一体的に描写することであるのである。

常識の分断語法、例えば、「競技風景があり、それを見ていらいらする」という述べ方は、競技風景に代えて競技の点位置描写を代入するならば、非常識的にはなろうがとにかくより適切となるだろう。しかし、それでは不十分である。「それを見ていらいらする」のではなく、「そしていらいらする相貌を持つ状況である」と表現せねばならない。換言すれば、元の文は、まず状況の分断的孤立的性質である点位置性質の記述をし、ついでその同じ状況の相貌的性質を述べる、というのでなくてはならない。つまり、例えば始めにバラの色を述べ次いでその形について述べる、というのと全く同様、同じ一つの状況について、まず始めにその孤立的性質を述べ次いでその相貌的性質について述べているのである。同じ一つの状況の、異なった性格をもつ二種類の性質を分ち述べているのである。そして、この分ち述べられた二つの叙述を接ぐのは単純な“and”であって、「それをみて……する」というような「主語─動詞─目的語」的接続を匂わせるものであってはならない。

この“and”の分ち述べの二つの叙述のいずれもその状況の部分的描写なのである。どんな状況でもそれを言葉で描き尽すことはできないことを考えれば、なおのことそれらは粗っぽい部分的描写だと言わねばなるまい。しかし、大切なことは、点位置描写も相貌描写もともに同じ一つの状況、「競技風景が私に見えている」という状況の部分的描写、すなわち「抜き描き」である、ということである。

ところが、共に「抜き描き」として同列に並ぶべきこの二つの描写が、質料と形相、台と上部構造に類似した上下関係の中で把えられがちなのである。しかし、この誘惑には根強い原因がある。その原因の第一は、上で述べた、点位置が孤立的性質として状況の他の部分、特に私から独立している（つまり、私という他の部分を顧慮することなく）、ということである。すなわち、状況の一要素である事物の点位置性質は、状況の他の部分（私）への顧慮なしに把握され記述される、ということである。原因の第二は、点位置性質は事物的存在の概念に密着している、ということである。というのは、本箱の或る箇所の点位置とは、とりもなおさず、その存在位置でもあるからである（もちろん、常識的な「存在」の意味で）。そして、本箱の外の或る箇所（例えば空中の一点）の点位置とは、本箱の非在位置でもあるからである。このことと、上の第一の原因が組み合わさって、点位置描写を、見物人から独立な存在描写とするのである。ここまでには何も誤ったところはない。しかし、ここから人は、この存在描写を何か基底的描写（主語的、実体的描写）だとし、相貌描写はそれについての述語的、附加的な描写であるという考えに誘い込まれがちなのである。この誘惑にはまると、その存在描写もまた状況の「抜き描き」の一つであることが忘れられる。また相貌描写が状況全体の一体的描写であることが忘れられ、状況の一要素の描写にされてしまう。

先に述べた、ロックの、本来的性質（の観念）と、二次的性質によって生じる感性的性質との身分差別、デカルトの、物体の本性としての延長と主観的感性的性質の分別は、この誘惑の見事な所産であろう。しかし、このことは、この誘惑が第1節でのべた罠と同じものであることを意味しはしない。そのどちらもが他方の帰結ではない、という意味で、先の罠とこの誘惑とは互いに独立である。しかし、この二つは鍵と鍵穴が合うようにぴったりはまることは容易にみてとれよう。お互いに相手を暗黙の中に予想しているのである。このゆえに、この誘惑とあの罠とは通常相携えて現われる。デカルトとロックの場合もまた然りであった。そして、現代自然科学が世界を描写する描法の骨格は、デカルトやロックのそれと変りがない。また、エピクロスのそれとさして変りがない。しかし、科学の描法そのものは、歴史的には彼等の「哲学」の影響の下で形成されたとしても、論理的には彼等の「哲学」から独立しており、彼等の「哲学」を前提しているのではない。したがって、科学の描法は、上の誘惑にのりあの罠にはまった結果の描法ではない。そうではなく逆に、この科学の描法自体があの罠や誘惑として働き、多くの科学者やわれわれを捕えるのである。この事情をみる必要がある。

4 科学描法の罠

科学は論理的にはデカルトやロックの哲学とは独立であるが、より曖昧だがより包括的な哲学に動機づけられている。その哲学とは、世界は人間の知覚とは独立である、という単純だが強力な哲学である。この哲学的な指導原理にかなう世界描写の方式を科学は形成してきた。個々の科学者がこのことを意識してそうなったというよりは、意識するまでもなく当然のこととしてそうなったと言うべきであろう。しかし、この指導原理に導かれて一つの世界描法が選択されたとしても、一旦選択された上は、その描法はその原理を（論理的に）前提ともしないし、帰結ともしない。科学の描法は単に一つの世界描法として自立しており、哲学とは無縁なのである。

では、世界は知覚から独立している、という指導原理にそうためには、どんな世界描写の方式を選択すべきだろうか。事は簡明である。この原理は、人が見ていようといまいと、目覚めていようといまいと、生きていようといまいとに関わりない世界描写を要求する。したがって、この世界描写の用語は知覚語を排除する。色、手ざわり、（見える）形等、人が生き、目覚め、見聞き触れしているときにのみ意味を持つ語を使うことはできないのである。もちろん、相貌を表現する語は使用不能であり、使用禁止である。このことは、日常言語の殆んどすべてを禁句にすることを意味する。日常言語の殆んどすべては相貌語（走る、動く、等）であり、知覚性質語（赤い、丸い、静か、等）であるからである。

では、可能な用語は何であろうか。誰が探しても候補者として、幾何学語と運動語以外にはあるまい。しかし、幾何学語といっても知覚される形や大きさであってはなるまい。知覚的な形や大きさは、赤や青の色語や寒暖語と全く同様、知覚語であることは、バークリィやヒュームの指摘をまつまでもなく明瞭だからである。許されるのは、知覚の場面とかかわりなく理解される用語なのである。この条件を満たすのはまさに、幾何学の用語である。幅のない線、拡がりのない点、それらは見も触れもできない。それにもかかわらず、われわれはそれらの語を理解し、幾何学の問題を扱っているのである。これらの幾何学的線や点からなる幾何図形もまた知覚の場面とかかわりなく理解される。その理解の様式は「考える」または「思う」conceive, meinen という様式であり、知覚的形状（例えば、リンゴの丸さ）の「見る」「触れる」等の「知覚する」という様式での理解とは全く別の様式での理解である（現量に対する比量）。事実、知覚的形状は必ず或る視点（距離、角度）からの形状であるのに対して、幾何図形は視点を持たない。無視点なのである。このように、知覚形状の理解と幾何図形の理解は異なる様式での理解であるにもかかわらず、前者の理解様式は後者の理解様式を伴わずしてはありえない。幅のある線の知覚的理解は、幅のない「縁《ふち》」の幾何学的理解なくしてはありえず（本書第12章［「論理と世界」、本アンソロジーには収録せず］2節）、三色旗の知覚的理解には、色域の幅のない「境界線」の幾何学的理解が含まれざるをえないのである。しかし一方、幾何学的理解は必ずしも知覚的理解を必要とせず、独り歩きが可能である。幾何学の問題で紙の上に描かれた知覚形状は単に補助的なものであり、それに助けられてわれわれが理解するのは幾何図形そのものである（プラトンはこのことを明確に知っていた）。

大切なのは次の二点である。第一に、幾何図形は知覚の場面とかかわりなく理解される。第二に、それとは逆に、知覚形状の理解の中には必ず幾何図形の理解が含まれている。この二点である。この第一点によって幾何学用語は先の指導原理の要求を満しており、科学の語彙に含まれうることになる。更に、幾何図形の運動（幾何運動と呼ぼう）を考えることができ（この点は詳説しない）、幾何運動もまた知覚とかかわりなく理解されることによって科学用語となる。一方、上の第二点によって、幾何図形と幾何運動とは、知覚の場にあっては、知覚形状や知覚運動と密着したものになる。それによって、意識（知覚）と独立な世界描写でありながら、知覚の場では知覚的描写と密着し、知覚の場での実験や観測観察と重なりうることになるのである。

このように、上の指導原理に従うかぎり、幾何学語と幾何運動語を科学の基本用語とすることは、殆んど必然的な選択であり、それ以外の選択は考えられない。したがって、この選択は殆んど唯一可能な、それゆえもっとも自然な、水が低きにつくような選択なのである。しかし、一旦この選択を行なった上では、その選択に導いた哲学的足場は外される。そのときそれは単に、世界描写のための一つの用語選択であるにとどまり、何らの哲学でもない。

しかし、この幾何図形と幾何運動は「述語」の性格をもっている。何ものかの位置や形、何ものかの動きを叙述する語群なのである。したがって、科学は当然、それらが述語されるべき対象を必要とする。この対象もまた、先の指導原理によって、知覚と独立に理解されるものであることが要求される。デカルトはこの要求を自覚していたと思われる。彼の「延長物体」はまさに知覚とは異なる理解様式、すなわち、知的了解または精神による洞察によって理解されるものだったからである（あの有名な蜜蠟の事例）。近代科学の素粒子や場もまたこの要求を満足していることは明らかである。それらは知覚されえない何ものか、したがって、知覚とは別種の様式、すなわち「考え」「思う」という様式で理解されるものである。素粒子はその小ささの故に知覚されえないのではなく、たとえ直径一メートルの球であったとしても知覚されない。それは、ただ「考え」られるものでなければならないからである。同じ理由で、科学的世界、科学的全宇宙もまたただ「考え」られるものである。そして、科学はその宇宙の「考え」られた科学的対象を、「考え」られる述語、幾何図形と幾何運動によって描写する。この描写方式が科学の描法なのである。

では、われわれの知覚現場ではこの科学描写はどのように働くのだろうか。科学描写はただ「考え」られるもの、というその基本的性格は知覚現場でも貫かれねばならない。とすれば、事は簡明である。知覚状況が見られ聞かれるのではなく、「考え」られたものがその知覚現場の科学描写なのである。本箱は見えると共に「考え」られているのである。同じ一つの本箱が「見え」そしてまた「考え」られているのである。ここで、この「見え」と「考え」とはてんでんばらばらの二つの本箱把握ではない。それらは位置において一致し合致している。この一致を可能にしているのが、「見え」の「点位置」の理解に既に含まれている幾何学的点の理解、「考えられた点」の理解である。本箱の「見え」での右隅の「点位置」と、その「考え」での「その位置」にある素粒子、こういうことが言いうるのである。簡単に言えば、「見え」と「考え」は同じ一つの空間（そして時間）においての「見え」であり「考え」なのである。

こうして、知覚されている本箱と、素粒子集団としての科学的本箱と、この二つの別種の本箱があるのではない。同じ一つの本箱の「見え」と「考え」があるだけなのである。また、一つの知覚状況は相貌的にも、点位置的にも、そしてまた科学的にも描写されるのである。この三通りの描写は、同じ一つの知覚状況の三通りの描写なのである。ただ、相貌描写が全体的でしかありえないのに対し、点位置描写と科学描写は孤立的であり、一方、科学描写が「考え」

描写であるのに対し、他の二つは「見え」描写なのである。前節では、「見え」描写の中ですら、相貌描写と点位置描写とはともに知覚状況の「抜き描き」であることを示した。これに「考え」描写を加えれば、それらは尚更のこと「抜き描き」である。が、それと共に、科学描写もまた知覚現場ではそれらと同じく一つの「抜き描き」なのである。上の三通りの描写は、そのいずれもが、同じ一つの知覚状況の「抜き描き」なのである。しかし、その各々が同じ一つの知覚状況の「抜き描き」であることから、相互の間に密接な関係がある。特に、この状況を科学が具体的にどう描写するかは、主として「見え」の「点位置」描写に依存している。通常の事物の描写では、科学はその事物の「点位置」輪廓に沿って素粒子集団や場を「考え」るのである。これをフッサールのように科学による「理念化」(『学問の危機』)とみるのは根本的な見誤りである。科学は日常的「抜き描き」の理念化ではなく、単に今一つの「抜き描き」なのである。時に人が何げなく口にする、「自然科学的に見るならば、……」という言い方はこの「自然科学的抜き描き」の直観的了解を示しているのかもしれない。ただ、その抜き描きは「考え」の抜き描きで、それが「知覚」の抜き描きとどう関連しているかを理解することが問題なのである。

物理学者W・パウリは一九五二年の論文で次のように述べている。「精神と肉体との関係、すなわち人間の外と内との関係という一般的な問題は、前世紀に提案されたような心身平行論の考え方では解くことができなかったといえよう。現代科学はおそらくはこの関係についてもう少し満足のゆく解釈を与えてくれている。それは物理学自身の中に、相補性という考え方が導入されたからである。精神と肉体とが、同一の現実の相補的な二つの様相として解釈することができるとすれば、それはおそらくもう少し満足すべき解決であると思われる」（ケストラー『偶然の本質』村上訳七三頁より）。しかし、「相補性」の概念は心身問題と或るかかわりはあるが（本書第8章［「宇宙風景の「もの - ごと」」、本アンソロジーには収録せず」一九四―一九五頁）、パウリの述べる仕方でのかかわりではありえないと考える。粒子描写と波動描写とが同時に両立できないのが「相補性」であるからである。反対に、「考えられた」科学描写は、「知覚された」知覚描写とは両立し、そして互いに「相補的」なのではなく「補完的」な「抜き描き」なのである。

以上のように、科学は知覚状況の「考え」的な部分的「抜き描き」であるにもかかわらず、それを知覚状況とは別種な何ものかの描写であると思わせる誘惑が非常に強い。この誘惑は、知覚していない世界部分では科学描写のみが可能であるかに見える（しかし虚想による描写も可能――本書9［「三つの比喩」、本アンソロジーには収録せず」・10章［「虚想の公認を求めて」、本アンソロジー所収］）、更に、科学描写は事物を完全に規定するという事実によって増幅されている（ここでは詳説を控える）。一旦この誘惑にはまれば、相貌と点位置の「見え」描写は、科学的対象の「像」の描写とされるのは自然のなりゆきである。「実物 - 像」の剝離が生じたのである。更に、相貌描写は孤立的事物の像の描写とされて知覚状況の一体性が崩される。「見るもの—見られるもの」の剝離が生じたのである。この連動した二つの剝離こそ、科学の罠の結果なのである。

たしかに、科学はこのように天然の罠の形をしている。そして現に多くの人を捕えている。しかし、それは科学の罪ではない。科学描写は、相貌、点位置描写と並んで（知覚現場では）知覚状況の「抜き描き」なのである。それらは、実物描写と像描写の関係にあるのではなく、例えば、リンゴの形の描写と色の描写のように、「連言関係」にあるのである。

5 共変

しかし、なお幾つかの疑問が残るだろう。その一つは、太陽や鏡像の相貌描写と科学描写の間の「位置のずれ」である。頭上に輝く太陽の西方に科学描写は核融合中の素粒子集団を描く。鏡の中のリンゴとは違った場所にリンゴの素粒子集団を描く。この時、実物は科学描写の位置にあり、その単なる像が別の所に見えているのだ、とする以外にはないではないかと。しかし、観点を逆にして、太陽もリンゴもその見えている所に見えており（これには疑いはないだろう)、そして、それらのいわば物理的な影*(但し、立体的な影)を科学がその西方に「考え」ている、とみる(足のない幽霊にはその上この物理的考影もない)。あの罠に馴れた目には、これはいかにも詭弁と映るだろう。その人は、この物理的な影を「実在」と呼び、輝く太陽や、リンゴのみずみずしい鏡映をその知覚的な影と呼べばいい。ただ、「実物 - 像」の関係さえ持ちこまなければ、その人と私とは具体的事実のすべてにおいて一致する筈である。物とその影とは少くとも同じ身分で存在するからである。

* たまたま言葉だけの暗合にすぎないかもしれないが、エディントン(*The Nature of the Physical World*, 1928, 序文)も「物理学の世界ではわれわれは日常見なれた生活の影の部分の振舞いを眺めているのである。……物理科学はこのような影の世界にかかわるものである……」と書いている。だがもちろん、彼には「抜き描き」の明瞭な自覚は見出せない。

今一つの重要な疑問は、疑いえない生理学的事実からくる。すなわち、私の末梢、中枢神経に薬物なり電極なりを作用させると知覚風景が変る、という事実である。このことが、因果関係としての「実物 - 像」の剝離に人を誘うのである(例えば、知覚因果説)。ここで私は、われわれが馴れ親しんでいる物理的変化とは全く異なる型の変化があることを指摘したい。

メロディの一小節を変えるとメロディ全体の相貌が変る。将棋の一駒を動かすとその全局面が一変する。絵の一部を変えるとその絵の全貌が変る。口もとのかすかなゆがみが顔全体の相貌を変える。木一本、本箱一つ動かしても庭や部屋の相貌が変る。この種の変化は科学の伝播的近接作用的因果変化とも全く違うし、遠隔作用的変化とも異なる。科学的変化のない所で起る変化である。この型の変化を「共変変化」と呼ぼう。全体の一部に物理的変化（点位置変化）が起ることによって全体の相貌が、したがって他の部分の相貌が共変するからである（確信はないが量子状態が観測によって一変する——波束の収縮——のもこの共変変化として把えうるのではあるまいか）。共変変化は相貌または意味の変化として、因果的変化とは全くその性格を異にする。

さて先に強調したように、風景の相貌は、状況の一部としての風景固有の相貌ではなく、その状況全体の中での相貌なのである（2節）。このことから、例えば私の脳に或る物理的変化が起ることは、状況の一部が変ることであり、その中での風景の相貌も共変する、と言えないだろうか。* つまり、脳の変化によって風景がその相貌を変えるのも、また本箱自身の変化によって風景がその相貌を変えるのと同じく、因果的変化ではなく共変変化なのではあるまいか。なるほど、本箱は外にあって見えているものであるのに対し、私の脳は見えない。しかし、次の例を考えてみて戴きたい。

＊ オーストラリアの J. Smart の提案に始まった、心的経験と脳の物理的状態を同一不二とする「同一説」Identity Theory との相違がここにある。私は同一の「全状況」の二種類の「抜き描き」が

共変的にリンクしていると考えるのである。同一説はその全状況を「脳」に局所化する誤りを犯している、と考える。

本箱の前に半紙大の赤い透明セロファンを吊す。当然、風景は異なって見える。風景の中の事物が変ったからである。このセロファンを漸次眼に近付けてみる。風景も漸次変化する。セロファンが移動したのだからそれはまた当然である。ついに、セロファンを眼の直前にもってくると、部屋全体が赤く見えるが、セロファン自身は見えない。ここでセロファンの代わりに赤い液を眼球に注入する。次いでそれに代えて、同じ赤化の効果をもつ薬物なり電気刺激なりを視神経、または皮質細胞に与える。この過程で、眼球を境にして異なる型の変化が起きるとは私には思えない。全過程を通じて、状況の一部（例えば脳）の物理的変化と共に、その状況の中の風景の相貌が共変すると言えよう。脳をいじる場合、それによって風景も共変する。しかし、それは通常の原因結果の「よって」ではない。それによって、共変型変化が生じたのである。一にして同一なる全体状況の一部が物理的に変ることはすなわち、その風景相貌が全体的に変ることに他ならない。それは因果的変化よりもはるかに直接的でそのものずばりの端的直截な変化なのである。それは、唇をかすかに曲げることによって、顔の表情を変えるのと同じ型の変え方なのである。唇を曲げることによって唇の中の血圧を変える変え方ではないのである。

これで疑問が解消したとはとうてい言えまい。科学と常識の罠から脱ける道はそれに落ちる道に較べて恐ろしく長い。

補記　校正の段階で伊東俊太郎氏（「科学の縄」『エピステーメー』昭和51年1月号）から御批判を戴いた。幾つかの論点があげられたが紙幅の関係から、やや技術的ではあるが重要な一論点についてのみここに記する。

その論点とは、視点をもつ知覚形状と、無視点の幾何学形状とがそもそも重なりえないではないか、ということである。

だが、例えば新幹線のレールに沿った平行する幾何学的曲線を「考えて」戴きたい。そこには「視点」はあるまい（無限遠視点とでもいうものを持ち出さねば）。さて、東京駅のプラットホームから新幹線のレールを「見て」みる。それは視点を持ち先すぼみに「見える」知覚形状である。このとき、われわれは先程の先すぼみにならぬ「考えられた」平行曲線をそれに重ねて「考える」ことができ、また事実「考えて」いるのではあるまいか。

虚想の公認を求めて

［『物と心』10／初出：一九七五年］

事物が見えているとき、それは必ず三次元的な事物として、つまり背後、側面、内部をもつものとして見えている。しかし、我々に生《なま》に見えている（知覚されている）のはその表面、特定の視点から見える表面だけである。それにもかかわらず、我々はそれを三次元の事物の表面として見ているのだから、なまに見えていない側面や内部もまた「知覚されている」と言うことにもいささかの権利、いささかの理由がある。しかしこの「知覚され方」は、なまの端的な知覚とは異なる独特な「意識され方」であり、事物の独特な「立ち現われ方」である。この独特な意識の様式、立ち現われの様式のもついくつかの特性を以下で観察してみたいのである。この様式は、反事実的条件法、他人の意識、能力語（……できる）、更には死の観念にまで深くかかわり、それらを貫通していることが見られるであろう。

1 「思い」と「知覚」

事物や事態が我々に立ち現われる様式には、大きく分けて「思われる（考えられる）」という様式と「知覚される（見え、聞える等）」という様式の二つがある。例えば、幾何の問題を解こうとして紙や黒板の上に画く図形は「知覚される」図形であるが、プラトンが既に明確に指摘したように、我々はその「知覚図形」について考えているのではなく、それに助けられて「見えない」図形（例えば幅のない線、拡がりのない点）を心の眼で「思っている」（「考えている」）のである。それと同様に、数学的対象のすべて、理論物理学の対象のすべては「知覚」されるのではなく「思われ」るのである。それらの対象はその本性からして「見られ」たり「触れられ」たりできないものであり、ただ「思われる」ものとしてのみ立ち現われるのである（電子の色や陽子の手ざわりなどはありえない）。

しかしこの二つの立ち現われ方の様式は常に分離しているのではなく、微妙な仕方で交錯し滲透し合うことがむしろ多い。特に「思い」抜きの純粋知覚というものはありえず、「知覚」は「思い」がこもらずしては知覚ではありえない（だがその逆に、知覚のまじりけのない「思い」はある――上述の諸例）。

更に、この二つの立ち現われの様式の中間とも、あるいは二股かけているとも言いたい独特な立ち現われ様式がある。我々が日常何かを想像したり思い出したりする折りには、この独特な様式で、想像されたものや思い出された事がらが立ち現われるのである。例えば、我々は何かを「見る」のを想像し、ある歌を「聞く」のを想像する。つまり、何かを「知覚している」と「思う」のである。ここで事物や歌が現に「知覚されて」いるのではない、しかし、「知覚されて」いると「思われ」るのである。私が一匹の犬を想像なり想起なりの形で「思う」とき、はっきりとではないにせよその犬の形や色（「知覚される」形や色）について述べることができる。つまり、知覚を叙する言葉で述べることができる。こうした独特な（犬その他の）立ち現われ方の様式を「思い的知覚」とも「知覚的思い」とも名付けられようが、同じく合いの子名前であるにせよ「知覚的思い」の方が知覚と思いとのコントラストを明確に保存しているのでそれを採用することにする。

この「知覚的思い」はそこでの形や色には必ず或る不定性があるという点で、細部に至るまで完全に決定された色や形をもつ知覚とは明瞭に区別される。想起された犬の色や形を完全な細部にまで語ることはどんな明瞭な記憶にあってもできない。自由な想像では何ごとでも意のままに想像できるように思えるが、知覚のもつ完全な規定性を想像することは全くできない。しかし、このことはヒュームが誤って考えたように、「知覚的思い」が知覚の何か色褪せてぼけたコピイのようなものであるのではない。物影がすべてにじんだような霧の朝の知覚、薄ぼけた古い写真の知覚には何らの不定性もない。そのにじんだような、薄ぼけた細部に至るまで完全に規定されているのである。「知覚的思い」が知覚のこの規定性を欠くのは、単にそれが知覚とは異なる立ち現われの様式であるからであり、知覚ではないからである。知覚的思いにあっては、知覚でのように、目をこらして「見つめる」ことがありえない。そこでの色や形は知覚での色や形とは全く別の様式で立ち現われるのである。その規定の不定性は知覚的思いの本性固有のものであり、従って何ら欠陥と考えるべきではない。

　この色や形といった事物性質の不定性に加え、それと密接に関連した今一つの不定性が知覚的思いにみられる。それは視点の不定性である。知覚にはすべて一意的に定まった特定の視点がある。どんな事物も、知覚される場合には特定の距離と特定の視角から見られ、触覚にあっては特定の仕方で触れられる（特定の握り方、撫で方）。それに対し、知覚的思いにあっては、この（広義の）視点が一意的に規定されず、多少なりともぼけている。想像においても、想起にあっても、事物が想像され思い出される視点を一意的に尖鋭に定めることはできない。これらのことが、我々が想像や想起での事物の正確な絵（知覚される絵！）を描くことができない理由の一つである。もちろん、記憶にたより、あるいは想像の中で、絵を描くことはできる。しかし、想像され想起されたままのものを写生することは不可能である。知覚的思いの立ち現われを知覚の立ち現われで模写する（つまり、知覚的に模写する）ことはできない。

このような相違があるとはいえ、それにもせよ知覚的思いは他の種類の思い（例えば理論物理学の思い）と較べればなお知覚に近縁なものである。知覚的思いは知覚と直接比較されうるのである。もちろん、その比較は事物とその写真の比較（知覚同士の比較）とは違ったものであるが。我々が、あの人は想像していた通りの容姿に見えるとか、あの家は記憶していたのとは違って見えるとか、と言うとき、我々は知覚的思いを知覚に較べているのである。こういった比較において、知覚的思いが知覚に「合う」「合わない」、あるいは、その二つが「互いに合う」と言うことにする（フッサールの「意味充実」あるいは“Deckung”に近い意味で）。この比較は上述した特異な不定性をもった知覚的思いを、その不定性のない知覚と比較するものであるゆえ当然のこととして、比較の「合、不合」の概念もまたきっぱりとしたものでないことはもちろんである。「合う」にしても高々、カリカチュアや略画が実物と合う程度のしまりなさで合うに過ぎない。しかし、この大まかでゆるやかな合い方こそ我々の日常生活で望ましい合い方なのである。ドアをあけて部屋がほぼ期待通りであれば、またブレーキを踏めば予期通り車が減速すればよいのであって、部屋の細々した細部や細かい減速の仕方などは我々の関心するところではない。事実、我々の言語表現がその表現しようとする事態と合う「合い方」もまたこの合い方に他ならない。命題は何か計量的なことを述べているのでない限り、それが述べようとしている事態と上に言った大まかな仕方でしか「合」わない。実証主義者の言う「検証」とはこの命題と事態との合致であるならば、少くともこの種の検証はただしまりなくしか遂行できないものである。

しかし、この「合う、合わない」が知覚的思いと知覚との唯一の重要関係であるのではない。この両者はそれよりも遥かにこみいった密接な関係をもっている。

2 知覚に籠められた知覚的思い

我々が或る視点から机に眼を向けるとき、「見える」部分と「かくれて見えない」部分とは明確な輪郭で区切られている。その「見えている」部分を「知覚正面」と呼ぶことにする。だが上にも述べたように、我々はこの知覚正面を背面や側面や内部をもった三次元物体の知覚正面として見ているのである。これら背面、側面、内部は生《なま》に知覚されてはおらずにただ思われている。それも色や形をもつものとして思われている。つまり、それらは知覚的思いとして立ち現われているのである。では、この机の立ち現われは別々に分離した二つの立ち現われ、すなわち知覚的に立ち現われる知覚正面と、知覚的思いの様式で立ち現われる背面側面等の、二種類の立ち現われが合成されたものだろうか。もちろんそうではない。もし背面側面等の知覚的思いから切り離され分離されたならば、今見えている知覚正面は三次元の家具の知覚正面ではありえない。一言で言うならば、これらの背面側面等の知覚的思いがこもっているからこそその知覚正面は「机」の知覚正面なのである。

そして机のこの知覚正面からそこに籠もっている知覚的思いの汚染を洗い流そうとする試みはすべて、かつての実証主義者の「感覚与件」やフッサールの「感性的ヒュレー」の誤りに帰ることになるだろう。質料を形相（エイドス）から、ヒュレー（素材）をモルフェー（形態）から、感覚与件を概念規定から分離析出することは絶対に不可能である。だが、だからといって知覚と思いとの分別をも廃すべきだということにはならない。たしかに、何物であれ何事であれ、思いが全くこもらない知覚（知覚的立ち現われ）はありえない（悟性的要素を全く排除した直観の多様などはありえない）。しかし、たとい思いがいかに濃密にこもっていようとも、机を「見る」ことと「触れる」ことと、見も触れもしないでただ（心に、頭に）[*]「思う」こととの分別は子供にも見誤ることのない歴然たるものである。ただ全く純粋な知覚的立ち現われとは、感覚与件と同様考えることのできぬものであり、すべての知覚は思いのこもった知覚である、このことを忘れてはならない。いかなる知覚も思いをこめての知覚なのである。

＊心、頭、と言ったがこれは慣用句を使っただけで「思い」の登場する特別舞台があると考えているのではない。「思われた」机は頭や心にあるのではなく、百貨店や隣室にあるのであり、あるい

は、数年前私の部屋にあったのである。

しかし、では机の背側面等の知覚的思いはどのような仕方で机の知覚正面にこもっているのか。この問には明瞭な答はないし、また恐らくありえない。友人の姿を見ているときの知覚には彼の過去についての（私の）思いがどのようにしてこめられているか、という問に答がないのと同様である。あるいは、悲しみの表情にあって悲しみがどのような仕方で顔にこもっているのか、という問に答えがないのと同様である。しかし、簡単な事例の考察が幾分の示唆を与えてくれよう。例えば、角砂糖のような立方体を眺めるとき、特定の視点からは特定の知覚正面が見える。しかし我々は、それとは異なる視点からはどのような知覚正面が見えるかを大まかながら知っている。それを知っていることとそのことは即ち、「立方体」とはどんな形であるかを知っていることの一部だからである。これはつまり、今は見えていない背側面の知覚的思いに他ならない。再び繰返すが、これら背側面の知覚的思いは今見えている知覚正面にお伴のように連れ立っているのではなく、知覚正面をいわば貫通し滲透してこの知覚正面をして今まさに見えているように「立方体の知覚正面」として見えさせているのである。この知覚正面はただこれらの知覚的思いがこもってこそ一つの立方体の知覚正面として立ち現われるのである。

言葉での説明を一層厄介なものにする事情がある。思いと知覚との言葉にしにくい融着が、背側面の知覚的思い自身にもまた再現することである。立方体の今見えていない一つの側面の知覚的思いでは、その側面が知覚正面と「思われ」、今見えている知覚正面はそこでは「見えていない」一つの側面として「思われ」ることになる。従って、知覚正面として「思われ」ているその側面の立ち現われには再びそれ以外の側面（今見えている知覚正面を含めて）の知覚的思いがこもっている。それらがこもっておらねばそれはもはや「立方体の一側面」の知覚的思いではなくなるだろうからである。一旦言葉で述べようとすると、つまり、ことを別けて述べようとすると、このような錯雑にはまりこむ。だがこの知覚正面と、側面の知覚的思いとの錯雑した交錯融合は、時間的持続を言葉で述べようとするときの現在とそれに接続する直接的過去、未来（フッサールの Retention と Protention）の交錯融合と幾分似ていなくはない。

しかし、言葉では錯雑し混乱してみえても事がら自身は単純で透明なものである。すなわち、我々が机を見るとき見えるのはその正面だけであるがその正面は（背側内面のある）「机」の正面として見える、この単純自明なことに過ぎない。

3 知覚的思いと虚想（fancy）

想像、ということを広くとって、現在知覚されていない物や事が立ち現われることだとするならば、知覚的に思うとはまさに想像することに他ならない。だがこの想像は無責任な想像や気ままな空想ではなく真面目で素面《しらふ》の想像なのである。それは何かの意味で「正しい」あるいは「真である」ことを意図しての想像なのである。

しかし、この意図された「正しさ」(または「真」)を実証する方法があるだろうか。その方法はただその想像を現なまの知覚と直接に対決させ照合することだというのであれば、それを実行することは原理的に不可能である。現在机の背後はかくかくであろうという想像を後刻の机の知覚と対決照合させて「合う」かどうかを調べることはできる。しかしそれが「合った」としてもその想像の「正しさ」の保証にはならない。必要なのは後刻の知覚との照合ではなくして、これまた現在の知覚との照合だからである。しかし、これはできない相談である。机の背後は現在、想像されているのであって知覚されているのではないからである。ここで鏡で机の後をうつすとか、光学ファイバーやテレビ装置を使うとかしても何の足しにもならない。例えばテレビの場合であれば、なるほどその画面にうつされた机の後姿は現在知覚されることになるが、その画面の「正しさ」(「真」)を保証するにはこんどはその画面とナマの机の後姿との照合が必要となるからである。結局、現在の想像と現在の知覚とはトレードオフの関係にあって両立せず、したがって両者の対決照合は原理的に不可能なのである。

このことはしかし単に、更に一段と根の深い問題の露頭に過ぎない。その問題とはすなわち、知覚されておらぬ時点における机の背後の想像なるものがそもそも可能か、ということである。

バークリィにとってはそれは不可能であった筈である。なぜなら彼は、今知覚していない事物、例えば公園の木だとか別室の書物だとかを想像することは同時にそれらを知覚している自分をも想像することを含まねばならない、と考えるからである（『人知原理論』23節、本書202-3頁［本アンソロジーには収録せず］）。ところが今自分はそれらを知覚していない。したがって今自分がそれらを知覚していると想像することはこの現実世界とは別な世界を想像することである。それは一つの反事実的想像なのである。それは架空の別世界の想像であって我々が現に今生きているこの世の想像ではありえないのである。だからこそその「正しさ」をこの世の何かと照合して確かめる手立てがないのである。そして、今現にここにあるこの机の背後の彼岸的想像ではない現世的想像は不可能なのである。バークリィはこう結論しなければならない。

問題の核心は、現に知覚していない事物を知覚的に想像する（思う）ことの不可能性にある。この点をいま少し尖鋭に露出する事例がロックとヴィトゲンシュタインにある。暗やみの中にある斑岩（『人間悟性論』二巻八章19節）あるいはバラ（『哲学研究』514節）の色を想像できるか。ここでも問われているのは、論理的に知覚不可能なものを知覚的に想像することの可能性なのである。この問に単純明快な答はない。或る人は丸い四角を想像することはできないと言いながら、一方では何の懸念もなく$\sqrt{2}$を有理数だと想定してその想定自身の不可能性を証明する（帰謬法）。だが果して、四つの直線が四つの角を作りながらしかも或る一点から等距離にあると想像することは不可能なのだろうか。また多くの人は赤外線の色や超音波の音色を想像することは不可能だが、公園の樹木とか、眼前の机の後姿を想像することなどは何でもないと言うだろう。その人々はまた誰それはあんなことをしないでもよかったのにと気易く言うだろうが、ある事を現にした人間をそれをしなかった人間として想像することは、暗やみの中でバラは赤いと想像することと同じく何か矛盾することを想像しているのではあるまいか。ヴィトゲンシュタインが、我々は不可能なことを思うことはできない、と言うのは正しいであろう。だが困ったことに、我々は不可能とはどういうことなのかを明確に思うことができないのである。

しかし一方端的な日常の事実としてそこに見えている机の背後の色や形を安々と想像しているし、暗やみの中の家具の色形をさえ想像している。しかも彼岸的想像をしているなどとは思ってもみない。まぎれもなくこの現実世界の机や家具の想像だと確信している。もちろんバークリィ的人間は、それは誤解でありそこで想像されているのは実は現在の机の背後ではなく後刻机の後にまわった時に知覚されるであろう未来の背後なのであり、あるいは暗やみの中でぼうと光っている蛍光物質製の家具やバラであると言うに違いない。そして、そういう想像には何の問題もない、問題なのは普通の材料で作られた安家具の現在の色や形の想像なのであり、更に問題なのはこの二つの種類の想像を取り違えまぜこじゃにしているところにある、こう言うだろう。私はそれに同意する。ここには交叉点でダンゴになった車のような混雑がある。一方には日常茶飯の未来想像、予期想像がある（後程の机の後姿、電気をつけた時のバラの赤色）。これらの予期想像は現世の未来についての想像であってその「正しさ」は原理的には確かめうるものであり、バークリィ的異議の対象にはならない。だが今一方に、机の現在についての想像（現在の背後の知覚的想像）がある。これはバークリィ的見解の指摘するように別世界の想像、架空の想像でしかありえず、当然その「正しさ」は予期想像のような仕方では確かめることができない。しかしことの核心は次のところにある。すなわち、この別世界の想像、架空の想像がこの現実世界において不可欠の現実的機能を果していることである。この架空の想像こそ現実の机が現実の「机」として立ち現われるためには欠くことのできないものなのである。

こう述べてくると何か大変入りくんだことのように聞えるが、事がら自身は全くありふれた単純極まることなのである。そこに机が見えている、私はその後姿を思い浮べる、それだけのことに過ぎない。その思い浮べられた机の後姿は私が机の後側にまわって見た時の見え姿でしかありえない（バークリィ）。ところが私は今机のこちら側にいる。したがってその思い浮べられた後姿は架空の世界での後姿なのである。それにもかかわらずその後姿の想像なくしてはこの机は今現に見えているようには見えぬであろう。つまり、架空の世界の想像こそ現実世界を現実的たらしめているのである。この机はその背後の架空の想像をこめて今現にあるように立ち現われているのである。机のこの知覚的立ち現われの中にこめられている、この背後の架空の想像（知覚的思い）の独特な立ち現われ方を強調するためにそれをヒュームの使った言葉をかりて「虚想」fancy と呼ぶことにする（ヒュームはこの言葉に特別な意味を与えて使ったのではなく、ただ行きずりに「正当化されない想像」という位の日常的意味で使ったのであるが、そこに含まれている、「理性《リーズン》」的には正当化されえないが「人間本性《ヒューマンネーチユア》」に不可欠なものというヒュームの発想を取り出したいのである）。

虚想が働いている働き方を観察すれば、それが「知覚」や「思い」と同じ位に根本的な事物の立ち現われ方の様式であることがわかる。「虚想」は「思い」の一種としてその中に含まれるとも言えよう。また「知覚」は常にこの「虚想」がこもらずしては知覚ではありえない。したがって虚想は「知覚」及び「思い」と並列的に並ぶ一戸建ての立ち現われ様式とは言えない。しかしそれは他の何らかの立ち現われ様式に還元されえない、という点においては根本的様式なのである。机の現在ただ今の背面の知覚的思いはこの現実世界の思いではなく架空の虚なる思いである。だがこの虚なる思いがこの実の世界で実の働きをする。すなわち、この虚なる思いがこめられていてこそ机の知覚正面はまさにこの机の実なる知覚正面であるのである（つまり、机は机として見える）。この虚なる思いの実の働きを「虚想」と呼ぶのである。だが一方、この虚なる思いはこの実の働きとは別な、純粋に虚の働きをすることもできる。それは虚なる思いが端的単純に架空世界の思いとして働く場合である。これは空想とか仮構とか想像とかと呼ばれる場合であり誰にも熟知の働きである。それに対して「虚想」はこの現実世界の現実性そのものを支える実の働きなのである。知覚されえない背面の知覚的思いこそ、今現実に見えている机の姿を机の姿たらしめる、その意味でこの虚なる思いこそ現実をして現実たらしめているものなのである。そうする働きの中でこの虚なる思いは空想的想像とは全く異なる機能を果しているのである。一言でいえば、背面の虚なる思いは「虚想」という働きの様式において の机の背面の立ち現われ方なのである。背面のこの虚想様式での立ち現われ方は、知覚様式での立ち現われ方、空想様式でのそれ、想起様式でのそれとは別な今一つの独自独特な立ち現われ方であると同時に、例えば知覚的立ち現われの中に不可欠のものとしてこめられている立ち現われ方なのである。

それゆえ、机の背面の虚想の「正誤」を云々することができるが（一方、空想や仮構ではできない）、その正誤の調べ方（検証方法）は予測的想像が未来知覚と対決照合される式のものとは別のものである（6節）。そのことによって、虚想はバークリィの論難の矢からそれた場所に身を置いていることになる。「知覚されえぬ背面を知覚しているという思い」はたしかにバークリィの指摘したように現実の背面の思いとしては不可能な思いであり無意味な思いである。しかし「架空」の思いとしては、つまり別世界の想像としてならばバークリィももちろん文句なしに承認するはずである。この架空の虚の思いは空想として働く場合もある。しかし「虚想」にあってはそれが現実世界の中で実の働きを働いているのである。この実の働きをかりにバークリィが認めないとしても、それは先程の論難とは別の論難、異種の論難なのである。そして私がここで試みているのはただ、この「虚想」の実の働きを事実認定の問題として公認をうることなのである。われわれの毎日の見聞きの生活の中に常時働いているものとしてこの「虚想」を公認することを求めその認知を求めているのである。そして、ヒュームが理知《リーズン》によっては正当化できないがという前口上をつけた上で「想像力」の働きを人性（human nature）固有の働きとして公認するときのようなおよび腰をとる必要は毛頭ない。「虚想」は白昼堂々とわれわれの眼前に常時働いているからであり、理知の黙認や認可をいささかも必要としないからである。ロックとヴィトゲンシュタインの闇の中でも「虚想」は余りに堂々と働いているためかえって人眼につかないのである。その働きによってこそ彼等の闇は「バラの花のある闇」「斑岩を包む闇」として彼等に立ち現われるのである。この虚想の働きなくしてはわれわれは今生きているような昼と夜とを生きることはできないのである。

4 反事実的条件法

上に述べてきた虚想の働きが、反事実的条件法（もし私が鳥であったら……）や能力傾向話法（今あそこで居眠りしている男はピアノがうまい）と密接につながっている。われわれが、そこにある砂糖壺の中の砂糖をもし今なめるとすれば甘いと言うとき、机の背面や闇の中のバラの色について何か言うのと同様、今この瞬間には実現できず経験できないことを語っている。虚想を認知しない人は、この反事実的条件法を理知化しようとして、それは砂糖の現在ただ今について語っているのではなく、もしなめれば常に甘い味がするという一般経験法則を述べているのだと考えるかもしれない。だがその一般法則をその形で述べることもできるが今私が語っているときは明らかに砂糖の現在ただ今について語っているつもりであり、問題はこのつもりで語っている場合のことなのである。するとその人はこう言うかもしれない、すなわち、そのつもりで結構、その場合は「現在ただ今の砂糖は上の一般法則に従う種類のものである」と言うことなのだ、と。しかし私が上の反事実的条件法で言いたいつもりのことはそうではないと私は感じる。私が言いたいつもりのことは、この砂糖は壺の中にある現時点で「甘いのである」ということなのである（甘かろう、ではなく）。もちろん直ちに反問されるだろう。なめられない砂糖が甘いとは一体どういう意味なのか、と。

なめたときの砂糖の甘さとはどんなものかは誰でも知っている。そしてたしかに知覚的立ち現われのみに固執する限りは、それ以外の甘さの意味はない。しかし、知覚（なめる）という様式以外の立ち現われ方での「甘い」の意味があるのである。それが「虚想」された甘さなのである。私は今なめていない砂糖をなめたときの味を空想する。それは別世界についての虚なる思いである（といっても、そこで思われている甘さはあのわれわれ熟知の普段の甘さである）。この架空の虚なる思いが現実のこの壺の中の砂糖にこめられて、この壺中の砂糖が「甘い砂糖」として見えて（知覚的に立ち現われて）いるのである。ではそのように「虚想された甘さ」とはどんな味の甘さかと尋ねられても、ただそれは空想でのなめ味がこもったものとして見える甘さだとしか答えられない。それは現実になめた場合の甘さがどんな味かと問われても、ただなめたときの味だとしか答えられないのと同様なのである。そしてただ、今なめてはいないがそこにある壺の中のものが「甘い砂糖」として私に見え（立ち現われ）ているという単純平凡な事実を「虚想」として公認することを求めるだけである。私にできるのは単に、その公認をしてもらうためにこの虚想が様々な状況の中でどのように働いているかを人々に納得してもらえるような描写をすることなのである。

反事実的条件法はこの虚想の実の働きに眼をふさぎ、現実世界の現在の話を架空的未来の話に、あるいは架空の別世界の話で代置し代用しようとする、理知的余りに理知的な話法なのである。これは「すりかえ」であり、する必要のない、またすれば事を誤るすりかえなのである（もちろんしかしこの話法にはそれ固有の適法な働きが別にある）。壺の中の砂糖は事実として――反事実としてではなく――現在ただ今「甘い砂糖」として立ち現われている。虚想された甘さがこめられている砂糖として。

反事実的条件法に較べ、能力話法や傾向話法《ディスポジション》は虚想話法により身近い。今あそこで眠っている男は陸上選手だと言うとき、再び何かなめられていない砂糖が甘いと言うのに近いことが言われている。しかし、この場合を反事実的条件法にしてみると不自然さが歴然としてくる。「もし今彼をたたき起してやれば韋駄天走りができるだろう」。恐らく彼は韋駄天走りができるだろう（ただしそれ程気のいいまた寝起きのいい男だとしてであるが）。だがわれわれはそのことを言うつもりではないことは明らかであろう。われわれはただ、睡眠中でありながら彼は今もすぐれた運動能力をそなえていると言いたいのである。つまり、彼は「眠っている運動選手」として立ち現われているということを。すなわち虚想のこめられた様式で彼が立ち現われているということをである。

こういった述べ方は非難をうけるものと思う。能力や傾向の問題にまつわる困難から目を意図的にそらしてただ虚想話をするだけではないかと。その通りである。しかしただ、目をわざとそらせたのではなく、それらの困難と言われるものを、潜在—発現、能力—実現、sensibilia といった概念で置換しても一歩も進まないと思うからである。だからむしろ、傾向だとか能力だとかの立ち現われる様式、すなわち虚想の様式を端的に認知公認しその働き具合を観察することの方が大切だと思うからである。

5 他我

虚想の立ち現われ様式を公認しない限り、われわれの他人に対する態度もまた正しく理解することはできないのではないかと思われる。われわれが他人の体を人間の体として見、それに人《ひと》として仲間としての態度をとることの中に虚想が根深く働いている。

他人について私が知覚するのはただ彼の身体とその身振り振舞いであることは誰しも認めよう。彼の痛みなり悲しみなりを私が共有することは論理的に不可能である。しかし行動主義者にとってはこれは彼が他人に対してとる態度すなわち自働機械としてではなく人《ひと》としての他人に接する態度をとることのさまたげにはならない。まず例えば、或る種の状況での或る種の（他人の）振舞いのゲシュタルトをその人が悲しんでいることだと定義する。次にこの悲しみのゲシュタルトがその行動主義者に何かの反応をおこさせる。同情とか嫌悪とか、それは何であってもよい。それによって彼はその悲しみの人に対して人間的態度をとる。行動主義者にとってはこれで十分であるかもしれない。しかしわれわれの実際の態度はこの描写ではつくされていない。われわれが或る人が悲しんでいると思うとき、その彼の悲しみはわれわれ自身の経験した悲しみと多少なりとも同種同様のものであると感じている。これは生活の事実なのである。しかし行動主義者は意図的にこの事実を無視しようとする。それは少くとも彼の考えでは不可能な事実だからなのである。彼自身論理的に経験できぬことを有意味に想像することは不可能だからである。その昔バークリィにとって不可能だと思われたこと、それが今、行動主義者にとってもまた不可能に思われるのである。

一方、言語の私秘性(熊谷直男氏の語)を拒否しその公共性を信じる哲学者は別の見方をとる。彼は例えば「悲しむ」という言葉は他人から習って憶えたものだと考える。彼の教師が悲しそうな振舞いをするとき「あなたは悲しい」と言えと教えられる。一方彼自身が悲しんでいると教師が判断したとき「私は悲しい」と言えと教えられる。故に、とこの哲学者は言う、自分の悲しみと他人である教師の悲しみとは同種のものである、と。「悲しみ」の語をまず他人に適用できないでは自分自身に有意味に適用できないのである、と。自分と他人とに共通にその語を使うことによってこの語の意味が習得されるからである。

しかし、「痛み」という語が自分にも他人にも同じ意味をもつ、つまり、自分が痛いのも他人が痛いのも同じ痛みであるとはどういう意味であろうか。私は自分の腹痛や歯の痛みがどんなものかよく知っているが、他人の痛みは私が金輪際経験できぬものではないか。なるほど、「痛み」という語を他人にもどう使うかは親や教師が教えてくれたしそのおかげで他の人々と話がうまく通じ合う、更に、この公共教育が、私が自分と他人との痛みは同種のものだと思いこんでいることの原因でさえあろう。しかし、そのことはこの思いこみが一体どんな思いこみなのか、それをいくらかでも明らかにしてくれるものではない。上の行動主義者にとってはこの思いこみこそ全く無意味な思いこみなのである。

ここでまた、これまで繰返し遭遇してきた問題（机の背面、闇の中のバラ、壺の中の砂糖、眠り選手）が眼前に立ちはだかっているのに気付くだろう。すなわち、直接に体験し直接に知覚することが論理的に遮断されていることを一体どうやって「知覚的に思う」こと「体験的に思う」ことができるのか、という問題である。そして答は再び同じである。われわれは「虚想」の様式でそれらを思うのである。

私が或る人が悲しんでいると思うとき、普通私は彼のおかれた状況に自分自身があることを想像する。時には、彼の性格人格を私自身に人格移入することを想像する。もちろんしかしこれは行動主義者に言わせれば、そのとき想像されたものは単なる「今一人の私」alter egoであり、その悲しみは「私の空想的悲しみ」の想像であって、「彼の現実の悲しみ」ではない。

その通り、この想像の働き方に眼を閉ざす限りは、この想像は架空の別世界での別な私についての想像であり、この現実世界での別人についての想像ではない。それは、机の背面、壺の砂糖の味、闇中のバラの色、等々の想像が架空の別世界の想像だと言われたのと同じである。しかし、これら架空世界の想像は空想として働くことができると同時に、実の働きを働いて現実世界の事がらを独特な様式で立ち現わせしめるのである。これが「虚想」の様式なのである。虚想においては、狙いは「私の架空の悲しみ」に向けられてはいない。狙われ志向されているのは「彼の現実の悲しみ」なのである。私の架空の悲しみの想像はこの狙い（志向）を導く「挿し絵」の役を果しているともいえよう。玉突きのクッションの役、将に対する射られる馬の役、天体望遠鏡の狙いの光行差補正の役、ともいえよう（しかしこれらはすべて言葉に窮しての比喩にすぎない。「やぶにらみ」の比喩である）。要するに、実を狙うに虚をもってする、これが虚想であり、虚想の実の働きなのである。こう言葉で述べると抽象的にひびくが、われわれは朝起きて夜眠るまで（いや夢の中までも）この虚想にひたって生きているのである。虚想抜きでは家具は家具でなく、食べ物は食べ物でなく、花は花でなく、人は人ではないのである。背面や側面の虚想の立ち現われがこもらずしては机の知覚正面が机の正面ではないのと同様、人の心（悲喜、気分、意図、知覚等）の虚想がこもらずしては他人の身体は「人《ひと》の身《み》」ではないのである（しかし、人の心がその身に空間的にこもるのではない点が机の場合と違う。

そのこもり方についてはここでは述べない）。

6　虚想の変更訂正

事物や事の独特な立ち現われ様式に「虚想」という名を与えたが、この語に伴う気まま勝手さは虚想にはない。それはわれわれの思いのままの空想とは反対に、知覚と同様われわれに直接に与えられるものなのである。思いのままに知覚できないのと全く同様、思いのままに虚想することはできない。従って、知覚そのものに正誤真偽を云々できないのと同様、虚想にも正誤は云々できない。しかしまた、知覚相互の間または知覚と何かそれ以外のことがら（例えば物理学的事態）の間に合致背馳の意味での正誤が言えるように、虚想にも或るコンテクストの中での正誤は云々できる。

私は人さまの悲しみが私の経験してきた自身の悲しみと実際に同種のものかどうかを直接に確かめる仕方は全然ない、このことは余りにも明白である。しかし、もしその悲しむ人が或る点では悲しみにふさわしい振舞いをするが他の点ではそれと異和的な振舞いをし始めるとするならば、その人に対する私の「悲しむ人」としての虚想はぐらつき始めるだろう。そして異和的な振舞いが度を過ごせば、彼が私と同種な悲しみで悲しんでいるという虚想を私は捨てるに至るだろう。その人の奇異な振舞いが更に頻繁になり顕著になれば彼を「正常人」とみる虚想を私は捨てるだろうし、最悪の場合は彼を「人」とする虚想を撤回するだろう。こういう仕方で虚想は訂正を受けるのである。虚想のこの訂正のされ方が行動主義者の「ゲシュタルト」が訂正を受ける仕方と全く平行的であることに留意すべきである。

　机の背面の虚想もまた同様に、もしその机が正常な机にふさわしくなく見えだしたならば訂正を受けよう。例えば舞台の書き割の机の、あるいは幻の机の、虚想に変更されるだろう。だがしかし、一体なぜ虚想は訂正をうけ、全体どうして虚想は変更をこうむるのか、このことを理解するには虚想の働きをその働く現場で一層広い視野から眺める必要がある。

　これまで虚想という立ち現われ様式の公認をいわば請願するために、他の立ち現われ様式からそれを弁別することに強調を置いてきた。しかし、虚想という立ち現われ様式は決して他の様式から独立分離して働くことはないのである。すでに述べたように、机の背面の虚想は机の知覚的立ち現われの中に「こめられて」あらわれ、人の悲しみの虚想はその人の姿に、バラの花色の虚想は暗黒の闇に「塗りこめられて」あらわれるのである。だがそれにとどまらない。虚想の働きを働く机の背面の架空の想像は、架空ならざるこの世の未来想像や過去想像と「接続」してでなければありえないのである。「現時点t_0における机の背面」の架空想像は、「過去（$t<t_0$）と未来（$t>t_0$）における机」の想起想像と予期想像とに接続されなければそれこそありえぬ想像なのである（ただし、このtは数学的点時刻ではなく、大ざっぱな持続であり、大ざっぱでなければならぬ。――次節参照）。だがこれは虚想特有のことではなく立ち現われ一般のもつ基本的性格なのである。したがってこの性格を一般的に観察する方がかえって見透しをよくするので次節でそれを試みる。

そこでの観察を先取りして、虚想にもまたその一般的性格があることを承認するならば、虚想が訂正変更をうける事情が了解できるであろう。それは単純である。想起想像や予期想像と接続され一体となってはじめて可能な虚想は、前二者に変更訂正が生ずれば当然変更訂正されるのである。それはメロディの一部が変われば、メロディ全体の相貌が変わる、すなわちメロディの他の部分の相貌も変わるのと同様なのである（こういう変化の仕方を私は「共変（変化）」と呼びたい）。こうして例えば机の数分後の知覚的立ち現われが予期とはずれたとき、悲しみに沈む人が数秒後涙を流すと思ったのがクスクス笑いを洩らしたとき、机の背面の虚想、悲しみの虚想はその当てはずれの知覚的立ち現われと共変的に変化するのである。

7　時の地平（歴史の地平）の中の虚想

前節で少時延期した、立ち現われ一般のもつ特有な時間的性格の観察をしてみよう。

まず準備的に観察したいのは、持続の幅がゼロの点的瞬間における「状態」なるものは、それがいかなることの状態であれ存在しない、ということである。点的瞬間における痛みを想像してみる。今までなんともなかった足が一瞬激痛におそわれ（ただし持続ゼロ）ふたたび直ちに消失する。そんな痛みはたとえあったにせよ痛くもかゆくもない、ピリッともしないはずであり、従ってそれは痛みではなく、それゆえそのような痛みなぞはありえない。同じように眼前の白壁が一瞬だけ赤く染まってまたもとのように白くなる。そのような「赤」はありえない（ゆえにそのような「白」もありえないのである）。幾何学的な点や線に色を考えええないと同様、点的瞬間における「着色状態」も考ええないのである。羊かんの切り口には羊かんの一片もないように、如何に短命な素粒子といえども時間的切り口に「存在」することはできない。存在するためには如何に短期であろうと持続が必要なのである。ゼノンの矢はだから、各瞬間に、動いているのでもなければ空中に停止して浮んでいるのでもない。なぜなら、動くにせよ止まるにせよ、動きあるいは止まるべき矢そのものが「存在」しないからである。

それゆえ、物理学者が或る物理系の時間的経過をその瞬間状態（tの関数）の連続的接続として表現しているのは実はSFであると言わねばならない（しかしこのSF表現がどうして現実的機能を果しているのかは大変興味ある問題だがここでは述べる余裕がない）。われわれはその誤りをまねて、机や人間（身体的、心的状態ともに）を瞬間的存在や瞬間的状態の連続的接続と考えてはならない。

では、瞬間的状態や存在がいけなければ、好むだけ短い持続での状態や存在を考えればいいではないか、それで事はさして変るわけではあるまい、こう思いたくなるであろう。そして机や人間の時間的変化はこの短持続での状態の連鎖としてよいだろう、と。しかしこの考えにもまた甚だ危険な誤りがひそんでいる。というのは、この考えの底には、その机や人間の短持続の状態をその連鎖から切り離して、つまりその前と後と無関係に、理解できる、という考えがひそんでいるからである。換言すると、その前後から切り取られた短持続の机なり人間の状態を提示されれば、それがどんな状態であるかを立ち所にみてとれる、という考えがそこにある。ここには、常に一つの全体を互いに独立な要素部分に分解し再びそれを組立てて全体を復元するという科学的要素主義の影が濃い。あるいは、机を見るときその感性的材料を、悟性的、概念的統握から分離できると考えた哲学的分離主義の影がうつっている。

もちろん、ビフテキからその一片を切り離し、バナナを一口かみ取ることに何の問題もない。しかしこのとき誰かが、その一片はその「外部」、その「周囲」、を取り去られたのだからもはや「外部」も「周囲」も持たない、全く周囲から隔絶した一片になっている、こう言うとすればその言い分の奇妙さはまぎれもない。およそ外部のない空間的事物はありえないからである。しかし、机の時間的一片をその前後から切り離して把握しうると考えるのはそれと同じことなのである。その時間的一片を特定の前後から切り離せば、それは前後を一切持たない一片の持続となると考えることだからである。だがそのような前後なしの持続の断片などはありえない。特定の前後から切り離すとは、他の特定の前後で置換すること以外にはありえない。

持続の断片を分離して把えていると思いこんでいる人は、実は、非常に特殊な前後をもった断片を考えているのである。すなわち、何物も（あるいは少くともその当の机が）存在しない空《から》の前後にはさまれた断片を考えているのである。しかし、そのような空虚な前後にとり変えられた断片はもとの断片と同じものではなくなってしまう。或るメロディの一節がその前後のメロディ抜きで弾かれるとき、その一節の音響的また音楽的相貌はもとの相貌と全く違ったものになる。それと同様、われわれは部屋の中に突然机が出現し暫時の滞在の後にまた突然消失してしまう、このような短命な机（？）を考えることはできるが、それはデパートで買える普通の机とは全然違った相貌をもつであろう（クレオパトラの鼻が切り取られて宇宙空間のまっただ中で遊泳している情景を想像してみて戴きたい）。

かくて、空間的断片も時間的断片もその知覚的立ち現われの相貌はただその周囲と前後の中にあってのみ「かくかく」でありうるのである。まずそれらは自存自前の「かくかく」の相貌をもち、ついでその周囲や前後のあり方の「影響」とか「対比」とかによって変様をうけて別の「かくかく」の相貌になるのではない。そのような、もともとからの「かくかく」などがないのである。仏者の言葉をかりるならば、「自性」がないのであり「空」なのである。1と2、4と5、……から切り離された「3」などは何ものでもありえないのである。同様に「1」も「2」も「4」も他の数から分断されては何ものでもありえない。それらが特定の数名詞で名指されうるのはただ自然数「全体」の中においてのみなのであり、特定の数が特定の「かくかく」なる数でありうるのはただ他の特定の数の全体に「縁《よ》って」のみなのである。

したがって、全体は部分の和でない、などと言うのは正しくない。全体に先立つ部分などがもともとないからであり、一方、全体は空間的、時間的領域に分割することは何でもないからである。机はその台と四つの脚に空間的に分割されるし、机の領域はこの五つの領域の幾何学的、物理的な和なのである。ただその台なり脚なりの相貌はただ「机の台」「机の脚」としての相貌なのであり、もしその一脚を切断してころがせば「切断されてそこにころがっている木片」の相貌となるのである。そして、それは切断前の「部分」とは異なる「部分」となる。周囲と絶縁された脚の相貌などはありえないのである（だが一方、電子とか幾何学の特定の三角形などは他に「縁《よ》」らぬ強固な「自性」があるようにみえるのはそれらが非相貌的〔非知覚的〕言語である「点位置」言語によって「思考」されているからである。——本書第2章〔「科学の罠」、本アンソロジー所収〕）。

時間的断片についても同様であり、時間的真空の中に孤立した断片などは何ものでもありえない。食事の経過の五秒間の断片は、その前後の中にあって始めて「食事中」なのである。では何事かの事件を述べるのには無限の過去からの「前」と未来永劫の「後」について述べなければならぬことになりはしないか。そうではない。それは述べるまでもなくすでに無限の「前」と永劫の「後」との中にあるからである（涯のない四次元宇宙の中に。――本書第8章「「宇宙風景の「もの‐ごと」」、本アンソロジーには収録せず」）。そしてどれ程の長さの「前後」について言及するかは、その当の事件について何をどう語りたいかという目的に依存する。このことは歴史家が熟知するところであろう。そしてその言及の長短有無にかかわりなく、歴史の一断片はその前後に貫通されてはじめて「かくかく」の一断片たりうるのである。それと同様、私に今知覚的に立ち現われている机は、「机‐史」の現在断片としてしか立ち現われえない。そして今耳を傾けているのは、「メロディ‐史」の一断片に耳を傾けているのである。再びそれと同様、机の現在の背面の虚想は「机の背面史」の現在断片としてのみ立ち現われうるのである。人の悲しみの虚想は「悲しむ人の歴史」の現在断片としてのみ立ち現われうるのである。つまり、現在断片の虚想はすべてまた、私によって「思われて」いるその前史後史に、その来し方行く末に、貫かれていてはじめて「かくかく」の虚想として立ち現われうるのである。だからこそ、その「思われた」歴史が現実と食い違えば、その歴史が訂正変更され、それがすなわち虚想の訂正変更ともなるのである（共変）。虚想がこうして現実世界とのかかわりで訂正変更をうけるものであること、そのことがとりもなおさず虚想の投錨場所がこの世にあって架空の世界ではないことなのである。虚想はしっかりこの現実世界に錨をおろしている。それは実の虚想なのである。

しかしこのような訂正をうけない、そしてたえずわれわれを脅かしている虚想がある。その脅かす相貌をよりおだやかな相貌に変更しようと人がむなしくこころみる虚想、「死」の虚想である。「我が死」の虚想である。しかしこの死の虚想こそわれわれが各々の生を今生きているように生きさせている虚想に他ならない。丁度、机の背面の虚想が机の正面を机の正面としているように。

附記　この章は英文の拙論 "Beyond Hume's 'Fancy'", *Revue Internationale de Philosophie*, 107–108, 1974, を日本文にしたものであるが、特に後半においては表現に大幅な変更を加えた。

IV

第Ⅳ部には大森荘蔵晩年の三部作『時間と自我』（一九九二年）、『時間と存在』（一九九四年）および『時は流れず』（一九九六年）から五篇の論考を選び、加えて生前に活字となった最後のエッセイ「自分と出会う」を収録した。いずれも考え抜かれた珠玉の作品である。

三部作に通底するテーマは時間論、他我問題、脳と意識などであり、これらは大森が前期から一貫して追究し続けてきた問題群にほかならない。その意味で大森の哲学的問題意識の連続性には驚くべきものがあり、それを一篇の長編小説と呼んでもよいほどである。

「過去の制作」は病気療養後の復帰第一作である。そこで大森は、想起を過去の知覚のコピー（写し）とする考えを退け、想起されるのは過去そのもの、すなわち「過去存在（存在した）とは想起されることである」という「想起過去説」を提起する。しかも、想起されるのは過去の知覚風景ではなく過去命題だという「過去の言語的制作（ポイエーシス）」の議論によってそれを補強する。すなわち、過去とは「過去物語り」なのである。

他我認識の問題は、大森にとって喉に突き刺さった棘のようなアポリアであった。その棘を抜くために、大森は前期の「振舞いのパターン説」に始まり、「比喩説」、「虚想説」、「アニミズム論」など手を替え品を替えてはこの難問に挑戦し続けてきた。今回の論文「ホーリズムと他我問題」で大森が導入した手品の種は、クワインが提起した「ホーリズム（全体論）」という概念装置である。手がかりになったのは、「全盲の達ちゃん」という幼稚園児が晴眼の園児たちと難なく意思疎通を行っているという報告であった。そこから大森は、直接的な体験的意味理解が困難な他我命題も、電子や力のような「理論的概念（構成概念）」と同様に、ホーリスティックな文脈的意味理解ならば可能であると結論する。

現在では意識や心に関する問題はすべて脳科学が解明してくれそうな勢いだが、脳の働きによって意識が生まれるとする「脳産教理」は大森にとって年来の仇敵であった。この教理を否定する立場を彼は「無脳論」と名づけ、脳と意識は無関係であるとし、脳と視覚風景との関係を心脳因果ではなく「重ね描き」として捉え直すことを試みる。

「自分と出会う」は新聞に掲載された小論ながら、「最後の大森哲学」とでも呼ぶべき境位を示している。人は喜怒哀楽の感情を「心の中」にしまい込むが、事態は逆で「世界は感情的なのであり、天地有情なのである」と主張される。ここに至って、「独我論を徹底すると純粋な実在論と一致する」というウィトゲンシュタインのテーゼは、大森哲学の中に甦り、その円環を完結させるのである。

（野家啓一）

過去の制作

［『時間と自我』、一九九二年／初出：一九八五年］

一　生活の中の時間

一本の線を引く、その真中どころに点を一つ打ってこれを現在とする。そしてその右は未来、左は過去。この無造作な区分割りが物理学者の習慣であり、常人としてわれわれもこの習慣にそまってしまっている。しかし、このお粗末な作図が現在、過去、未来、という時間の基本的様態についておよそ何も教えないということは一目瞭然である。この時間座標 t 軸の線はただ時刻の前後の配列順序を表示するだけのものである。その時間的順序はわれわれの経験の中にビルトインされている。そのことをカントは時間は直観の形式、という形で表現した。見たり触れたりする知覚の風景の基底には「持続する物体」の概念がある。そしてそれと並んで「出来事（過程）」の概念がある。ドアのノブを握ってドアをあけ部屋に入って挨拶する、こうした一連の出来事を一まとめにして一つの出来事とする「まとめ方」が出来事の概念であり、それは、様々な視点からの机の姿を一つの持続的な物としての机の様々な見え姿として一まとめにする「まとめ方」（カントの総合的統一）に対応するものである。この出来事の中には始めから、始まり、終り、「その次に」という時間順序が組みこまれている。その順序を整理すれば「より以前」、「より以後」という双生児的な時刻比較概念に還元できる。ここから例えば「同時」は「より以前でもなくより以後でもない」として導出できるだろう。この時間順序は「経験の中」の出来事内の順序であるが、それはまた出来事同士の間の順序、さらに経験同士の間の順序にも拡大される。こうしてすべての経験がこの順序に並べられ、その各々の経験の中で出来事が並べられ、さらにその出来事の中で小さな出来事が並べられる。こうして経験が並べ連ねられた経験の帯はそれを一段細かにみれば出来事の連なった出来事の帯である。この出来事の帯でもあり経験の帯でもあるもののページづけが、物理学者の時間変数tなのである。この時間変数tは単に時間順序を時刻づけで表示するだけではなく「時間の長さ」をも適切に表示している。しかし、何をもって今現在とするのか、過去とは一体何を意味しているのか、このような問いに対してはtは全く馬耳東風であって何も答えない。現在と過去、それは経験の間の順序ではなくて経験それ自身の質にかかわるからである。今現在の経験や出来事、それは時間順序に関する限り何の特異性も持たず、他の経験や出来事と区別されるものを持たない。だからt線上にあっては「任意の一点」として表示されるだけである。過去もまた時間順序にかかわる限りは「今より以前」という簡単明瞭な言葉で事務的に定義されて、それでおしまい、である。

したがって、今現在について何かを知ろうとしてt線上の任意の一点をいくら凝視しても無駄である。いや有害でさえあるだろう。その一点が今現在を持続ゼロの点時刻であるように思わせがちだからである。一点である今現在を追えば、今、今、今、の渦に巻きこまれて目くらみすることになる。今現在の探索には時間軸tも原子時計も有害無益である。今現在とは物理学の概念ではなくて日常生活の概念であり、さらに、物理学がそれを精密化するということもないからである。今現在をピコ秒単位まで測るというような無意味な作業を物理学がするわけがない。

日常生活の中での今現在とは、息つく間もないあわただしい概念ではない。一瞬、というようにその間に目をまたたいたり鳥が飛び立つ程度の余裕がある。こののびやかな今現在が生活の中の今現在であり、それは慣習的な今現在として日常語法の中に表現されている。それゆえこの日常の今現在にたどりつくにはその日常語法を糸口にして逆にたどってゆくのが自然であろう。

過去についても今現在の場合と同様、t軸線の左右方向によっては何一つ告げ知らせられない。過去は単に今現在より以前だという時間順序によってのみ過去であるのではない。ある出来事が過去だというのはその出来事の経験が過去だということであり、その経験が過去だというのは過去として想起されることではあるまいか。それによってその経験はt軸上で現在より（例えば）右といった位置を与えられるのであってその逆ではない。

しかし、過去についてはパラドックスじみたことがつきまとう。過去の経験とは過ぎ去った経験、消え去った経験であり、今はもはや存在しない経験である。この非存在の経験について何事かを語る、例えばそれが過去の経験であることを語るのは不条理かまたは無意味ではあるまいか。しかし、もし今は既に存在しない過去の何かについて語ることが不条理ならば、およそ過去形文はすべてまた不条理になりはしないだろうか。この不安な問いが過去であることの核心に導いてくれる。過去の経験であることを告げ、また過去形をもつ文に意味を与えるのは想起なのである。知覚の体験が「……である」「……をする」という現在形の意味を与えるように、想起の体験が「……であった」「……した」という過去形の意味を与える。「火が燃える」とはどういうことなのか、私はそれを見ること触れることつまり知覚する経験から知っている。だが「火が燃えた」とはどういうことなのか、私はただそれを想起することからのみ教えられる。想起の体験がなければ私は「火が燃えた」ことの意味を終生知らないだろう。過去形の意味は現在形の意味をどう変形しどう外挿しようとも理解できない。ただ現在形に対応する知覚経験を想起する、その中でのみ理解できるのである。

二　今現在

「今」とはある一つの時刻を指示する時刻名なのであろうか。今何時何分です。今月が出たところです。さあ今だ。こういう言い方をみれば、今とは時刻名だと考えるのはむしろ当然だろう。しかし、もし時刻名だとしたならば一体今という時刻はいかなる時刻を指すのか。今は二時一五分三〇秒であって三一秒でも二九秒でもない、とはっきり断言できるだろうか。もし断言できるのならば何がその断言を支え断言の根拠になっているのか。また「今」は点時刻であって持続の幅はないのだろうか。だがもし幅があるのならばその幅は約何秒ほどなのか。その幅を測定するとすればどうすればよいのか。

物理学がその測定法を教えてくれるのだろうか。そのようにはみえない。しかしもともと物理学の中に「今」という時刻が使われているだろうか。物理学にあるのは単に連続無限な時間変数tだけではないのか。そのtの一つの値として0《ゼロ》がある。その0が時に今に当てられるが、0が「今」を意味するのではない。0は時刻の測り始め、時刻原点であって、今であることもあれば過去の時刻であることもありうる。要するに、物理学は「今」の意味を与ええないのである。「過去」「未来」の意味を与ええないようにまた「現在」の意味も与ええないのである。過去・現在・未来、そして「今」の意味が与えられているのは日常生活の中においてである。ではその日常生活の中で「今」はどのような意味で使われているだろうか。

だが日常生活の中での「今」の用法を眺めると、多くの場合に時刻名として使われていることは確かである。しかし、注意してみるならばいま一つの用法群にも気づくであろう。それは「最中」の意味での用法である。「今食事中」「今仕事の最中」「今取りこみ中」「今風呂に入っている」「今入院中」、等々。

この「今……中」「今……の最中」というときの「今」は必ずしも時刻名ではないと思われる。「今……中」ということは「何時何分に……している」ということを知らせようとしているのではなく、まさに今……の最中であることを言っているのである。時刻入りの実況報告を意図しているのではなく「……のまっ最中である」ことを意味している。「今」は分離独立した時間副詞として働いているのではなくて、「今……中」というかかり結びで働いているのである。何の最中かといえばまず入浴、食事、歩行、読書、といった何らかの行動であるが、見ている、聞いている、痛んでいる、といった知覚体験の場合もある。この場合には「今見ているところ」のような「今……しているところ」という形をとるのが普通である。

いうまでもなく、行動とは生きている中での行動であり、知覚もまた生きている中での一つの状態である。したがって、何かの行動なり知覚なりの最中ということは、結局生きている最中ということに他ならない。生きているさなかにふと立ちどまってその生を確認する言葉、それが「今……最中」なのである。そしてこの今最中を自分でない他者に適用するときは、その他者の生の実況放送となる。

ここで、確認される自己の生、放送される他者の生も、共に時間的流れであることは言うをまたない。その時間的流れである生の確認や放送である「今最中」もまた当然その時間的流れに沿って配列し順序づけられる。「今最中」の系列は時間経過の系列に重なるのである。それぞれの「今最中」が時間系列の上に位置づけられるので、そのためそれぞれの「今現在」という時刻であるかの如くにみえることになる。そして、生のさなかを意味した「今最中」が「今現在」という時刻名であるかの如くにみえてくる。「今現在」は「今最中」という原義から派生した一つの転義なのである。

この「今現在」の氏素性が「今」という擬似時刻名に帰せられる時間的性格の多くを説明する。例えば、

(1) いかなる時も「今」である（常住の今）。

自分であれ他者であれ人は常住生きている。したがって常住生のさなかにある。当然あらゆる時点において何かの行動なり知覚なりの「今最中」であるはずである。「今最中」でない時点があればそれは連綿たる生がそこで欠けていること、そこに死が侵入していることを意味するからである。連綿とした生に重なる「今最中」もまた連綿たる「今最中」であり、その「今

最中」の転義である「今現在」もまた連綿たる今現在である。それゆえ、いかなる時も今現在であり、今は常住の今なのである。

(2) 今現在は常に流れる（今の流れ）。

このことに長い説明はいらないだろう。生きるとは一つの経過であり、その経過を確認する「今最中」は当然流れゆく系列である他はない。しかし、この「流れる今」とは実は無意味な妄想である可能性が強い（前章［「時間の変造」、本アンソロジーには収録せず］）。

(3) 今現在は正確な一時刻でもないし、一定の幅をもった時間（時刻間の間）でもない（ふわふわの今）。

「今最中」の行動や知覚が持続を持たない点時刻ではありえぬこと、またその最中である経験が何であるかに無関係な一定幅の時間帯でもありえぬことは明らかであろう。持続ゼロの経験など考えられないし、経験はそれぞれ長短様々な持続を持つからである。さらにまた、その有限な持続を持つ経験の始めと終りが数学的区間のように点時刻で区切られるということもない。もともと点時刻という概念は日常経験には存在しないのである。

そのような点時刻の概念は物理学の実数連続時間tの中にあってはじめて意味を与えられる。そしてこの実数連続時間tは日常経験の時間をより精密化することによって生じるものではない。「精密化」ということが意味を持つためにはまず「精密化しうる」時間として実数連続時間tが必要なのであって、その逆ではないからである。

かくて点時刻とはこの物理時間tにおいての概念であって日常時間のものではない。日常時間での今現在は当然点時刻ではありえない。日常生活の今現在は「今最中」の経験の持続であり、その持続の単位を強いていうとすれば「一《ひと》しきり」であろう。そしてこの一しきりの今最中の両端もまた点時刻ではないゆえにその開始終了を秒単位で測ることは意味をなさない。今現在、あるいは今現在の始まりを追い求めて、今、いや今だ、今！　と追跡してもそれは自分の頭の影を踏もうとするのと同様キリキリまいをするだけだろう。そして動かずに静かに立っておれば自分の影はいつも安んじて足下にあるように、人はいつも何かの今最中であり今現在にあるのである。

このゆるやかな一しきりの今現在に対して一つの「今最中」の経験が対応するのに対して、物理時間tの点時刻には瞬間的状態が対応する。物理学の中ではそのような瞬間的状態は至る所にある。一時刻における位置、温度、圧力、電磁場その他である。このような瞬間的状態を考える、ということがとりも直さず点時刻を考えることなのである。したがって日常生活には点時刻の概念がないということはすなわち日常経験では瞬間的状態なるものを考えることはできないということである。例えば、瞬間的激痛という経験を想像できようか。平静な状態から突然激痛が走る。その激痛は一瞬の点時刻であり持続を持たない。そしてその痛みはそれで終り平静に戻る。このような点時刻の激痛状態というものは想像不可能である。それと同様に視覚経験として、ずっと白く見えていた壁が一瞬赤くなって一瞬の間もおかず直ちに再び白に戻るということも想像不可能である。つまり持続のない点時刻的状態というものは日常経験の中では想像上でもありえないのである。このことからゼノンのパラドックスの一つである「飛ぶ矢のパラドックス」に対する答弁がえられる。ゼノンに従えば、飛んでいる矢は各時刻においては静止状態にあるゆえ運動するはずはない、ということである。しかし右に述べたように、各点時刻においての矢の瞬間的運動状態というものは、それが飛翔状態であれ静止状態であれ想像不可能である。それゆえここでゼノンは少なくとも日常経験の中では想像不可能な事態を語っている。そして想像不可能なことは理解不可能であり、理解不可能なことを述べることは無意味なことを述べることである。この常識に従うならばゼノンの飛ぶ矢のパラドックスはパラドックスである以前に無意味な言説なのであり、無意味な言説を聞く必要はないとしてこれを拒むことができる。こうしてゼノンの矢のパラドックスは少なくとも日常経験の中ではその効力を失うのである。

さらに、飛ぶ矢よりは遥かに根本的でこれまで納得のゆく解決が提出されたことのない今一つのゼノンのパラドックス、アキレスと亀のパラドックスもまた「瞬間的状態」の概念の上に立っていることは疑いない。アキレスが先行する亀を追いそれに追いつくとしたならば、その一刻前の亀のいた位置を通過しなければならないが、その位置にアキレスが在る時刻には亀は数歩前方にある。その亀の位置に達するにはまたその一刻前の亀の位置を通過せねばならぬ。このパラドックスの説話にはアキレスと亀の運動における点時刻的瞬間状態の概念が繰り返したたみかけて使われている。だがこの指摘だけでは飛ぶ矢の場合と違ってアキレスと亀のパラドックスに対する反駁にはならない。しかし少なくともこのパラドックスのアキレス腱がどこにあるかを指示するだけのことはできたものと思う。

こうしてとにかく、瞬間的状態の概念を同伴する点時刻の概念は物理時間tのものであって日常時間の中にはない。点時刻や実数連続時間は幅のない線や拡がりのない点のような幾何学概念と同様に日常経験のものではないし、また日常経験から精密化や抽象化によって構成されたものでもない。それらは日常時間が知覚と動作の中で体験されるのに対して、幾何学の概念と同様に「考えられ」「思考された」時間なのである。

しかし日常時間と物理時間とが独立に併存するわけではない。この二種類の時間は、前後関係——より以前、より以後、そして同時——によってリニアな順序を作るという基本的構造を共通に持つことによって、日常時間の上に物理時間を「重ね描《えが》く」ことができるのである。つまり、日常経験の時間的順序と物理時間tのそれとが同型であるために、日常経験をtの上に配列しても矛盾や食い違いが起こらない。実際に、時、分、秒で区画された実数tで測られる時計を測時道具に採用することがこの日常時間と物理時間の「重ね描き」に他ならない。ここで重要なのは計測が実数tの上でなされるということであって、その時計が太陽や水を使うか振子やテンプを使うかは二次的問題なのである。だからゼノンは具象的な時計を持たない環境の中で点時刻のパラドックスを思いつくことができたのである。

だが逆に日常時間に物理時間が重ね描かれたがために、またわれわれのようにその重ね描きの中での生活に習熟しているがために、パラドックスには至らぬまでもあれこれの混乱が起きることは避けられない。

例えば、今現在は鋭い針先のような点時刻である、あるいはそれが持続を持つとしてもその始めと終りは点時刻であると考えるのは、日常時間の今現在を物理時間の一時刻と取り違えたのである。さらに、このように今現在をt軸上の一点とし、次にその現在点との前後関係のみによって過去と未来とが定まるように思いこむ、このベルクソンの言葉を使えば時間の空間化というべき考え方も、同じ取り違えに起因すると思われる。また、今現在をt軸上の一点だとみなしてその点がそのt軸上を動くことをもって「時が流れる」ことであると考えがちなのも、今現在を物理時間上の点時刻だとする取り違えから生じた誤解である。

さらにまた、この同じ取り違えからt軸上の今現在を起点とする半直線を「過去」であるとする安易な考えに陥る恐れがある。物理時間に今現在という概念がないのと同様にまた過去という概念もないのである。天文学や地質学、それに進化論などが過去という概念を使うのは、それを日常時間から輸入し拡大したからである。

三　過去

過去という概念は日常時間のものであることは確かだとしても、その過去という言葉の意味をどこに探ったらいいのだろうか。それは過去という概念が全裸で露出して現われる場面であろう。そしてその場面とはいうまでもなく想起の体験であろう。想起の体験においてこそ人は過去に最も直接にかかわるからである。過去を想起する、というよりはむしろ、想起される経験が過去経験なのである、という意味で想起は「過去」の定義的体験なのである。

想起体験を検討する最初の端緒は一つの根強い誤解を除去することにある。その誤解というのは、想起とは過去経験の再現または再生であるというものである。例えば今、去年の夏の旅行を想い出しているとしよう。このとき昨年の旅行の経験が今甦っているのだ、今再びその経験を思い返して味わっているのだ、人はこう思いがちである。しかしこれこそ想起体験についての根本的な誤解であると私には思われる。それは成心なしにそのような想起体験を想起してみればすぐ気づくことである。昨年の旅行で見た海の青さが今眼に見えていようか。汽笛の音が耳に響いていようか。運悪く起きた歯の痛みが今また奥歯に起きていようか。そんなことは全くないだろう。もちろん、海の色や汽笛や歯の痛みのことはよく憶えており、今それらをまざまざと想い出している。しかし、まざまざと想い出すということはそれらを再び知覚するということではないのである。想起とは過去の知覚を繰り返すことではない。再現すること、再生することではない。たとえ薄められ弱められた形であるにせよ、想起は弱毒化された知覚ではないのである（ヒュームは誤ってそう考えていた）。想起とは知覚と全く別種の経験の様式なのである。日ぼしにされ貯蔵されたスルメ様の知覚ではなく、喉元にこみあげてくる知覚のおくびでもない。想起とは知覚の想起であって知覚の再生ではない。海の青さを眼前に知覚することもできるが、それを灰色の都会の真中で想起することもできる。つまり、想起とは海の青さにかかわる今一つの経験の仕方として知覚と並ぶのである。一般的に言えば、一つの経験にかかわる様式には二つあって、その一つが知覚と行動の様式、今一つが想起なのである。あるいは、二つの経験の様式があるといってもよいであろう。いうまでもなく、知覚と行動の様式は前節で述べた「今最中」の経験として今現在の経験である。それに対して想起の様式での経験は「過去」の経験なのである。そしてこの過去の経験として想起される経験は「かつて」の知覚・行動の現在経験に他ならない。この意味では「かつての現在経験」が再び経験されるのが過去経験だといえる。ただそれがかつての知覚・行動経験の再度の繰り返しだとするのが右に述べた誤解なのである。

こうして過去経験の「過去性」、その経験が「過去のものであること」は、それが「想起経験である」ことの中にある。しかし「過去」の意味には「現在より以前である」という時間順序の比較が含まれているはずであり、したがって「現在以前」という比較が「想起」の中に含まれていなければならないはずであるが、果してそうであろうか。想起されるということこそその経験の過去性の意味である、とする今述べた見解にとっては、では「現在以前」ということが想起体験に内在しているか、というこの問いは試金石として決定的《クルーシャル》な問いである。

それに肯定的に答えることができると私には思われる。そのための参照として知覚体験、そして特に視覚体験についての一つの観察から始めたい。何が見えていようと見えている物は必ず「離れて見える」という事実に注意したい。何かが距離ゼロの所に見える、ということは決してない。どんな場合にでも見えている物の手前には前景空間がある、つまり、現に何かの前景が事実見えているかあるいは何かの前景が見える余地がある、ということである。これを「離隔《りかく》の事実」と呼んでおく。視覚体験におけるこの空間的な離隔の事実に対応して、想起体験には時間的な離隔の事実がある、これが私の指摘したいことなのである。想起された経験、例えば先刻の昼食と、それを想起している現在只今との間には必ず何ほどかの時間的間隔があって、それがゼロということはありもしないし想像することもできない。想起された経験の時間的手前には必ず何かの時間的前景となる経験があるか、ありうる、これが想起における離隔の事実である。この離隔がゼロだということは時間間隔がゼロだということであり、それは想起された経験とそれを想起している想起体験そのものが同時だということであり、例えば食事の知覚・運動を経験しつつしかもそれが想起である、という不可解なことになる（「既知体験（déjà vu 体験）」という有名な体験がある）。つまり、離隔の事実に反した想起というものは考ええないのであり、それほど離隔の事実は想起経験に本来的にそなわっているのである。

この離隔の事実によって想起される経験は必然的にその想起体験自身よりは「以前」のものである。そして「想起される」経験であるという意味で「過去」である経験はまた必然的に想起経験自身よりも「以前」であるという意味での「過去」でもある。換言すれば「過去」とは「想起される」ことであるという見解はまた「現在より以前」という意味での比較「過去性」をそなえているのである。そしてこのことは「想起される」ことをもって「過去」とするこの見解の妥当性を強めるものだということができよう。さらに「想起過去説」とでも呼べるこの見解は、前節で述べた「知覚（行動現在）説」とでも呼べる見解と平行し、両者相まって、時間の様相（過去・現在・未来）は直接体験の中に求めるべきであって、物理的時間tの上での相対的時間順序で安易に片づけてしまうべきではないという考えを指向するものである。tの上に一点を定めて「現在」だとし、それより右（または左）をその現在に対して「より以前（またはより以後）」だとして、それが「過去」の意味であるとする常識は本末転倒である。なぜならば、「現在性」「過去性」という時間様相が最初であり、この様相が「より以前」「より以後」という相対的時間順序の関係の中に入るのであって、時間順序によって時間様相が定義されるのではないからである。

このように、想起過去説は想起過去はまた現在以前、という意味での過去でもある、という重要な関係を内含《インプライ》するが、さらに今一つの重要な事実をも内含している。すなわち、想起される過去にあっては想起の誤りということがありえないということ、いわば想起無謬論を内含しているのである。だが、過去はかくかくであったということの中に一切誤謬というものがありえない、というのはいかにも納得しにくいことであり常識に真向から衝突することである。それでこのことを説明するために一つの迂路をとろう。つまり、この一見途方もない想起無謬論が夢見の経験においては比較的たやすく納得されることを示し、それを足掛かりにして覚醒時想起の場合にも夢の場合と同様に成り立つことを見ようというのである。

例えば、私が昨夜の夢を想起し、その中で高いビルから鳥のように飛び降りたと想起する。このとき、いやそれは間違いだ、飛び降りなどではなくただ墜落したというのが本当だと言ってみよう。しかし以上で述べた想起過去説を前提とする限りは、「墜落した」ということは「墜落したと想起する」ということに他ならない。ところが私は飛び降りたと想起しているのだから墜落したと想起することはありえない。したがって「墜落した」ということもありえない。それゆえ誤っているのはこの夢想起批判の方であって夢想起の方ではない。だから夢はまさに想起される通りの夢でしかありえず、その想起が誤るということはありえない。この夢の場合の想起無謬論は一見無理な屁理屈のように見えるだろうが、常識を離れて夢見のことを考えれば見かけよりはずっと素直な観察であることが解ると思う。夢はみたがそのことを憶えていない（想起できない）、ということは日常日本語では意味をなさない（恐らく他の言語でも同様であろう）。同様に、夢をみたのを想い出すが実は夢をみなかった、というのは、青い空が見えているが実は見えていないのだ、というのと同じで意味不明の言葉である。

　夢を想い出すとは、一度みた夢を今一度ハイスピードで見直すことではない。それは一般に想起とは知覚の再生や再現でないのと同様に夢のビデオではないのである。むしろ事は逆で、夢を想い出すというそのことの中に「夢をみた」という過去形の夢見の意味がすべて含まれているのである。夢を想い出す、ということ、その想起体験こそ実は過去形の「夢をみた」という経験に他ならない。「……が見える」という視覚体験が「……が見える」経験であるのと平行に、夢の想起体験が「夢をみた」という経験なのである。一旦まず夢をみる、そして後刻それを想い出す、というのではなく、夢を想い出すこと、それが夢をみた、ということなのである。私たちは「夢をみる」という現在形の体験を持つことはない、ただ、夢の想起という形で「夢をみた」という体験があるだけなのである。多くの人は、いや自分には現在形の夢見の経験が多々あるというに違いない。しかしその経験の一事例でも思い浮かべてみるならば、たちどころにそれは夢見ではなくして夢をみたという経験、これは夢だと呟いたことの経験であることに気づくだろう。

こうして夢見の経験とはただ「夢をみた」という過去形の経験としてあり、しかもそれはその夢の想起経験としてのみ経験される。このことから夢の想起には誤謬がありえないという不可謬性が生じる。なぜならばここでは誤謬ということの意味がありえないからである。もし夢の想起が夢の再生であるならば、その再生が正しいとか誤りだとかということがある。原型の夢と照合して正誤ということがありうる。しかし夢の想起とは実はそのような再生などではないのだから、ここには正誤を判定すべき原型がないのである。原型がないところに、原型と違うという意味での誤謬は当然ありえない。実際、Sという夢をみたと想起する、しかし実際にみた夢はSではなかった、こういう事態を想像できる人がいようか（ここでSは過去形で述べられた一つの夢物語を表わす）。それは、今四本足の白い犬が見えているが実は三本足の黒犬が見えているのだ、というような事態を想像するのと同様に不可能事である。ありえない事態を想像することはできない、という意味で不可能なのである。

以上夢について述べたことは覚醒時の経験についてもまた同様にあてはまるのではないかと思われる。

まず、想起とは過去の知覚・行動経験が知覚的に再生されたり再現したりすることではない。このことは度々繰り返したところである。事実、痛みの想起は幸いに少しも痛くはないし美味の想起は残念ながら何の味もしない。また、泳ぎや角力の想起に際して手足の動きの知覚は一切ない。想起は知覚・行動の再生経験ではなくして過去形の知覚・行動の経験なのである。痛かった、おいしかった経験、海で泳いだ、浜辺で角力をとった経験なのである。

ここで、過去形の経験、という言い方が危険であることはよく承知している。通常の言い方考え方に従うならば、過去の経験を想起する、というべきであろう。しかし、考えてみよう。半年前に海で泳ぐ、それは「泳ぐ経験」を半年前に持ったということであり、その意味でその「泳ぐ経験」は過去の経験である。そしてその過去の経験を今想起する。だがこの今想起されている過去の経験とはすなわち「泳いだ経験」ではないか。つまり、過去形の経験ではないか。すなわち少なくとも想起体験にあっては、過去の経験と過去形の経験とは同義同一のものなのである（だから日常言語でも例えば「私は……した経験がある」というような両者の混交が自然に生じるのである）。しかし私はここで後者の過去形の経験という言い方を強調したい。それによって、現在形の経験との同格的並列性が鮮やかになって、想起が現在形経験の再生であるという抜き難い先入主をいくらかでも弱めうるからである。

一方このことによってまた意味論的事態が明瞭になる。というのは、過去形の意味についての事態である。動詞の過去形が意味する過去性とでもいうべきものをどう理解すべきかという困惑がある。「犬が走る」情景は易々想像できるが、「犬が走った」情景を想像したり、絵に描くことはできないだろう。そんな知覚はないからである。それに対して、現在性の意味が知覚・行動経験の中に埋めこまれているように、過去性の意味は想起体験で想起される過去形の経験の中にすべて埋めこまれている、と答えられる。「犬が走った」ことは絵に描けないが、想起の中でその中の意味を十分理解している。簡単にいえば、想起される過去形経験が持っている「すんでしまった」「終了した」という性格の中に過去形の意味を求めることができるだろう（いうまでもなくこの「終了した」という性格が現在経験の「今……最中」（二節）に対応する）。そして前に示したように、この過去性の意味の中に「今より以前」という比較時刻的過去性の意味もまた内蔵されているのであり、したがって過去性の意味をこの比較時刻的過去性から探求しようとするのは道の順逆を取り違えた試みなのである。

さて、想起された過去形の経験についての真理性についても夢の場合と同様にすべては「想起された通り」といえるだろうか。私はいえると考える。なぜならば、真偽判定の基準となるべきものは想起以外にはない、という事情は夢の場合も変わりないからである。夢を含めて過去形の経験のすべては「想起される」ということの中に与えられている。それは知覚風景のすべてが知覚・行動経験の中に与えられているのと同様である。知覚・行動風景の場合例えば、

「今机が見えているが、音が聞こえているが誤りかもしれない」「今歩いているけれど本当は歩いていないのかもしれない」などということは意味をなさない。机が見え音が聞こえていないのにもかかわらず机が見え音が聞こえる、というような事態はありうべからざることだからである。

しかし、昨日海で泳いだと想起するが実はそれは誤りでプールで泳いだのだ、ということはありふれた記憶違いで十分にありうることである。それがむしろ常識であろう。だがこの常識こそ誤っているのではないかと私には思われる。というのはこの常識での「実はプールで泳いだ」という過去形の経験は右に述べたように想起経験の中でのみ意味を持ちうるものである。ということは、「実はプールで泳いだ」ということは「プールで泳いだと想起する」ということを前提にしてはじめて意味を持ちうるので、その前提がなければ無意味なチンプンカンプンなのである。ところが今仮定している状況では「海で泳いだ」と想起しているのだから、それと異なる想起はしていない。ましてやそれと相反する「プールで泳いだ」などという想起はしていない。つまり、「プールで泳いだ」ということを有意味にする「プールで泳いだ」という想起という前提は、この状況ではありえないのである。したがって、「実はプールで泳いだ」などということを有意味に想起することはできない。だからそのような想起は易々としてできるとする常識、記憶違いはありふれたものだという常識の方が誤っているのである。念のためこの議論を簡潔に要約すると次のようになる。

(イ) 自分の知覚・行動経験の想起とはその知覚・行動を過去形にした経験に他ならない(過去形経験のテーゼと呼んでおく)。

(ロ) だとすると、一つの想起の内容と矛盾する内容を想定することはその矛盾内容の想起を想定することを前提とする。

(ハ) だがもともとの想起があるという状況設定の下ではそのような前提は不可能である。

(ニ) 以上のことから、想起内容が誤っている、という想定は不可能である(想起無謬論)。

こうして自分自身の知覚と行動の今現在の経験において知覚違いや行動の取り違え(例えば、今歩いていると思っているが実はそうではない)がありえないことに平行して過去(形)経験においても想起無謬がいえるのである。簡単にまとめていえば、自分自身の経験である限りにおいては現在形過去形を問わず、経験されるがままであって誤りはありえないということなのである。

しかし、何といおうとも記憶違いは誰しものありふれた経験ではないか。しかしそのありふれた記憶違いの状況を反省してみれば、右に述べてきたように、想起内容Aに対して「実際にはB(≠A)であった」という想定がなされているのに気づくだろう。そしてそのとき上述の過去形経験のテーゼが無視されてそのBの想定が想起と無関係独立になされているのに気づくだろう。知覚の場合にもわれわれはともすれば知覚とは全く独立な世界を想定し、それによって知覚された風景の正誤を判定するという考えに引きずられるが、想起の場合にも想起と全く独立な過去経験という実は無意味なものを想定し、今度はその過去経験に照して想起の正誤を判定するという考えに誘われてしまうのである。この誘惑に抗するには何よりも上述の過去形経験のテーゼに立ち戻って想起の誤りの想定を反復検査してみることが必要である。

しかし一方たしかにもっと簡素な記憶違いのケースがある。海で泳いだと想起していたが実はそうではなかったと自分で気づく場合がある。それは想起と他の何かとの食違いではなく想起相互の間の食違いの場合である。一度目の想起が二度目三度目の想起と食違って訂正をうける場合である。この意味での記憶違いなら確かにありふれている。この場合は想起以外の種々な証拠——メモ等の物的痕跡、他人の証言、等——によって正誤の判定が総合的になされる。上述の想起無謬論はこういう場合の記憶違いをも否定するものではなく、ただ想起正誤の基礎となるような想起と独立な過去経験というものを否認するのである。したがってそれは過去形経験のテーゼの裏表現ともいうべきものである。このことはさらに「言語的制作《ポイエーシス》としての過去と夢」の章〔本書には収録せず〕で検討する。

以上でまず夢の場合から出発して覚醒時の場合に進んだが、ここで夢の場合に戻ってみよう。夢の場合には過去形経験のテーゼが一番透明に見えるだろう。夢の中で「崖から落ちた」ということはそのように想起すること以外の何ものでもない。崖から落ちる夢見の経験がまずあって目醒めてからその経験を再現したり繰り返したりすることではない。その夢を想起するまではその夢はまだなかったのであり、その夢の想起によって夢見があったことになるのである。崖から落ちたという過去形の夢経験のすべてはその想起の中にある。言いすぎを恐れず敢えて言えば、夢をみる、という現在形経験は存在せず、あるのは夢をみたという過去経験であり、夢の想起こそその過去形経験、夢をみた、崖から落ちたという過去形経験に他ならない。つまり、夢の想起こそ夢をみた、夢の中でかくかくであった、という過去形の事態を経験することなのである。夢は床の中でみるものではなく醒めてのちにみたものなのである。だからこそ夢の場合には想起が無謬であることは当然のことである。想起の外での夢見ということは不可能だからである。夢の中で崖から落ちたと想起する。それが夢で崖から落ちたということなのだからそれ以外にはありえない。つべこべいうな、これでおしまい、ということなのである。覚醒時過去形経験もまたこの点では夢の場合と同じなのである。ただここでは想起から独立な過去経験という不当な想定の誘惑をあくまで拒否する必要がある。

四　過去と言語

想起とは過去の知覚・行動経験が残留して後に再生、再現するものではない、このことは度々繰り返したところである。過去の経験は今既に過ぎ去り消え失せて跡形もない。遺失物や遺留品が残るとしてもそれはその経験の小道具や傷跡のようなものにすぎない。過ぎ去った経験を今再び甦らせようとするならばそれを今また繰り返す他はあるまい。しかし想起が知覚・行動経験の時はずれの再演でなどはないことは確かである。想起は想起であって知覚まがいや擬似知覚ではない。海の色の青さを知覚する、だがそれが青かったことを知覚できるわけはない。鳥が飛んでいる、犬が吠えているのを見たり聞いたりするが、鳥が飛んだ、犬が吠えたのを見たり聞いたりはできはしない。それら過去形を経験するのが想起であって、それは知覚とは全く別種の経験なのである。しかしそれにもかかわらず想起には知覚に匹敵するだけの識別力がそなわっている。想起された色調や音色や味に頼って眼前に並べられた色や音や味のサンプルから同一のものを選ぶことができる。画家ならば過去に見た絵を想起から画くことができ、音楽家ならば過去に聞いた曲をピアノで弾くことができることもあるだろう。しかし想起の大部分は感覚的であるよりは言語的なのである。想起された御馳走の味は口の中や舌の上に余韻のように残っているのではなく「とてもおいしかった」と想い出されるし、「ひどく痛かった」経験の想起には何の痛みもないし痛みの影も残っていない。想起は概して文章的であり物語的なのである。

　これらの想起された文章や物語は想起された経験の描写や叙述ではない。その文章や物語、それが想起された当のものなのであって、想起された経験の言語的表現ではないのである。その点で想起は記録や報告にではなく詩作に似ている。歌や俳句を作るとは、まず何か詩想とでもいうべき言語以前のものがあってその詩想の言語的表現を探索するのではなくて、歌や句の言葉自体を作ることだろう。それと同様、何か言語以前の過去経験を想起し、ついでその想起されている経験の言語表現をするというのではなくて、過去形の文章または物語それ自身が想起される当のものなのである。ある場合には想起とはそのような文章や物語の制作であり、その点でさらに作歌や発句に似ているといえる。想起することが一つの努力を要する作業であるのもそのゆえである。かりに言語以前の過去経験があるとしてもそれは形を持たない模糊とした不定形《アモルファス》な経験である。それは確定され確認された形を持たない未発の経験でしかあるまい。それが確定された形を備えた過去形の経験になるためには言葉に成ることが必要なのである。そして言葉に成り過去形の経験に成ること、それが想起なのである。逆にいえば、想起される、言語的に想起される、ということによって過去形の経験が成るのであり制作されるのである。経験が制作される、というのはいかにも奇妙に響くだろう。確かに、知覚や行動の経験が制作されるなどということはナンセンスである。しかし、過去形の経験は想起されることがなければ全くの「無」なのである。その無は忘却の空白として誰にも親しいものである。その空白から想い出そうと様々な言葉を探し、選び、試みる。ああではなかった、こうでもなかった、と何度かしくじった後で遂に一つの文章や物語が想い出される。こうして過去形の言葉が作り上げられること、それが過去形の経験が制作されることなのであり、それが「過去を想い出す」といわれることなのである。この制作過程の中である言葉を諾としたり拒否したりするのは、その言葉を言語以前の過去経験と照合して適否を判定することではない。つまり、言語表現としての適切さの問題ではないのである。そうではなくして真誤の判定なのである。私はその言葉通り過去形の経験をしたか否か、そう問われながら過去形が制作されてゆく、それが過去経験が言葉に成ってゆく過程であり、過去形の経験が想起されてゆく過程なのである。そしてその過程は同時に過去形の経験が言葉によって確認され確定されてゆく過程、つまり言葉に成る過程、かくて過去形の経験が制作され形成されてゆく過程なのである。ある知覚・行動の経験、例えば海水浴の経験は今最中の経験であり、そこには太陽や海や五体の動きはあるが、多くは言葉はない。海水浴は作歌ではないからである。この海水浴を想起するとは、この知覚・行動経験が今一度繰り返されたりその薄められた模造経験をすることではない。海水浴をしたという過去形の経験をすることである。太陽や海や日焼けはそこにはない。それらは過ぎ去り消え去っている。だが、太陽は輝いていた、高波が泡を立て、寄せていた、クロールで泳いだ、という過去形の言葉で物語られる。知覚・行動経験であった海水浴は今最中の知覚と行動として再現するのではなくて、かくかくの知覚であり行動であったとして想起される。そしてそれがその海水浴が「過去の経験」であるということのすべてであって、単にその海水浴が時間軸上を移動したということが「過去である」ことではない。t軸上の位置は単に経験の以前以後の順序配列を表示しただけのものであって、今最中の現在や過去形の意味に何ら触れるところがない。

存在とは知覚なりと極言したバークリィならばここで過去とは想起なりと言うだろう。またそう言わないではすまないのではあるまいか。

ホーリズムと他我問題

［『時間と自我』／初出：一九八八年］

一　クワインのホーリズム

今さら言うまでもないが、クワインのいわゆるホーリズムというテーゼは、一見極めて技術的で局部的な論点を支点として全局的展望に変動が起きるという、論理実証主義や分析哲学を包括する二〇世紀経験論以前の時代には全く前例のない哲学的事件であった。周知のように、その技術的論点とは、カントに始まる、分析—綜合（analytic-synthetic）の区別についてであった。カントが無造作に考えた、分析判断と綜合判断との区別が、近代論理学（記号論理学）の背景の下で尚かつ維持できるか。維持できない、つまり、分析命題と綜合命題（大ざっぱには、論理的命題と経験的命題）を区別できる説得的議論はない、というのがクワインの有名な“Two Dogmas of Empiricism”という論文の主旨であった。クワインのこの論文が世間でいわれるほどに説得的であるかどうかについては私は若干の疑念を持っている。私のみならず、同じ結論をクワインに先行して提出したMorton White（プリンストン高等研究所）との談話で彼もまたクワインの論点に全面的同意を与えているわけではないという印象を得ている。しかしそれはともかく、クワインはこの分析―綜合の区別がないことから、分析命題とて無謬の真理性を持つものではなく、経験命題と一体になって経験との適合不適合をためされるものであるという分析―綜合命題の同位的一体性を強調した。これがときには鳴り物入りで喧伝されたホーリズムである。

ここで私は古い議論をむし返して分析―綜合の区分について述べるつもりはない。それは遠からずクワインの遺産の整理が行なわれて見通しのいい形で問題の組み替えが提出されるのを待てばいい、と思うからである。

しかし、クワインのホーリズムを一つの教訓として受けとめて、それをクワインが明示的には関心を示したことのない一つの問題に適用してみる、ということをしてみたい。その問題とは「他我問題」である。

クワインのホーリズム、つまり言語の全体性とか一体性を導きの糸にして他我問題に接近してみたい。それはクワインの興味を惹くことには全くならないだろうが、それでもクワインに対する一つの寄与だと言えば言えないこともないだろう。

二　他我問題

他我問題というとき人によって様々なことが意味されるので私がここで意味する他我問題を明示することから始めよう。

デカルトがコギトと総称した体験は誰にとっても疑問の余地なく明瞭であると信じる。つまり、考える、疑う、感じる、計算する、愛する、等々、心の働きとでもいうべき体験である。これらの心の働きを言う動詞を「コギト動詞」と呼びたい。上にあげたものの他にも、見る、聞く、等の知覚動詞もそれに属することを忘れてはならない。さて、これらコギト動詞が一人称の「私」につく命題の意味は誰にとっても明瞭である。自分のコギト経験が明瞭でないなどとは私には考えられない。しかし、問題が起こるのは、二人称や三人称（一括して「他人称」と呼ぶ）にコギト動詞がついた場合の意味である。他人の一人称的なコギト経験はその他人のものであって私には全く絶縁されている。他人は私ではない、という単純で、だから根本的な理由からである。この、私と他人のコギトの間の絶縁を破る超電導はどんな低温でも存在しない。だから、他人称にコギト動詞がついた命題が一体何を意味するのか私には全く手掛かりがない。したがって、そのような命題、例えば「他人が見ている」とか「他人が苦しんでいる」といった命題は私にとって全くの意味不明である。

それなのに私はそういう命題を日常茶飯として使っているし、それで用がたりている。

では一体私はそれらの命題にどんな意味を与えて使っているのだろうか。

ここで明らかなように、他我問題とは何よりもまず「意味の問題」であって、時々誤解されるように「彼に意識がある、というのは本当だろうか？」といった「真偽の問題」ではない。他の場合と同様、真偽の問題は意味が与えられて後にはじめて起こり得る問題であって、意味に対しては二次的派生的問題であるにすぎない。今では誰もまともに相手にしなくなった古典的な「類推説」はこの点を見落としたことが致命傷となった。類推説とは、私の意識状態、例えば歯の痛みとそれに伴なう痛みの表出である身体的振舞、そして私に観察可能な他人の痛みの振舞、この三項から未知の第四項である他人の痛みが比例式を解くように解として類推できる、というものである。しかし、その第四項の意味が皆目不明であるならば、この比例算術自身がナンセンスになってすべてが一場の夢と消える。

そこでこの比例式の解法を推論としないで定義とする、というのが哲学的行動主義《ビヘイビアリズム》である。すなわち、他人の歯の痛みを類推するのではなく、他人の痛みを振舞によって定義する、と考えるのである。他人が歯が痛む様々な振舞をする。頰を押さえる、歯が痛い！とわめく、エトセトラ。「その他人は歯が痛い」という問題の命題の意味はそれら痛がる振舞の集合に他ならない、つまり、他人称のコギト命題の意味として振舞の集合を与えるのである。この行動主義の利点は明らかだろう。第一、意味を定義で与えるのだから意味不明ではなくなる。第二に、その意味は他人の振舞集合なのだから私に観察可能である。だから私と他人とを隔てる絶縁を超越とか超電導で飛び越える必要はない。しかし難点もまた明白である。第一に、一人称のコギト命題の意味はプライベートなコギト体験によって与えられるのに対して、他人称のそれは公共的な振舞集合によって与えられるという点で、一人称と他人称の間に公然たる非対称性が生じる。それは私と他人の間にある根元的な違いのためだから当然だと逆手にとるとしても、第二の難点は、そのような他人称コギト命題の意味が、現実の日常生活の中でわれわれがとっている意味であるとは率直に信じ難いという点である。現実には、一人称と他人称のコギト命題の意味の間には非対称性よりもむしろ強い類似性があるとわれわれは感じているのではないか。私の歯痛と他人の歯痛とは原理的に比較不可能であるとしても、その間に何か類似性があると感じているのが事実ではないか。他人の歯痛だって痛みであることに変わりなく、それが振舞でしかないというのは天を恐れぬすりかえではないか。もしそうであれば行動主義の意味論は窮余のとんぼ返りででっちあげられた机上の空論ということになる。

このような、出口をふさがれて詰む直前という状況から脱出する手を探すとすれば、それは王将の近傍だけに眼が釘付けされているのを止めて一息入れ、盤面全局を見渡してみることではあるまいか。他人称のコギト命題というものだけに親のかたきのように視力を集中するのを止め、少し体をゆるめて視線を揺らして全局をスキャンしてみるのである。するとクワインのホーリズムというものが岡目八目の有効な助け舟になる。クワイン自身は他我問題とかかわりを持つなどとは夢にも思わなかったに違いないが、人助け、特に他人愛につながる人助けになることならば拒むはずはないし、拒む権利もない。

三　全盲の達ちゃん

他我問題のホーリズム的状況を尖鋭に示す現実的事態をとりあげる。行動主義理論の最終的難点がその非現実性にある容疑が濃厚であることを考えれば、現実の状況から出発するのが最善だろうし自然でもあろうと思う。

ここに、若くして癌で亡くなった幼稚園の先生が残した記録がある。* 生後五ヶ月で全盲になった達ちゃんという園児の面倒をかかりきりに世話した記録である。全盲の子供は盲学校に入れるという常識に反して普通の子供たちの幼稚園に入れられた達ちゃんの困難は誰にも想像できよう。達ちゃんがかけっこをするときにはこの美しい先生は鈴をつけて一緒に走る。そして達ちゃんは健常な子供と一緒になってサッカーの試合にでたのである。しかし、ヘレン・ケラー物語が目的ではない。ここで大事なのは、全盲の達ちゃんと他の健常児との間に完全な言語的交信があった、という点である。達ちゃんにもその友達にもお互いの会話には何不自由がなかった。もちろん、一人称であれ他人称であれ、達ちゃんの使うコギト命題の意味は完全に了解され、友達が使うコギト命題を達ちゃんは完全に理解した。なかんずく、達ちゃんは「ほかの子は目が見えるけど僕は見えない」、その友達は「達ちゃんは目が見えないけど僕は見える」、という言葉の意味を完全に理解したのである。達ちゃんは「物が見える」ということがどんな体験か全く知らないはずなのに「友達は皆、目が見える」ということの意味を形成してそれを理解したのである。その友達も「目が見えない」ことが何かどんな観念も持たずして「達ちゃんは目が見えない」ということの意味を理解した。ここで注意しておくが、見えないことを暗黒のことだと誤解しがちだが、暗黒は「黒々と見える風景」であって、見えないとは例えば自分の背後が見えない場合の「見えない」なのである。その風景は黒でもなく透明でもなく、見えない風景、つまり風景ではないのである。ここで達ちゃんとその友達は他我問題の難所である自他の絶縁をいとも軽々と飛び越えている。それゆえ、彼等のその飛び方を検討してそれを再編成できたならば、われわれは他我問題の跳躍法を手に入れたことになるだろう。その再編成とは達ちゃんたちをまねて飛ぶことに他ならず、その際クワインのホーリズムが有効な指針を与えてくれるだろう。

＊　渡辺由利編著『全盲達ちゃんと和光』和光学園教育実践シリーズ、一九八六年、星林社。

さて達ちゃんにとって「目が見える」という命題の意味を体験として臆測することは全く不可能である。しかしこの命題は孤立して単独の意味を持つのではなく、無数の他の命題と意味連関がある。目で見る無数の風景を描写する命題はこの命題を前提としているし、この前提連関は他の五官の場合の前提関係と平行している。また、目で見える風景の中での様々な行動に関する命題、例えば「こちらにくる」、「右手で押す」等々の命題と連関している。これらの命題の大部分は盲目の達ちゃんにも体験的な意味了解が可能である。そして更にこれら諸命題と当の「目が見える」という命題の意味連関を友達との共同生活の中で試行錯誤を繰り返しつつ学習することも達ちゃんには可能であろう。おそらく達ちゃんは体験的に了解可能な諸命題をベースにし、それらと当の命題との意味連関を了解することから、やがて「目が見える」という命題の意味を文脈的に了解するに至る。しかしこの命題の意味を体験的に了解できないことはもちろんである。この達ちゃんの意味了解のシナリオはさして無理でもなければ不自然でもないだろう。私はこのシナリオを達ちゃんの場合にとどまらず他我命題一般の意味了解の基本型シナリオであるとしたいのである。

このシナリオの特徴の第一は、他人称コギト命題の意味了解をその命題単独で孤立させないで一群の了解可能な命題集合をベースにとっていることであり、このいわば集団的了解がクワインの意味でのホーリズムであることである。特徴の第二は、それら一群の既知の命題集合をベースにして、当の命題を体験的にではなく文脈的に了解する、という点である。これは既にお気づきの通り、「電子」とか「力」といった理論的概念の定義に際してB・ラッセルが「文脈的定義」と呼んだ公理論的定義を意味了解に移植したものである。これを簡単に言えば、他人称コギト命題をあたかも理論的概念を含む物理学の理論的命題のようにみなして理解する、ということである。この場合、一目で見てとれるように、物理学の観測命題にあたるのが体験的に了解可能な諸命題であり、観測命題と理論的命題の意味関係に他ならない理論展開にあたるのが他人称コギト命題とベース命題との間の意味連関である。この殆ど自明な配当によって、このシナリオはクワインのホーリズムと一段と強い絆をむすぶことになる。というのは、クワインは言語と経験世界との対応または照合において、世界と直接に接触する経験命題の層が表面にあり、言語内部の理論的命題や論理的命題はその表面層に包まれた言語の全体の中で歪みや亀裂を起こしうるが、それら自身は直接に経験と対応するものではない、と考えた（前記“Two Dogmas”）。他人称コギト命題もまた直接的に体験できる意味を持ってはいないが、それら体験的命題群との意味連関のネットワーク構造を通じて直接的体験に接触する。もしその意味が不適切または誤っておれば、それと意味連関する表層の諸命題に何かの歪みや変位が生じて経験との接触面で異常が生じるだろう。つまり、言葉にさし違いやゆき違いが起きて問題が生じることになる。達ちゃんはその友達との交信に困難を感じることになる。

他人称コギト命題のように直接の体験的意味理解が困難な命題も、経験と直接接触する諸命題との意味連関の中で理解することはできる、これが文脈的意味理解なのであって、その理解された意味を「文脈的意味」*と呼ぶことにしよう。

＊　最近のアメリカ哲学者たちが"conceptual role"と言っているのもこの「文脈的意味」に近いと思われる。

この他人称コギト命題はクワインにおいての論理的命題と同様に、経験との直接的接触面よりも深い深度に位置して、その接触面からの波及的意味を積分的に受けることになる。その積分的に合成された意味が体験的ならぬ文脈的意味なのである。そのような命題をその特性が深度にあることから「深層命題」と呼び、それにならって「深層概念」という名も使用しよう。

四　深層概念のあれこれ

深層命題であるという点からみれば他人称コギト命題以外にも種々なものがある。既に述べたように、科学の理論的命題が典型的な深層命題であり、まさにそうであるからこそ、その経験的意味について長い論究をうけてきたのである。

しかし、科学の理論的命題に近接する命題や概念でありながら、何かの理由や偶然から純粋にそれであるとは認定されないままに、その経験的意味についての疑念だけは同様に持たれたものが若干ある。これらに対して前述してきた他人称コギト命題の意味了解のシナリオが有効であることを示すことで、元々の他我問題に対するこのシナリオの信用を高めたいと思う。始めに、いわゆる「個別的事件の確率」という概念をとりあげる。個別的事件、例えば明日の雨降り確率が七〇パーセントということと六〇パーセントという確率との何れが正しいかを決着させる明日の気象的状況は考ええない。降っても晴れても小降りでも何の関係もない。「明日の降水確率がaパーセント」ということに対応する経験的事態はないのである。つまり、明日の降雨確率といった概念には経験的意味がないように思われる。しかし、前節のシナリオの型を追って、経験的意味が明確な「頻度」命題の集合をとり、それら頻度命題と個別的確率命題との間の意味連関、例えば「xなる気象の翌日の雨の頻度は七〇パーセント」という意味明確な頻度命題と「今日の気象はx」という経験命題から「明日の雨確率は七〇パーセント」なる個別確率命題を演繹するという意味連関を通して後者の深層命題の文脈的意味を了解する、このシナリオは気象台の職員の実践と一致すると共にケインズ、フォン・ミーゼス以来の個別確率の困難を克服できたものと思われる。このことは、量子力学の確率概念にも新しい解釈を与えることになる。それはポパーの提案の「propensity」などよりずっと有望であろう。今一つの事例は、知覚的に理解するには小さすぎるミクロンやミリミクロンの長さとかナノセカンドのような短時間、逆に大きすぎる千光年といった長距離や地質学的長時である。それらを知覚的に意味了解することはできないし了解してもいない。しかしそれらの意味了解は前述のシナリオに従ってなされている、と考えるのが一番自然ではあるまいか。すなわち、まず数センチとか数秒といった長さや持続を知覚的に了解する、次にそういった知覚的な距離や時間と微小距離や微少時間との間の意味連関を了解する。その意味連関の主要部は加減や比例の算術的関係である。そしてこの知覚的ベースの了解と意味連関の了解とから非知覚的な微小距離や微少時間の文脈的意味を理解するに至るのである。これはかつての論理実証主義者が科学的理論概念に何とか経験的意味を付与しようと踏み迷って乱したマウンドを更めて均らしたもので、論理実証主義の辛辣な批判者であったクワインの路線の自然な継承であると言えよう。したがって、論理実証主義者からその経験的有意味性の欠如を疑われて時には略式裁判で形而上学的概念だときめつけられたあれこれ無実の概念にも、このシナリオを適用することが公明正大な司法というものだろう。

犠牲者の一人は周知のようにフロイト心理学である。彼の「無意識」に属する「イド」や「超自我」や「リビドー」といった諸概念は元々経験的意味を欠くものとして意図されている。その点を形而上学的空虚として論難する代りに、これまで述べてきた「深層概念」として理解してみてはどうだろうか。これまでのシナリオ通り、まずベースになる経験的意味を持つ概念の集合を了解する。それにはヒステリーに始まる一群のフロイト的ジャーゴンがある。それらはそれぞれ超自我その他の深層概念と意味連関を持っており、この意味連関をフロイトの著作から集めてくるのは困難ではあるまい。こうして例の通り問題の深層概念の文脈的意味を理解する、という仕事は私のものではなく精神分析家のものである。

ここで深層概念のあれこれに拡散しかけた焦点を今一度他我問題の上に戻そう。

五　他我命題の意味形成

問題は他人称コギト命題、例えば「彼は歯が痛い」が深層命題であって、それに対応する一人称コギト命題「私は歯が痛い」のような体験的意味を持ちえない所にある。私は彼と別人である限り彼の体験を体験的に想像したり理解したりすることは論理的に不可能である。そこでこの深層命題を既に体験的に理解可能な諸命題との意味連関を通して理解しよう、これがホーリズムのシナリオである。他の命題との意味連関を通して深層命題の意味を理解する、ということは結局、その意味連関を理解するということに他ならない。つまり、他の命題群との意味連関を理解するということとそのことが当の命題の意味を理解することなのである。その命題に固有の意味が独立してあるのではなくて、他の命題との意味関係のネットワークの中でその命題が占める位置がその命題の意味に他ならない。こうしてクワインの当初の意図を超えていわば意味のホーリズムを考えるのが私のシナリオである。ここで問題の深層命題との意味連関が考えられる命題群を「命題ベース」と呼びたい。それらを経験との接触のベースとしてその上に張りめぐらせた意味連関の網構造が深層命題の意味だと考えるからである。

命題ベースとしてはまず一人称コギト命題を採る。この体験的な意味を持つ一人称コギト命題と問題の他人称コギト命題との間には言うまでもない自明の類似性または類比性がある。この類比性が問題の他人称命題とその命題ベースである一人称コギト命題との間の意味連関に他ならない。われわれはこの類似性という意味連関を苦もなく理解しており、それによって他人称コギト命題の意味形成の骨格としている。こう考えることによって、他我問題の伝統的第一歩であった類似説の意図を新しい概念装置の中に吸収することになる。次に吸収を試みるのは行動主義的アプローチである。彼は歯が痛い、ということの意味は彼が様々な歯痛関連の振舞をするということである。この行動主義的意味論に応じるために命題ベースとして歯痛関連の振舞を叙する命題群を採るのは至極自然であろう。そういう命題の一つ、例えば「彼は頬をおさえて呻く」という命題と「彼は歯が痛い」という他人称コギト命題との意味連関は明らかに内含関係（implication）である。更に、私自身が歯が痛いとき誰か他人が私に「君は歯が痛いんだね」と言うとき、私は立ち所にその二人称コギト命題を一人称コギト命題と同意味にとる。そして今度は私が他人にこの二人称コギト命題を発言するとき、その他人は私と同様にそれを（彼にとっての）一人称コギト命題と同意味にとるであろうと推量する。これもまた意味連関の一つである。

こうした意味連関の理解は問題の他人称コギト命題の意味形成にそれぞれの命題ベースとそ

れぞれの意味連関の性格に応じた寄与をする。こうして問題の他人称コギト命題に与えられる意味は様々な命題ベースと様々な意味連関から複合的に構築されたものである。われわれは日常この複雑な構造を無頓着に事もなくその意味を理解しているが、その意味が持つ錯雑さは理論物理学の命題、例えば「分子が光子を吸収する」という命題の錯雑さに匹敵するものがある。

このシナリオが行動主義的アプローチにまさるのもその錯雑さに負うている。行動主義は他人称コギト命題の意味を一群の行動命題集合の意味に余りにもあっさり単純に等置してしまう。そのために、例えば彼の歯痛がその歯痛振舞に縮圧されてしまったり、私の歯痛との間の類似性が掩蔽されてしまうのである。それに対して私のシナリオは、彼の歯痛とその振舞との意味関係をそのまま取り込んでいるし、私の歯痛との類似性も保存されている。このシナリオの特性は日常の意味理解をそっくりそのままに記述しようとする点にあり、人工哲学的に再構成しようなどということは一切しない。したがって日常生活の中の他者了解のありのままを目指している。

六　おわりに

以上で他我問題について述べてきたシナリオは他我問題に特有なものではなく、かなりの一般性を持っていると考えられる。例えば、これまで明確な分析を拒んできた反事実的条件法とそれに伴なう傾向命題（disposition sentences）にこのシナリオを適用すれば興味ある結果が得られるだろう。しかしそれよりも遥かに重要なのは、「私」という自我概念の解明にこのシナリオが有効であると思われることである。私、という最も日常茶飯の概念が持っている思いがけない陰影と錯雑、その把え所のない奇妙な深さはそれが代表的な深層概念であることをにおわせる。この表面上は最も平凡で経験に密着した自我の概念を見かけよりも遥かに深い所にある概念として、一つの理論的概念として考える、それは将来の問題としてここでは立ち入らない。だが今言えることは、一人称と他人称という「人称」、ひいては「ひと《パースン》」という概念がその外見の平易さとは裏腹に、錯雑した構造を持った深層的な理論概念である、ということである。

いずれにせよ、クワインのホーリズムを元来の意図を遥かに超えて拡張してきたようである。しかし、クワインがホーリズムで意図したことは視野の拡大そのことであったと思う。"Glimpse beyond" 彼の主著の一つ "*Method of Logic*" の最終章に彼がつけた題目がそれに他ならない。昔これを私は「前途瞥見」と訳した。

脳と意識の無関係

〔『時間と存在』9、一九九四年／初出：一九九二年〕

現代の人間観の基底にあって、よくも悪くもその骨格を規定しているのは、脳生理学の知見ではないだろうか。それはともすれば人間の意識を脳という特異な物的なシステムによって支えられ規制されているものという見解に引きつけようとする。しかしその一方で、脳生理学にはその意識との関わりという点で遺伝病とも言うべき弱点があることが、科学全盛の四面楚歌の中で忘れ去られようとしている。その病気は既に二百年前のデカルトの『人間論』の中で発症している。それは「脳を意識の原因として考えることはできるか」という強迫的疑問をその症状として以来、今日まで慢性的に連綿と継続してきている。しかし当の生理学者にとっては鼻カゼ程度にしか感じられずに軽視されてきた*ので、われわれ常人もまた「病いは気から」の格言でそれを無視することに馴らされている。だがここで、こうした状勢を無視してこの病気を改めて確認するということを敢えて試みようというのである。そのために、原因、結果という因果概念の意味を改めて検討することから始めたい。

＊ノーベル賞生理学者のエックルズはそれを「戸棚にかくした骸骨」と呼んで、生理学者が人様に見せるのをはばかるものとしている。

一　時空連続過程としての因果

因果性をどういう意味にとったらいいのかについて現在支配的な考えは、ヒュームに始まる恒常継起（constant conjunction）の考えである。二つの事件が恒常的に相ついで起るときに、早い方を原因、後に起る方を結果として呼ぶ、という至極もっともなものである。しかしこの考えには大きな欠点がある。互いに無関係な二事件でも恒常的に継起すれば原因結果になってしまう。例えば、毎朝隣人が家を出てしばらくしてからお向いの家の人が家を出るという場合に、ありもしない因果関係をその間に考える。誰が考えてもこれはいただけないだろう。

そこでこの恒常的継起に代えて時空連続過程がその二事件の間にある時に、前の方を原因、後の方を結果とする、ということにしたい。実際、何かの原因から始まって何かの結果が起る、ということは、その原因から始まってその結果に至る時空連続的な過程があるということだろう。＊飲んだ毒物が小腸で吸収されて門脈の血流に入り肝臓を経て心臓筋肉に至ってその収縮を妨げるというのは、時空連続過程であり、毒が原因となって心臓麻痺が結果である。自動車のハンドルを回すと歯車のかみ合いを経て前輪の軸が動いて前車輪の向きを変える、という時空連続過程によって、ハンドルの回転が原因となって車の運動方向が変化するのである。そこにある連続過程の開始部分のどこまでを原因に含めるか、終端部分のどこを結果とするかには任意性があり、その時々の状況に応じて適宜それを定めればよいが、ありふれた状況では社会習慣的にきめられている。多くの場合には、発端と終端の目立った部分を区切って原因、結果と呼ぶ。その中間の大部分は言及されないので、前端と後端だけを強調するキセル因果の形をとる。

＊　脳生理学でのニューロンの間の軸索連結である「Pathway（径路）」こそこの時空連続過程の最上の例である。

この時空連続過程の考えは、恒常的継起に較べて幾つかの利点がある。その一つは、コンロに火をつけてヤカンの水を湯にする場合のように、原因と結果が空間的に分離している時もその二つを一緒に取り扱えるために、因果関係が明瞭に表現される点である。コンロとその上の水を容れたヤカンの両方を一緒にした系に着目して、その合成系の過程を考える。始めは火のないコンロとその上の水入りのヤカン、次に火をつけたコンロとその上のヤカン、しばらくして後に火のついたコンロの上で湯気を出しているヤカン、という一連の過程を考えるので、その過程の中程の火がついたコンロの上の水入りのヤカンから始まる部分を原因とし、終端に近いコンロの上の湯入りのヤカンを結果とする。これを単に火を原因、湯を結果とする恒常継起の乱暴粗雑な言い方と較べてみれば、利点は明瞭であろう。更に、「夜が昼の原因」という継起説では説明に困るケースも極く自然に表現できる。太陽とその周りを自転しつつ公転する地球を合わせた系に着目して、東京が陰になっている間の太陽—地球系を原因とし、東京が照らされている間の太陽—地球系を結果とするのである。

これとほぼ同様なやり方で、引力やクーロン力のようないわゆる遠隔作用も連続過程の中で表現できる。右の太陽—地球系において、太陽と地球の間に万有引力を描きこめばよい。すると、或る時点での太陽と地球との位置関係は、それ以前の位置関係の連続的変化を原因とする結果である。遠隔作用を物理学はポテンシャル場として近接作用に変形するが、それに較べて太陽—地球系の連続過程の方が遥かに因果作用の原点に忠実ではあるまいか。

しかし恒常的継起の因果概念のどうにもならない欠点は、脳と意識といったような心身関係の領域で致命的な寛容を許してしまうということにある。というのは、この考えでは一般に継起する二事件の性格には何の限定も差別もつけていないので、その一方の事件が脳の物的事件で他方が意識の心的事件であってもいいわけで、ただその二事件が恒常的に継起すればそれだけで脳は容易に意識の原因たりうるからである。したがってこの恒常的継起は、心身平行論や心身対応論で手軽に事をすませようとする人には都合が良過ぎる位に具合がよい。しかし、脳が意識の原因であるということに多くの人が抵抗を感じるのは、脳という物的器官が一体どういう仕方で痛みや悲喜といった意識状態を生むまでに至るのかという、その具体的な経過が理解できないからなのであり、その具体的経過こそまさに時空連続過程に他ならない。

二　脳→意識因果の不調

これ以後はこの小論の最後まで意識の代表的事例として視覚風景を考える。眼を開いたときに私に見える風景である。この風景は山川草木といった物的事物の風景であって、痛みや感情に較べて意識の中では最も物的要素に富んでいるだけに、同じく物的事物である脳との距たりも最も少ない。それで以下で述べる脳と意識の無関係については一番都合の悪い事例となるはずだというので、代表的事例として選んだのである。

山川草木のような外界の事物が脳にどのような作用を及ぼすかについての生理学の知見は山ほどあるだろう。それと並んで脳に発する作用がどうやって身体運動を引き起こすかについての知見も別のひと山を作るだろう。しかし問題は、脳から発して視覚風景に至る時空連続過程があるだろうか。あるかないかというよりも考えられるだろうか。その逆方向の風景から脳への連続過程は文句なしに明確にあるが、丁度その向きを逆にした過程が考えられるか、というのである。神経軸索を流れるインパルスと丁度逆になった過程がありえようか。もちろん軸索の向きを逆にするなどということではなくて脳の構造をそのままにしての話である。或いはシナプスでの神経伝達物質の移動方向と逆向きの過程を、シナプスの作動を現状のままにした上で考えられるだろうか。更に眼球の部分でも、網膜に始まってガラス体からレンズ、角膜を通って体外に出て今見えている向こうの山に至る連続過程をおよそ想像することができようか。更に、風景の中の風物ではなくてその風景が見えている経験そのものに至る過程となっては、およそ何を考えてよいのかさえわからない。経験に至る時空過程などは意味不明だからであり、この意味不明は、痛みとか思考とかのすべての意識経験に至る過程ということの意味不明一般の氷山の一角なのである。

それにもかかわらず脳を原因とする意識という話が平然と横行している殆んど唯一の根拠は、脳から意識への傷害因果の事実があるからだろう。つまり、眼球から脳にかけての行路の一部に病変や損傷が生じたときそれに応じて意識、例えば視覚風景に異常な変化が起きるという歴然たる事実である。脳を原因として意識を結果とするキセル因果の説明としてわれわれ常人に教えられる根拠は、この傷害因果が唯一のものである。*

＊　ＰＥＴその他の新しい方法があっても話は変らない。

しかし、この傷害因果を説明するという点では、脳から意識への因果作用の仮定は唯一必然のものではない。今一つ可能な代案がある。それは今まで私が「重ね描き」と呼んできた概念である。

状況を整理すると次のようになる。まず外部風景から眼を通って脳に至る時空連続過程がある。この点には何の疑いもない。次に脳の傷害によって意識に変化が起きる。この傷害因果もほぼ確立された事実である。だがこの傷害因果は前の外部から脳への過程とは逆向きの因果である。この互いに逆方向の因果作用を一つの図柄に整合的におさめるにはどんな図柄が適当か、それが問題である。

この問題に入る糸口として、通常の因果と逆方向の因果として「透視*」をとってみる。天文学的観測を始め遠方の風景を観測する場合に、その風景と観測者の中間にある星雲や大気を透視することになる。望遠鏡のような光学装置を使うならばレンズ、プリズム、反射鏡といった光学的に均質でない中間媒体を透視しなければならない。更に風景を遮蔽する障害物として前景があり、その最も近接した前景に瞼という自然的遮蔽や、メガネという人工的遮蔽がある。ここで透視される中間媒体や遮蔽前景に何かの変化が生じると、風景にはそれに応じた変化が起きる。これを透視因果と呼べば、透視因果こそ風景→脳という因果経路と逆方行であることは言うまでもないだろう。

＊透視についての詳細は拙著『新視覚新論』東大出版会、一九八二、第六章にある「大森荘蔵著作集第六巻」。

この透視因果の構造を考えてみると、通常の因果が連続過程の初発部と末端部として表現されるのに対して、前景をその背景となる風景に重ねて透視することである。過程の初発部に何かの変化があればその終端部にそれが及ぶのが通常の因果であるのに対して、前景の何かの変化はそのまますなわち背景の変化であるのが透視因果である。このことを明瞭に示すのが色メガネの場合である。

赤メガネをかけて風景を見ればその全景が赤く染まる。このことを生理学が通常の因果で説明しようとすれば大略次のようになるだろう。風景からの光が赤メガネを通過すれば波長の長い赤色光のみになり、それが網膜から大脳後頭葉の視覚領野に及ぼす因果作用は、風景が始めから赤色であってそこからの赤色光線が脳に及ぼす作用に等しい。その等しい脳の状態によって見える視覚風景は等しいはずだから、赤メガネを透して見える風景はそれ自身が始めから赤い風景と同様に見えるのだ、と。この説明のかなめ石として「脳が原因で風景が見える」という脳→意識の因果があることは、誰にも一目瞭然であろう。しかし透視因果の考え方では、それがなくとも説明ができる。すなわち、風景のどの部分も赤メガネの一部と重なって見えており、その赤メガネの一部は赤く見えるのだから当然風景のその部分も赤く見える。風景の全景にわたって同様なのだから、風景は赤く染まって見える。ここでは脳の因果作用はもちろん脳についていて一切言及する必要がなくて、ただ前景と背景の透視という構造から赤メガネ風景が論理的に演繹されているのである。

この赤メガネ風景での特性は、単に色メガネや望遠鏡の透視にのみ限られるのではなくて、「重ね描き」全体について言える一般的性格なのである。重ね描きの典型的事例としてマクロ風景（例えば角氷）の知覚風景にH_2Oの結晶構造というミクロの分子構造風景を重ねてみよう。温度が昇って分子の運動が激しくなって結晶構造が崩れると、それがすなわち角氷の形の崩れである。この実に簡単なすなわちの説明に対して、生理学者の説明は赤メガネの場合と同様に、結晶構造変化からの光束の変化が網膜を通して脳に至る連続過程をくどくど述べることになる。この説明形式の著しい対比から、逆に重ね描きと連続過程との構造上の連関が明瞭になる。すなわち望遠鏡の透視構造で鮮明であるように、重ね描きとは連続過程を蛇腹のように圧縮したものなのである。連続過程の中間部が圧縮されて初発部分（原因部分）と末端部分（結果部分）とが重ねて描かれたものなのである。そして問題の網膜や脳の過程は光学的過程と同様に圧縮されてしまうので表面には現われない。透視による説明に脳への言及が脱落して風景だけの話になるのはその当然の結果である。

しかし脳についての言及が不要になるのは透視構造に限られるものではない。それは更に一般化されて、脳は意識の原因であるどころか意識とは原理的に無関係であると言えるのである。

三　視覚風景と脳の重ね描き

脳と視覚風景との関係または無関係をみるための糸口として、突拍子もない質問を立ててみたい。

今私に或る風景が見えているとする。生理学がこの視覚風景の原因が私の脳であると言って私の脳を特定する理由は何であろうか。というのは、脳が視覚風景の原因であるならば、現在生きている世界中の脳のどれもがこの風景を生じさせる能力があるはずだからである。そのざっと五〇億の現在生存中の脳の中で特に私の脳を原因だと特定する理由を尋ねたいのである。もしここで原因と結果の間に時空連続過程があるのならば答は簡単だろう。今見えている風景からその連続過程を逆に辿ってゆけば私の脳に到達するだろうからである。しかしそのような過程は見当らないのである。そこで次のように答えるだろう。

今見えている風景の元となる物理的事物の正面にあって眼を開いているのは私の身体である。その開いた眼にその事物からの光が入射してその作用が到達するのは私の脳であって他の誰の脳でもない。だからこの風景の原因は私の脳でしかありえない。

これは正しい、しかも示唆に富む答である。確かに、生理学が生まれる以前から、何かが見えるのは眼前の事物から発する何かが開いている眼から私の中に入るからだと人間の常識は信じてきた。エピクロスは事物からその表面の薄膜（エイドロン）が次々と剝がされて眼の中に入ることで物が見えるのだと考えたし、ローマのルクレティウスの詩がそれを伝承している（"De Rerum Natura" 樋口訳『物の本質について』岩波文庫）。またはアラビアの科学者もそれに似たことを述べていた筈だ。何よりも、瞼を閉じるとか眼の前を手や不透明物でさえぎると風景の全部が見えなくなる、という傷害因果類似の経験の日常の確実さが人を説得したのである。この常識の線の延長上に脳が入るのはまことに自然である。しかし注意すべきことがある。この常識路線での原因は外部の事物であって、脳は二の次になる、という点である。外界の事物が主役であり脳はそれからの作用を受け止めることによって初めて風景の原因たりうるのである。連続過程解釈の上で言うと、風景と脳を結ぶ過程を更に背後に遡った所に外界事物がある。

ところが外界の事物と視覚風景の間にはこの路線以前に既に直接的な関係が成り立っているのである。その直接的な関係とは意味の上の関係である。すなわち、「かくかくの事物が存在する」ということの意味の一部にその事物の今見えている視覚風景Sが含まれている、という意味関係がある。外界の事物が三次元立体であることからこの意味関係が生まれてくる。例えば、円錐形があるという意味には下から見れば円形だが、横から見ればどの視点からでも三角形が、上から見れば中心点を持つ円が見えるということが含まれている。それと同様に、もっと複雑な立体形をした机とか人体とかでも「そこに机（人体）がある」ということの意味にはあれこれの視点から見える視覚風景が含まれている。

この意味関係からして、円錐、机、人間その他何にせよ外界の事物が私の眼前に存在するならば、私にはその視覚風景が見えているはずである。いや、見えていなくてはならないのである。これは意味関係からくる、という意味で論理的な必然なのである。

それゆえに、ここで脳を通過する連続過程を言ったり、脳を原因だと言うことは不要であり余計なことになる。それはピタゴラスの定理をその三角形が描かれた紙やインクの材質から説明したり、二箇の小石と三箇の小石の集りが五箇の小石になるのは小石の物理的性質が原因だというのに等しく、誤っているというよりも場違いでありピント外れなのである。もしこのことが当っているならば、生理学がいかに豊かな学問的蓄積を背景にいかに尖鋭な実験技術を駆使しても、脳から風景に至る連続過程を見出すことは不可能なことも当然である。それはアリストテレスからガレノスにまで受けつがれた、脳に「心臓内の熱と沸騰とを調節する」（アリストテレス『動物部分論』ベッカー版七〇一頁）冷却機能を求めた努力以上に見当外れの無駄な試みだからである。

では生理学の眩しいほどの学問的権威を全く無視することになる意味関係とやらは、一体どんな素性を持った馬の骨なのか。その意味関係が生まれ育ったのは他でもない、人間の日常生活の場であり、したがって生理学を含む科学と出生地を共有する同郷者である。日常生活の中で立体形の固形物が「存在する」ということの意味がゆっくりと形成されてくるときに、まず何よりもその物をあちこちの視点から眺めたときの視覚風景が主柱となったであろう。そしてその主柱のまわりに手ざわりや舐めたときの味や重み、更に叩いたり突いたりしたときの反応、炎にかけたときの燃え具合といった諸項目が加わっていったと思われる。これらの意味形成は、絶えず人間集団の各成員で試されてゆく中で誤解や不具合は訂正され、食違いは調整されながら進行していったであろう。そしてこの「存在」の意味は、こうした厳しい実用の中で鍛練されることで十分使用に堪える強固さを獲得していって、遂には日常用語の中に定着し、それが次々と世代を経て伝承されてきて今日われわれが現にそれを手にしているものと思われる。「存在」の意味はこうして日常生活の中で形成され実用されたものであって、存在論などがひねり出したものではない。「存在」の意味はまず何よりも日用品でありトイレットペーパー同様の実用品なのである。そうだからこそ生理学の勿体振った権威にも抵抗できるだけの強靭さを持っているのである（精しくは5章［「存在の意味――「語り存在」」、本アンソロジーには収録せず］一節及び6章［「疑わしき存在」、本アンソロジーには収録せず］一節参照）。

一方それに対して生理学もまた日常生活に根を下ろしている。その最大径の主根は、視覚風景を「私は……を見る」「私に……が見える」という主体―客体―認識の分節で把える方式であると思われる。この三項分節も「存在」の意味と同様に、日常生活の中で日用実用品として意味形成されて今日に伝承されてきたことに間違いはないだろう。この三項分節の根からやがて枝葉が繁茂して生理学の華麗な花が咲いたのだろう。その花びらの一片が意識の原因としての脳の考えである。この三項分節に深く深く呪縛されてきたわれわれには、風景が眼や脳を通さずにただ意味関係だけから見えてくるという考えは奇怪至極で狂気の沙汰としか思えないだろう。しかしその三項分節もまた風景からゆっくりと時間をかけて形成されたことを自覚するならば、この意味関係を幾分冷静に受容できるのではなかろうか。

無数の風景の経験の中からいつかその風景を経験している私という意味（「私」の意味の制作については次章［「意識の虚構から「脳」の虚構へ」、本アンソロジーには収録せず］二節以下に詳しい）が沈澱析出してくるだろうし、その私の意味が動作主体としての私の意味に融合合体してゆくだろう。この私の意味に堅く結びつけられて「私が見る」の意味と「見られる世界」の意味が形をなして生成されてくるだろう。こうして形成された三項分節の構造はしっかりと人を捕らえて離さずに、次々涌きでる新しい経験をこの分節に従属させていって、やがて確固とした先入観念の位置に達するだろう。人はこの三項分節に魅入られてそれから眼をそらせない。その結果、同じく経験の中で形成されてきた先に述べた「存在」の意味とその意味に含まれる視覚風景が見えるということ、しかも眼や脳と一切関係なしに見えるということを、冷静に受容できないのではあるまいか。だがこの突拍子もない考えを直ちに受入れる必要はない。ただ三項分節が唯一可能な意味ではなく、如何にグロテスクに思われようとも、三項分節とは別の方式があるということを認めることだけでよい。別の見方がありうることを認めるだけで、僅かに残された自由を回復して、自分に憑依して自分を独占している三項分節の束縛をいくらかゆめることが可能になる。

四　脳の機能再考

脳と一切無関係に視覚風景が見えるということが一応承認されたとしよう。しかし疑問が次々に涌いてくるだろう。

仮にそういうことがあるとするならば、脳は一体何の役割を果たしているのか。まさかガレノス流に血液冷却が脳の機能だということではあるまい。

それに答えるのは私のような素人ではなくて生理学者でなければならない。だがこれまでの生理学は三項分節の中で生きているので、それから外れることを見る意欲も、そして恐らく見る能力も失っている。生理学が三項分節から解放されて視力を回復して探索するならば、今までは思いもかけなかった脳の働きを発見してくれるだろう。

その新しい脳の機能は、風景を視るといった意識とは全く別方向のものではないだろうか。例えば交感副交感神経のように外界からの刺激を全身深く内臓にまで伝える、といったように、意識とは関わりないがそれでも身体を外界に呼応させる自動制御装置の働きである。あるいはベルグソンが考えたように外界からの刺激と身体運動の中間に介入して或る変様を加える、といったことも可能だろう。しかしベルグソンが述べたようにその変様を自由意志だとする必要は必ずしもない。

脳の機能が果して何であれ、その脳の働きは意識に関わりを持たずに進行するだろう。ということは、意識と脳との長い間忘れられてきた相互独立性が再び明るみにでてくるだろう。「機械の中の幽霊」という悪意の冗談に近付いてくるだろう。

しかしこうした迷妄すべての出発点は現代生理学がいやでも認めざるをえない科学的事実であった。すなわち、傷害因果を除いて脳が視覚風景の原因であるとする証拠は皆無であるという事実である。生理学はこの事実に知らぬ顔の半兵衛をきめこんでいるが、この事実が将来訂正される見込みは今の所なさそうである。

五　心脳因果と重ね描き

以上に述べてきた、脳とは傷害因果を除いては全く無関係な視覚風景という状況を表現するには、脳と意識の因果関係を忌避する重ね描きの手法が願ってもない方法であることは当然であろう。この重ね描きの図は、側面図と正面図の二つに分かれる。側面図では左方に見られる机や山のような物理的事物を置き、それに対してそれを見る人間の身体という物理的事物が描かれ、眼球、網膜、そして脳が描きこまれる。

この視覚対象とそれに対する身体という二つの物理的事物の上にはその分子、原子レベルの細密な構造が重ね描かれる。そして対象と眼との間には空気の窒素、酸素等の分子と共に対象から眼に入射する電磁場あるいは光子が描かれねばならない。これに応じて視神経や脳ニューロンにはインパルスやシナプス、化学伝達物質のアセチルコリンその他が描かれる。その描き方を指示するものこそ現代生理学の偉大な成果なのである。この側面図に対して正面図はもちろん見えている視覚風景そのものである。だがそこに網膜や脳の傷害因果を描きこまねばならない。先にこの傷害因果を透視によって説明したことを憶いだせば、この視覚風景の上に網膜や脳を重ね描けばよい。透視とは複数のものを同一視線上に見ることだからである。こうして視覚風景の上に重ねる時に注意が必要である。大脳前頭葉の前で起る視神経交叉によって視野の右半分は左右眼網膜の左半分を経て大脳左半球に投射され、視野の左半分は網膜の右半分を経て右半球に投射される。このことから視覚風景の右側半分の上に左右両眼の網膜の左半分と大脳左半球が、視覚風景の左側半分の上に網膜の右半分と大脳右半球が重ね描かれることになる。

この重ね描きで、網膜や脳に何の損傷もない時はそれらは透明で、視覚風景に何の障害も生じない。網膜や脳は不透明ではないかと言う人は、それは解剖室で外部から見た時の話で、生体の眉の下に位置して外部風景を透視する場合には透明であることは確実な科学的事実であることを注意しよう。眼球、網膜、脳のどこかに病変や損傷がある場合には、それを透視する部分が不透明になるというのがまた科学的事実である。この不透明というのは黒く見えることではなくて、盲点の経験が示すように、また自分の背後が見えないように、不可視になることである。これが重ね描きによる傷害因果に他ならぬことは明瞭であろう。そして生理学の因果追求の方式ではこの傷害因果そのものを満足に説明できないのである。生理学は例えば色彩視覚の研究で長足の進歩をとげている。網膜細胞に含まれるロドプシンの光化学変化を軸として色彩に対応する生理過程の全貌が解明されるのも遠くはないだろう。しかし解明はそこで途絶え、そこから視覚風景に至る過程が発見されることは恐らく永久にないだろう。それに対して重ね描きの方式にあっては始めから色のついた視覚風景が見えているのであって、その色彩を説明する必要がないのである。その色彩風景の上にスクリーンのように重ね描かれている網膜や脳に病変があるときにそれを透視することで色彩に何かの変化が生じることはあるだろう。色弱や色盲をこうして重ね描きで表現できる時が来るかも知れないが、現在ではまだ出来ない。ただ、スクリーンと言えば、視野の安定のために必要な眼球の細動は、この重ね描きでの網膜や脳のスクリーンの振動によって風景がよく見えることに対応するとも考えられる。

こうしてこの重ね描きは、脳から視覚風景への時空連続過程の不在と傷害因果の表現という現代生理学の現状に見事に適応した説明方式であることが明らかになったことだと思う。

しかし生理学が二百年以上なれ親しんできた因果追求をこの重ね描きに切り換えるかどうかは全く別の問題であろう。それは長年乗りなれてきた馬を捨てていかにも不細工で不気味な自動車に乗り換えるように、習熟と気分の問題だからである。始めは物好きな生理学者が試しに使ってみて使い勝手がよいと感じてそれを宣伝するという新製品の販売宣伝と同じ経過が必要であって、真偽正誤の問題ではないのである。

だがそれは将来の話である。今の所はもっと短期的な効用があるだろう。脳が意識の原因だという心脳因果の考えは、固定観念になって生理学を独占するだけでなく、常人の人間観を制圧してそれ以外の思考をタブーにする寸前といってよい。重ね描きの構図は、尚僅かに残された人間観の自由を証示することで、心脳因果の圧政に抵抗してみせる試みである。したがってそれは時代錯誤の試みであるが、今僅かに残された時代錯誤である。しかし、エックルズ、シェリントン、ペンフィールドといった生理学の碩学がその老年になって首をかしげたくなるような哲学的言動に陥るのをみれば、時代錯誤も一種の向精神薬的効能を持つこともあるだろう。

時は流れず——時間と運動の無縁

［『時は流れず』4、一九九六年／初出：一九九六年］

哲学の開始から現在まで絶えず人々を悩ませてきながら、いまなお不可解の霧に包まれたままにあるのが「時間」の概念である。この巨大な謎を考えるには、誰もが何の疑念も起こさずに通り過ぎてきた常識を打破することが必要であるに違いない。そう思って私は、かつて「過去そのもの」、つまり過去というものが実在するという万古不易の常識に反逆することを試みた（「過去の制作」『時間と自我』青土社、所収［本アンソロジー所収］）。

だがそれによって若干の展望は得られたが、視野は依然として暗い。なかんずく「現在」という概念の不可解と「時間の流れ」という暗黒の思いが依然として残っている。そこで私は第二の常識破りをここで試みることになった。その常識とは「時間と運動の連動」という常識である。時間といえば直ちに運動という連想が浮かんでくる。果ては時間とは運動そのものだ、という思い込みが、あのアリストテレスほどの人にまで思い浮かぶことになる。時間と運動との近似的等置とまでは言わぬにしても、その近似的連関はこのうえなく強固な常識としてわれわれに棲みついている。このような頑固な常識に逆らうのは愚かな冒険であるに違いない。しかし私はここでこの愚かな冒険をあえて犯そうと思う。なぜなら気を落ちつけてこの常識を見直してみると、それは常識どころか一つの欺瞞であったことがみえてくるからである。この欺瞞の底には、時間とは動態的《ダイナミック》なものだという事実誤認があるように思われる。実はその正反対で、時間とは静態的《スタティック》なものなのだ。とすれば時間と運動とは連関するどころか、反発しあう反極なのである。時間は静態的な座標軸であって、運動とは何の縁もない。時間とは過去と未来のみを含む時間順序の座標なのである。いっぽう運動とは現在経験に固有な現象なのである。現在とはまさにヘラクレイトスのパンタレイ、万物流転の世界なのである。だから過去と未来の時間順序としての時間とは水と油なのである。それだからこそ現在を何かの形で時間に内蔵させようとする考えは必ず奇怪なパラドックス、あるいは人を不安にさせる違和感を生むのである。そういうパラドックスや違和感の最たるものが「時間の流れ」という古今東西ひろくみられ、いまなおわれわれを支配している不可解な常識である。それは、およそすべての運動は現在経験のみの現象であることを見落として、元来は運動と無縁である時間のなかにそれを持ち込んだ大混乱の産物であるとしか思えない。

時間についての検討が進むにつけますます強くなってきた以上のような観察を納得してもら

うためには、これまでの著作（『時間と自我』『時間と存在』青土社）で考究してきた見解をあらためて整理した形で繰り返すことが必要になる。繰り返しであるために、それが証明を簡略にした部分的に独断的なものになることは避けられない（不満な読者には上記の著作を参照していただくことになる）。

一　過去と未来の時間軸

時間について考察しようとする人ならば、その第一の着目点は、それが時間的先後（earlier-later）という比較関係に基づく線型《リニアー》順序であるという「測定論（measurement theory）」的見解である。数学者や論理学者にとってはこの見解はほとんど既定の事実ですらあるだろう。「AはBより時間的に先だ」という基本関係が「aはbより大きい」とか「xはyより長い」という数学的関係と並んで反射律や移動律という関係論理学の諸性質を満たすことから、ほとんど自働的に線上に諸点が並ぶ線型順序が構成される、というのがこの測定論の見解であって、そこでは万事が透明で明確であり、人をまどわせるものは何もない。

しかし、数学者や論理学者にとっての形式的な透明や明確は一般人にとっては濃密な霧なのである。まず「AはBよりも先」という時間的先後関係に立つAやBはいったい何なのだろう。

常識ではAやBは何かの「事件（event）」であろう。その事件とは雨降りとかガラスの破損といった客観世界で生起する事件が考えられている。だがこの客観的事件が生起する客観的世界とは、実は人間の知覚経験と行動経験とをベースにして制作された言語的思考的世界である（精しくは別途に予定している自我論で詳述する）。当然ながら客観的事件の先後関係もまた知覚と行動経験の間の先後関係を基にして制作されたものである。それゆえに線型順序としての時間が成り立つのは、第一義的には知覚と行動の経験であるとしていいだろう。

だが知覚経験も行動経験もともに「現在経験」であることは明瞭である。歩く、食べる、靴をはく、これらの行動の経験とは、現在以外ではありえない。同様に、山が見え、雷が聞こえ、尻が痛い、といった知覚・行動経験［も現在経験］にほかならない。

だがこの現在経験の間に時間的先後を付するときには、それらの現在経験はすでにもはや現在ではなく過ぎ去った現在経験である。つまり現在ただいま経験中の現在経験ではなくて、過去として想起される現在経験なのである。

だがこの想起現在経験について人間は二千年の間、致命的な錯誤を犯してきたと思われ、いまなおその錯誤のなかにある。ある現在経験が過去として想起されるとは、その現在経験が多少その強度や活性を弱めつつ（ヒューム）再生または再現することだという事実誤認は、いまでも大手を振って心理学や生理学の記憶理論のなかに横行しているのではあるまいか。この錯誤はまともに自分自身の経験を反省すれば直ちに気づくだろう。昨日の歯の痛みを想起するとき少しでも歯の痛みが再現されるだろうか。幸いに少しもいまは痛くない。先ほどの御馳走を想起することでその美味をいま一度味わえるだろうか。残念ながらそんなうまい話はない。ただ何の味もない唾が出るだけだろう。もちろん行動、例えば投球動作を想起したところで手足がぴくとも動きはしない。だから知覚と行動の現在経験の想起とは、薄味に弱毒化された経験が再生再現されることでは全くないのである。想起とは、「歯が痛かった」とか「実においしかった」とか「トルネード形でボールを投げた」といった言語命題として思い出すことなのである。こうした言語命題の意味了解に随伴する映像的情景の想像を想起そのものだと取り違えて再生再現の錯誤が生じたものと思う。この錯誤のもとは想起経験が知覚・行動経験とは全く性格を異にする言語経験であることを無視して、不当に知覚経験に近接させるところからくる。それでこの錯誤を「知覚偏執《パラノイア》」と呼ぶことにしよう。この二千年来の遺伝病である知覚パラノイアから解放されたならば、想起という経験の本来の姿が見えてくるだろう。すなわち、ある現在経験が過去形の言語命題として経験される、それが想起経験なのである。その過去形の言語命題は現在経験の再生や再現といった二番煎じではないのだから、私にとっては初体験であるはずである。想起において人は過去を過去形の命題として初めて経験するのである。例えば夢の想起とは、前夜ベッドのなかで見た夢を再び見ることという常識に逆らって、朝目覚めてからある過去形の物語を生まれて初めて経験することだと考えねばならない。要するに、知覚と行動との現在経験とその想起とを思い切りよく切断してしまうことが必要なのである。二つの現在経験の時間的先後を判定する場合にも比較されるのは、実は二つの過去形命題なのである。その実際の比較はきわめて杜撰で大まかであるのが実情である。通常は不安定でファジーな時間的以前以後が判定されるだけである。しかし時計のような計測道具を間に介入させることで自然科学で実行されているような精密さに到達することは容易である。

このように過去命題を以前以後の順序で配列する可能性を担ったものが時間座標軸の過去部分にほかならない。当然それと平行的に未来部分があることは自然だろう。ただ想起経験に代わって予期、予想と意図の経験があらわれる。予想され意図される事柄が言語命題であることは、想起の場合よりも一層わかりやすいだろう。それらの事柄を時間順序で配列する可能性を担うのが時間軸の未来部分であることは説明するまでもあるまい。

以上のことから過去と未来の時間座標軸が制作されたことになる。この過去と未来をつないで一本の無限直線で表示するのは全く自然のなりゆきである。だがこの表示には過去と未来の時間軸が含まれるが、まだ現在経験そのものの時間的位置は登場していない。

二　過現未時間軸の制作

過去未来の時間軸上に現在ただいまを定位する場合にもその現在ただいまは過去形言語命題でなければならないことは他の現在経験と異ならない。現在ただいまに他の現在経験と異なる特異性があるとすれば、それがほかならぬ時間軸上で多くの過去形（または未来形）の時間配列を行っている当の現在経験であるという点である。現象学の言葉を借りるとノエシスである点である。だがこの特異性によってこの現在ただいまは他の（過去化された）現在経験のすべてとくらべて「より以後」と判定される。なぜならこの現在ただいまの現在経験である時間配列において、他のいかなる（過去化された）現在経験も過去形によって「より以前」であることがその本質だからである。こうして、現在ただいまはいかなる過去よりも「より以後」であることになる。同様の考察からそれはまたいかなる未来よりも「より以前」ということになる。したがって、現在ただいまは時間軸上で過去部分の終端であり未来部分の先端として定位されるほかはない。簡略していえば、現在ただいまは過去と未来の尖端なのである。それでこのように定位された現在を、これから「境界現在」と呼ぶことにする。自然科学での最も基本的な慣習である、一本の無限直線を時間軸としてとり、その上に気ままに一点を打って現在とする、という習慣は、この境界現在によって裏打ちされているのである。

こうして過去と未来に境界現在を加えることで、線型順序としての時間座標軸が完成する。過去－現在－未来という誰にも自明と思われている順序も、この時間軸制作のあり様を考えて初めて理解できるものとなる。

三　過去・未来と運動の無関係

前節で述べた過現未の時間軸の制作には、一見して不自然で無理な点があることに誰でも気づくだろう。過去と未来からなる時間軸に現在ただいまという異質なものを無理に押しこんだ形跡は歴々としている。

この無理強引から多くの人を悩ませてきた時間にまつわる疑問や難問が発生したのも当然のことに思われる。この小論の主題である時の流れやゼノンのアキレスといった重大な難問は後に検討するとして、それらよりも比較的に扱いやすい疑問を手ほどきにして始めよう。

現在ただいまという捉えがたいものを考えようとするとき人を困惑させるのはその時間幅である。およそ何分ほど、いや何秒ほどの時間幅があるのだろうか。そんな幅の長さに決まりがないことは明瞭である。前節でも触れたように現在ただいまという概念の意味には時間幅などの限定は与えられておらず、その時々に当たってごく大まかでファジーに把えるべきものなのである。だから当然その幅をいくらでも短縮することも許されるわけで、一瞬間ということもできるし自然科学の慣行のように点時刻《インスタント》にまで圧縮することも許されている。この勝手気ままなやり方が人に不安を覚えさせるのは当然である。だがこの不安は遥かに深いところに根ざしている。現在ただいまの経験とは現在の知覚と行動の経験であり、自分が生きている生のさなかの経験として単なる時間順序の棒である時間軸などとは全くかけ離れた生き生きとした経験なのである。この生命に溢れた経験を死んだような時間軸上に無理に乗せようとしたので、境界現在と私が呼んだようなグロテスクな現在概念が生まれるようになった。このいわば生命的現在の殺害ともいうべき事態が、人の抱く不安の根源であり、現在とはそんなもんじゃないはずだと呟かせるものなのである。

前節で述べた時間軸はほぼ固定化されてその上を動くものはない。時間順序の比較がなされるのは言語命題によって過去化され未来化された現在経験の間であり、こうした順序比較を可能的に担うものとしての時間軸は、それ自身は固定化されていて運動とは全く無縁な静態的時間軸である。だがそれに対して生命に溢れる現在ただいまの経験は、知覚内運動と身体運動の二種類の運動に満ちあふれている。現在経験はまさにヘラクレイトスの言うパンタレイ、万物流転の経験である。こうして一方に運動と無縁の時間軸、そして他方に運動満載のパンタレイ現在経験、この対極的な両者の間には最大級の違和が生じないではいないことは誰にでも容易に想像がつくだろう。

この違和を原因として第一に「時間の流れ」という巨大な錯誤が生まれ、第二にはあのアキレスと亀のパラドックスが引き起こされた、というのが私の考えである。両者ともに、現在経験のなかの余りにもあざやかな運動を、何かの形で誤って時間軸のなかに持ちこもうとするところから生じたと考える。したがって第一に「時間の流れ」を否定し、第二にゼノンのパラドックスを清澄な展望にもたらして、その表面的な有害性を有益性に反転するためには、一つの根本的認識を主張してそれを堅持することが絶対に必要であり、それが最善の道になるだろう。その根本的認識とは、「運動（変化）はただ現在経験にのみ所属するものであって、時間軸とは何の関係もない」ということである。この認識はともすれば失われがちになるが、いろいろの誘惑に抗してそれを堅持することが大切なのである。この認識を別な表現で言うならば、「現在は過去・未来とは本質的に異質である」とも言えるだろう。以下でまず「時間の流れ」について検討することから始めよう。

四　「時間の流れ」の錯誤

時間が流れる、時の流れ、という観念は古今東西にわたって人間を呪縛してきた巨大な比喩であることは間違いない。今日でもなおこの観念はわれわれのなかに棲みついていささかの衰えもみせていない。私自身も人生の大半をこの観念の支配下に過ごしてきた。そしてこの時の流れの観念が実はとんでもない過誤ではないかと疑い始めてからも長年の間その呪縛から逃れることができなかった。しかしその長年の動揺と困惑の後に、いまではそれが誤りであるという確信を得るに至った。

その誤りの原因は、前節で述べたように、元来は運動と無縁である時間軸に現在経験に充満している運動を無理に持ち込もうとすることにある、というのが私の考えである。

例えば、現在は時間のたつにつれて過去になる、このそれ自身は経験的に全く正しい事実を、だから現在は過去へ漸次移動してゆくのだと曲解してしまう、そしてそれこそ時の流れであると誤認してしまうのである。

しかし、現在がやがて過去になる、とは正確にどういうことなのか？　それは実は、過去となっているのは過去になった「かつての現在」であるという自明の事実の単なる裏返しではなかろうか。確かに過去とはその意味からして「かつての現在」であってそれ以外のものではない。ここから、いま生きているこの現在ただいまもやがて「かつての現在」として過去になる、ただこれだけのことにすぎない。この単純な事実を見誤って、現在ただいまが「かつての現在」へと移行、ないしは運動する、と思い込んでしまうのだ。

未来から現在への運動もこれとほぼ同様な誤解であると思われる。いま友人が訪ねてきている、私は彼の来訪を予期していたが、現在ただいまにおいて、その来訪の予期の経験は過去の予期経験である。この何の変哲もないありふれた事実を、未来から現在への移行運動であるとするのは曲解とする以外にはないだろう。この時間の流れの錯誤が消滅するのに伴って、いわゆる「時間の向き」にまつわるもったいぶった言説も雲散霧消するだろう。

こうして未来↓現在↓過去という運動が信条《ドグマ》に近い信念として人々を捕らえることになった。そこからこの信念が一般化されて時間軸上の点運動に拡大されてゆくにはさして手間がいらない。しかしこの時間直線上の点運動という観念には、軽視できない幾何学のパラドックスが含まれていることに気づいた人は稀である。そのパラドックスはかつて私が「点運動の逆理」と呼んだものである（前出『時間と存在』八〇頁〔『大森荘蔵著作集第八巻』〕）。

点Xが位置Aからそれと異なる位置Bに動く、これが点運動の基本形である。だが位置とは点でしかありえないのだから、点Xが位置Aにあるとは点XイコールAということでしかありえない。同様に点XイコールBということにならざるをえず、その結果異なる二点AとBとが同一という矛盾を生じる。ここでXが椅子とか机とかの物体であれば何の問題もないのだが、Xを幾何学的な点とするかぎりは、位置と同一にならざるをえないということが一目瞭然であろう。だが人が時間軸上の現在点や境界現在を考えているかぎりは、この点運動の逆理を犯さざるをえないのである。この逆理を避けて、運動するのは点時刻ではなくてその時々の現在経験であるとしてみよう。すると時間の流れとは、すべての過去（の現在経験）がより一層の過去になってゆくことになるだろう。しかし異なる時刻でのそれぞれの時間軸上の位置をくらべて「より過去」とどうして判定できるのか、皆目不明である。たとえそれができるにせよ、それでは単に異なる時間軸上では時間位置が異なるというわざわざ言うほどでもない自明のことを言うだけのことになる。

しかしこれらの困難に気づかぬまでに時の流れに固執させるものがあることも事実である。それは現在ただいまの経験のなかに頻繁に繰り返される「時が経過する」という鮮明な体験である。踏切りの開くのを待つとき、メロディの移りゆきに耳をすますとき、あるいは試験の時間切れが迫るとき、時の経過がひしひしと実感される。だがよく反省してみれば、それは実は経験内容の変化というパンタレイに属する体験の一種であって、時間の運動などではないことに気づくだろう。それにもかかわらずそれを時間の動きの直接的体験であると錯覚させるのが、そしてそれで時間の流れの錯誤を補強し裏打ちする根拠だと取り違えさせるものこそ、「時間の流れ」のパラノイアにほかならない。

さらに最悪のケースとして、これらにきわめて初等的な誤謬が加わることもある。その初等的誤謬とは、時間という名詞形にひきずられて何か時間と呼ばれるもの（entity）があってそれが流れてゆくのだという、現在ではほぼ絶滅したはずの古い古い考えである。もちろん現代にはそのような「もの」があるはずはなく、「時間」とは広範な時間関係の総体を総括的に指す包括的名詞（umbrella word）にほかならぬことはほぼ確立された常識である。

以上のように、「時間の流れ」という観念の意味をできるだけ好意的に追究しても、何も得られるところがない。「時間の流れ」とは結局のところ内容空虚な錯誤であると断定せざるをえない。初めに述べたように、この錯誤が生まれる大本は、時間軸上の時間比較が運動と何の関わりもないという事実についての信念が十分に徹底していないところにある。そしていっぽう現在経験には時間の動きだと誤って見なしがちな多くの体験が含まれていることもこの錯誤を強化する。運動と無縁な静態的時間軸の運動の欠落をこの現在経験の運動まがいによって埋めようとするときに「時の流れ」の錯誤が発生するのである（有名なマクタガートの時間否定の論拠もまたこの私の観察と同根である）。

この事情を別の観点からみることもできる。運動と無縁な過去・未来と、運動に満ちた現在という対極的に異質なものを一本の時間軸に統一して過現未と接続した時間の制作そのもののなかに、「時の流れ」の錯誤の種子が胚胎しているのである。この観点でみれば、この錯誤の発生は不可避であったし、その呪縛が二千年の長きにわたって持続した頑迷さも理解できる。

時の流れの観念は、われわれが制作してきた時間観念に初めから内在した癌遺伝子《オンコジーン》が発現したものなのである。この小論で私は以上の事情を解明してきたつもりであるが、それによって「時の流れ」の観念にいかほどのダメージを与えたかははなはだ心もとない。癌化した細胞と同様にこの錯誤が思いがけないところに転移する恐れは十分にある。

次に検討するゼノンのアキレスの逆理がその転移の一つである疑いが十分にある。なぜならアキレスの逆理もまた、過去・未来の時間軸と現在経験の間の違和から発生したと私に思えるからである。

五　ゼノンの逆理と時間軸

ゼノンの逆理、なかんずくアキレスと亀の逆理の歴史は長い。ゼノンがこの逆理を提言してから今日までその解決に挑んだ哲学者や数学者の数は夥しいが、ついぞそれに成功したという声は現在なお聞こえていない。それには理由がある。ゼノンの逆理の見かけの単純さとは裏腹に、その根は思いがけず深いところ、前節で述べた時間の流れの錯誤とほぼ等しい深さに達しているからである。そしてその深度にある逆理の発生源は、時間の流れの発生源と同一の場所、すなわち過去・未来の時間軸と現在経験との見分けの難しい異質性にあると私には思われる。

だからこそ時間の流れの錯誤がわれわれを呪縛してきたのとほぼ同じ長期間われわれを困惑させてきたのである。

過去・未来時間軸と現在経験との異質性の中核は運動の観念にある。まず運動とは現在経験のなかに直接の所与として無数の形で与えられている。知覚の五感のなかで運動は直覚的に感じ取れるし、運動に特異的に反応する脳細胞も発見されている。さらに自分の身体運動を直接に体験している。こうした現在経験の直接所与としての運動は誰にも明々白々に理解されていて、いささかの濁りもない。かかる明白で疑問の余地のない運動を体験運動と呼んでおく。だがこうしていま私が体験運動を考えたり語ったりしているときに語られ考えられているのは、現在運動ではなくて過去になった運動であることは、多少反省してみればすぐわかることである。だが過去になった運動とは想起された運動にほかならず、したがって想起一般に共通に認められるようにそれは言語的命題なのであって（第一節）、当然何らかの運動ではありえない。その言語命題は「Xは時刻tに位置Pにあって運動している」というものであり、多くの場合に位置と時刻の直交座標面上の一点として幾何学的に表現される。そして一挙手、一投足のような現在経験での連続的に接続する一連の運動は、過去として想起されるときにはその直交座標面で一つの連続曲線によって表示されるだろう。つまり、現在経験のなかで生きた動きとして直接所与される運動は、過去として想起されるときには連続曲線である軌跡としてである。べルクソンがかつて驚くべき炯眼で指摘したように、この軌跡は生きた運動ではなくて（軌跡はビクとも動かない）、過ぎ去った運動であり、「空間化」されてしまった運動なのである。ベルクソンから離れても肝心かなめなのは、現在経験で直接所与として体験される生きた運動と、考え語られるために過去として想起されるその軌跡、この二つを明確に分別してその混同混線に最大級の警戒心を持つことである。というのは前節でみたとおり、その混同から時の流れの錯誤が発生したのであるし、ゼノンのアキレス逆理もまたその混同に支えられているようにみえるからである。

アキレスの逆理を述べたゼノンの議論が向けられているのは、アキレスと亀の運動軌跡であって、現在経験のなかで展開する追いかけ運動ではないこと、このことは誰もが文句なしに承認するだろう。アキレスと亀の競走をゼノンは語るのであるから、上述したようにその運動を過去として想起せざるをえず、当然その生きた運動の軌跡について語るほかはなかったからである。一刻前に亀がいた位置、そこにアキレスが到達した時の亀の前進位置、こうした逆理の言葉が語っているのは、競走運動の軌跡であることは明白で疑いの余地はあるまい。そしてゼノンが証明したことは、その軌跡が矛盾に導くゆえにその軌跡は不可能だ、ということにとゞまる。そこから決して「現在経験の直接所与としての競走運動」が矛盾だとか不可能だと結論はできないのである。しかし、ここであわてて、これでゼノンの逆理を解決した、などと言うつもりはない。

矛盾の指摘は確かに軌跡に向けられただけであるにせよ、軌跡に矛盾を含むような運動は結局不可能ではないかという疑念が残るからである。しかし私は、この疑念はむしろ次のように解したい。第一に、現在経験のなかの運動は直接所与として何の矛盾もない、アキレスは見物人の知覚においてもその本人の行動においてもさっさと亀を追い越す、それは端的な経験的事実である。だが第二に、運動を過去として想起し、それを軌跡として表現した途端に矛盾に陥る、それはゼノンの説くとおりである。要するに何のとがもない運動であっても、その軌跡となると矛盾にはまるということである。この私の解釈は、私が以前に到達した結論、「幾何学的に表現するかぎりという条件つきで運動は不可能」（前出『時間と存在』七九頁）、と一致する。ここで「幾何学的表現」といい「軌跡」という根底には、運動をx(t)の形で点時刻で表現するという、アルキメデス以来の科学の根本的習慣があることは一目瞭然であろう。つまりゼノンの逆理によって矛盾の傷を負うのは、実はこの点時刻表現なのである。そしてこの点時刻表現に誘導し、またそれを可能にしたのは、現在経験を境界現在として時間軸上に定位して過去・現在・未来を貫通する線型時間軸を制作したこと（第三節）にある。しかしここで忘れてならないのは、この時間軸の制作がそのまま直ちに点時刻表示に導いて「二点ABの間の無限箇の点を通過し終える」というアキレスの矛盾にはまるというのではないことである。日常的な想起経験では、点時刻などではなくて遥かにルースでファジーな過去運動が想起される。人の歩行や野球の投球が想起されるとき、いかにそれらが大まかでファジーなものであるか誰もが思いあたるだろう。それらの想起運動を描写する各種の動詞（歩く、飛ぶ等）や副詞（速い、びゅうんと等）は、それに符節を合わせてはなはだ曖昧でファジーな意味しかもっていない。このファジー性によって日常的運動はすべてゼノンの逆理の適用から免れているのである。

だが自然科学的思考は初めからこの安全地帯から出て点時刻表示という精密表示を採用した。それは日常世界をどこまでも精密に描くという科学の本質（精しくは拙著『知の構築とその呪縛』ちくま学芸文庫［大森荘蔵著作集第七巻］）からして不可避な選択であったろう。そうだとすれば、科学がゼノンの逆理から逃れるすべはない、と見定めるべきであろう。科学の点時刻表示には矛盾がひそんでいる、このことをゼノンは千数百年の昔その超人的な先見の明をもって警告したのである。この警告はしかし、その後今日に至るまでその意味が理解されずに無視され続けてきた。

では現在のわれわれはどうすればよいのか。科学はその本質からの選択であった点時刻表示をやめることはできない。やめるのは科学の自殺行為であろうから。しかしそうしながらゼノンの警告を忘れずにいつ矛盾が表面化してもおかしくないと常に覚悟を定めている（ＨＩＶ感染した人がその発症をおそれているように）というのは、科学が無意識のうちにこの矛盾を回避するためにとった手段ではなかろうか。

六　ふりかえって

以上の検討を通じていったい何が得られただろうか？　私は次に述べる二つを収穫として挙げたい。第一は「現在」という把えがたい概念についてであり、第二はゼノンの逆理によってあぶり出された運動の点時刻表示の危険性である。この二点を検出する過程で本題である「時の流れ」の否定が成就されたと考える。

「現在」という概念は昔も今も人を当惑させる。把えようとすれば指の間からすり抜けるし、把えたと思うと似ても似つかぬものだったという苦い思いをさせる。私はこうしためくらましが生まれるからくりを何とか同定できたと思う。それは「現在経験」と「境界現在」との混同である。過去と未来とからなる時間軸上に何とか定位される「境界現在」は、現在経験の影武者にさえなれないほどに貧困なしろものであって、「現在経験」という生の豊かさに満々としている「現在」に近似することもできない。この二つの混同を意識的に排除するならば、現在概念はいくらか透明度を増して当惑も若干減るだろう。しかしこのことは同時にわれわれの持つ時間概念の根幹に思いきった変更をすることになる。時間順序の軸である過去と未来とは全く異質なものとして現在を考えることだからである。具体的にいえば図Ａのように過去現在未

図A

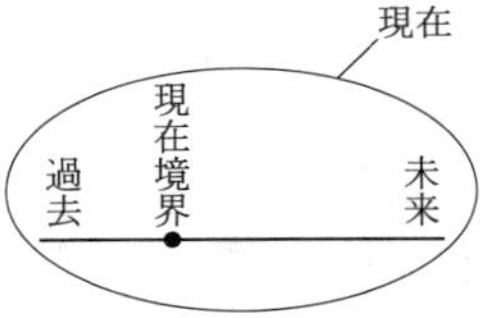

図B

来を時間軸上に並べることをやめて、図Bのように現在経験のなかに過去と未来の時間軸を考えるという、これまでも多くの人が気づいた見方に移ることである。簡単に言えば、過去と未来の時間順序は現在の思考経験のなかで思われているという、見方によれば当然至極のことである。だがこの見方では現在と「過去と未来」の間にある異質は見誤ることのないほど明々白々である。だが時にこの異質性を見失うことがある。そのとき人は「時の流れ」の錯誤にはまるのである。そこにまた「時間の向き」の妄想が寄生する。

この異質性の一端として運動概念がある。

運動は現在経験にのみ帰属するのであって、過去と未来は運動とは無関係である。時間順序は静態的《スタティック》な構造であって、それが動く道理がない。ただ、想起において運動の軌跡表示が出現することだけが運動とのかかわりのすべてなのである。その軌跡表示が点時刻表示を誘発するところにゼノンの逆理が向けられたのである。

ここで前節の話を繰り返す必要はあるまい。この点時刻表示をいったん選択した科学はゼノンの逆理の正しさを承認し、それをゼノンがその先見の明によって与えてくれた警告として肝に銘じて警戒を怠らぬようにする、というよりほかに道はないように思われる。

「後の祭り」を祈る――過去は物語り

［『時は流れず』3、一九九六年／初出：一九九五年］

英米哲学界では有名なマイケル・ダメットの「酋長の踊り」という謎解きがある。ある部族で青年が成人するにはライオン狩りでその力を証明せねばならないので、狩り場に二日かけて行き、狩りの後二日かけてもどる。酋長は彼らの成功を祈ってその間踊り続けるが、問題は、狩りが終わった日から青年たちが帰路にある間も踊り続けるというのである。そのとき狩りはすでに終わって事の成否は定まっているのに、その幸運を祈るとはどうしてだ、というのがダメットの問いである。われわれ現代人もこの酋長を笑えないだろう。列車や飛行機の事故の報を聞いた後でそれに乗り合わせた家族の無事を祈り、入学試験の合否はすでに決定済みであることを承知しつつ、なお一縷の望みをかけて祈りはしないだろうか。

しかし、すでに決定済みの過去をいまさら変更しようなどとは誰も思っていはしない。明らかにあの酋長にもわれわれ東京に住む人間にも、過去はまだ決定していない、そして望ましい過去であることを祈る余地、不幸な過去であることを恐れる余地がまだある、こうした思いが心の底にあるのだと私は言いたい。

それはわれわれが堅持していると思っている「決定済みの過去の実在」という信念に走った一筋の亀裂ではあるまいか。この信念の底には、現在からは手がもう届かない「過去自体」という人類に染みついた思いがあると思う。そしてこの「過去自体」という考えこそ、カントが徹底的に批判したあの「物自体（Ding an sich）」の考えそのものか、少なくともその同類近縁のものである。カントの批判に同意する現代の人々は、当然「過去自体」の考えをも批判すべきなのに、これまでそれを怠ってきた。その油断の隙をついてライオン狩りの起こす地震にひとたまりもなく「過去自体」という見かけ倒しの高層ビルに亀裂が入ったのである。ではこのビルを撤去した後にどんなバラックが建てられるのか。

それは私たち人類がその実生活のなかで旧石器のころから営々と実践してきた道を再確認することである。その道の最終段階で「過去自体」や「物自体」の妄想に取りつかれたのだから、この妄想段階をカットしたそこに至る道を確認してそれを再興する、それが私の提案する戦略である。

さて、過去とはどんなことか、過去とはそもそも何なのか、その過去の意味を体験的に教える根幹が想起経験であることを疑う人はいない。想起こそ過去についての唯一の基底的情報源であることは今も昔も変らない。過去とは想起によって思い出されるアネクドートの断片を接続して織ってゆく過去物語りにほかならない。しかし人類はこの情報源が人によって食い違う、必ずしも信頼できないものであることを痛いほど経験してきたはずである。そこで当然、各人の過去情報をスクリーンする公定の、、、手続きをあみ出した。その手続きが長年月にわたる生活のなかでの実践的適用によって修正改善されてきた結果が、現在の法廷や歴史研究、そしてマスコミ報道のなかで社会的に合意され実施されている真理条件として、誰にも十分熟知されている。その基本は、複数の人間の想起の一致（証言の一致、ウラを取る）と現在世界への整合的接続（物証や自然法則）である。その具体的内容は裁判所や刑事部屋、それに宇宙論や進化論の学会や教室をのぞけば、そこで毎日展開しているのが見られるだろう。

だがこの真理条件は、最終氷河期の時代の獲物や異性をめぐっての争いや、去年の種まきや収穫についての論争の場で適用されていたものと全く同一の条件であり、その連綿と続行されてきたものである。つまり、過去物語りの真理条件は数学や自然科学の真理条件と同様に歴史的社会的制度なのである。「真理」はア・プリオリに天下るのではなく、人間社会の制作物なのである。過去物語りはすべて、家庭争議や犯罪捜査といった些細な事件に至るまでこの真理条件の審査を通過しなければ狭くは当事者たち、広くは社会一般の公認を受けられず、過去として公式の登録をされないのである。過去と呼ばれているものは制度化され公式化された過去物語りであることは、古事記、日本書紀の昔から少しも変わっていない。そしてよくあることだが、こうした制度的なものがあたかもわれわれ人間とは無関係にア・プリオリに実在して、ほんの時折りわれわれにその姿をかいまみさせる、といった錯覚を生むのである。それが物自体とか過去自体といった妄想にほかならない。

過去自体とはカントが強調したように、物自体と同様に経験的には考えることができず、したがって想像することもできない、それゆえただ妄想することができるだけのものである。ありていに言えば、過去とは真理条件に沿って制作される過去物語りにほかならない。

初めに述べたダメットの酋長が、すでに過去になっているライオン狩りの成功をいま祈るのは、過去自体という錯覚のもとでは確かにパラドックスである。しかし、そのライオン狩りはその時点ではまだ公認された過去物語りにはなっていないのである。つまり、まだ過去ではないのである。だから好意的な酋長が祈っているのは、ライオン狩りの成功が真理条件をパスして、公認公定の過去となって部族全員に受け入れられることなのである。そこには酋長の善意と好意こそあれ、パラドックスじみたものは何もない。

飛行機事故を知った時点で家族が搭乗していなかった（過去形）ことを願い祈るのも、いまさら「後の祭り」を祈るのではなくて、家族非搭乗の過去物語りが公認されて制作されるように願い祈るのである。答案を提出した後に、合格の採点が出る物語りの公式制作をはらはらしながら待つのは受験生すべてだろう。
これらの人間の行動と心理のすべてが指しているのは過去自体という形而上学的妄想ではなくて、過去物語り制作であることは誰の目にも明らかだろう。われわれの表の建前がかりに過去自体であっても、裏の本音は過去制作なのである。机上の形而上学的空論ではなく、実生活での行動と心情は過去制作なのである。

昨日彼から電話があった、と思い出す想起経験で、厳然として有無を言わせぬその電話の実在性を感じるというのも、多くの人の実感であろう。しかしそれは実は錯覚なのである。それは実は、その電話は所定の真理条件をパスして必ず公式の過去物語りに編入されるに違いないという強烈な確信を、過去電話自体という意味不明の妄想で置換したのである。

そしてカント以後数百年を経た現在もなお、自然科学者の大部分が信じていると信じている物自体の一変型である素朴実在論についても、平行して言えるのではあるまいか。ここで一つだけは言うことができる。現在形実在論にせよ過去形実在論にせよ、実在論というのはみかけほどには丈夫なものではない。丈夫なのは人間の制作《ポイエーシス》した世界物語りのほうなのである。

［編者注］カントが徹底的に批判したのは「現象を物自体と見なす」考えであり、「物自体」の考えそのものではない。「物自体」は認識不可能だが、思考することは可能である。

自分と出会う——意識こそ人と世界を隔てる元凶

［『朝日新聞』一九九六年一一月一一日］

人生に衝撃を与える様な人に出会う、ましてや自分自身に出会う、などという劇的なことは私にはなかった。けれども哲学の業を進める上で頻繁に出会ったのは、人間が自分自身について抱く錯誤や誤解であった。

たとえば「心の中」である。人は何でもやたらに「心の中」に取り込もうとする悪い癖がある様だ。ここに何か恐ろしい物なり人なりがあるとすると、人は早速恐怖の感情を剝がし取って自分の心の中に取り込み、感情とは自分の心の中だけのものだと誤解してしまう。しかし感情だけを剝ぎ取ったり抽《ぬ》き取ったりすることなど土台出来ることではない。第一に、剝ぎ取られた方のものは、もう恐ろしくも何ともない筈だ。事実は、単純明快で、恐ろしいものが目の前に居る、それ以上でもそれ以下でもないのである。

事実は、世界其のものが、既に感情的なのである。世界が感情的であって、世界そのものが喜ばしい世界であったり、悲しむべき世界であったりするのである。自分の心の中の感情だと思い込んでいるものは、実はこの世界全体の感情のほんの一つの小さな前景に過ぎない。此のことは、お天気と気分について考えてみればわかるだろう。雲の低く垂れ込めた暗鬱な梅雨の世界は、それ自体として陰鬱なのであり、その一点景としての私も又陰鬱な気分になる。天高く晴れ渡った秋の世界はそれ自身晴れがましいのであり、其の一前景としての私も又晴れがましい気分になる。

簡単に云えば、世界は感情的なのであり、天地有情なのである。其の天地に地続きの我々人間も又、其の微小な前景として、其の有情に参加する。それが我々が「心の中」にしまい込まれていると思いこんでいる感情に他ならない。此のことを鋭敏に理解したのが、山水画、文人画を含む日本画家達であり、又西洋ではフランスの印象派の人々であったと思う。彼等は其の風景の描写にあたって何よりも其の風景の感情を表現するのに努力したからである。又音楽も、三次元空間に鳴り響く世界そのものが、音楽的感動なのであって、我々は其の感動のお相伴を受けているだけなのではあるまいか。

此の天然自然の構図を壊して感情を、せせこましい「心の中」に押し込める取り込み癖は、やがて、世界から、思いや、感じの全てを取り込もうとすると共に「心の中」の方も、やがて「意識」という勿体らしいものに昇格されてきた。此の「意識」こそ、デカルト以来、西洋思想の根底として現代科学の骨の髄まで貫通しているものである。そして此の「意識」が、世界と人間との間に立ちはだかる薄膜として世界と人の直接の交流を遮断している元凶だと思われる。最近ではそれに、脳生理学の一知半解が加わって、数ミクロンの「脳細胞《ニューロン》」が、意識の代役をつとめるといった奇怪至極の現象さえ見られる。此の歪《ひず》んだ状態から人間本来の素直な構図に戻るのに、難解だけが売り物の哲学や、思わせぶりの宗教談議は無用の長物、ましてや、「自然と一体」などという出来合いの連呼に耳を貸す必要はない。

我々は安心して生まれついたままの自分に戻れば良いのだ。其処では、世界と私は地続きに直接に接続し、間を阻むものは何もない。

梵我一如、天地人一体、の単純明快さに戻りさえすれば良いのだ。だから人であれば、誰にも出来ることで、たかだか一年も多少の練習をしさえすれば良い。

初出・初収単著・底本

各項末尾の数字は底本とした『大森荘蔵著作集』の巻

I

夢まぼろし　『朝日ジャーナル』一九七六年一一月一二日／『流れとよどみ——哲学断章』（産業図書、一九八一年五月）…5

記憶について　『朝日ジャーナル』一九七六年一一月二六日／『流れとよどみ』…5

真実の百面相　『朝日ジャーナル』一九七六年一二月三日／『流れとよどみ』…5

心の中　『朝日ジャーナル』一九七七年二月二五日／『流れとよどみ』…5

ロボットの申し分　『心』一九七八年一月／『流れとよどみ』…5

夢みる脳、夢みられる脳　『理想』一九七九年三月／『流れとよどみ』…5

II

哲学的知見の性格　『講座哲学大系　第一巻　哲学そのもの』（人文書院、一九六三年五月）…2

他我の問題と言語　『哲学雑誌』第八三巻七五五号（一九六八年一〇月）…2

言語と集合　『数理科学』一九六九年七月号／『言語・知覚・世界』（岩波書店、一九七一年五月）…3

決定論の論理と、自由　東京大学教養学部『人文科学科紀要』二〇号（一九六〇年）／『言語・知覚・世界』…3

知覚の因果説検討　日本哲学会誌『哲学』一〇号（一九六〇年）／『言語・知覚・世界』…3

知覚風景と科学的世界像　大森・沢田・山本編『科学の基礎』(東京大学出版会、一九六九年二月)／『言語・知覚・世界』　…3

Ⅲ

ことだま論——言葉と「もの‐ごと」　『講座哲学　第二巻　世界と知識』(東京大学出版会、一九七三年三月)／『物と心』(東京大学出版会、一九七六年二月)　…4
科学の罠　『理想』第四九六号(一九七四年九月)／『物と心』　…4
虚想の公認を求めて　『思想』第六一〇号(一九七五年四月)／『物と心』　…4

Ⅳ

過去の制作　『新・岩波講座哲学　第一巻　いま哲学とは』(岩波書店、一九八五年五月)／『時間と自我』(青土社、一九九二年三月)　…8
ホーリズムと他我問題　『現代思想』一九八八年七月／『時間と自我』　…8
脳と意識の無関係　『現代思想』一九九二年一二月／『時間と存在』(青土社、一九九四年三月)　…8
時は流れず——時間と運動の無縁　『現代思想』一九九六年四月／『時は流れず』(青土社、一九九六年一〇月)　…9
「後の祭り」を祈る——過去は物語り　『現代思想』一九九五年八月／『時は流れず』　…9
自分と出会う——意識こそ人と世界を隔てる元凶　『朝日新聞』一九九六年一一月一二日　…9

解説座談会——大森哲学の魅力を語る

飯田　隆
丹治信春
野家啓一
野矢茂樹

はじめての大森荘蔵

野家　大森荘蔵さんと最初に出会ったときの印象から始めましょうか。

飯田　あれは東大闘争のストライキがあって「正常化」になって授業が再開された年、だから東大の入試がなかった一九六九年かな、私は教養学科に仮進学だった。それで科学史・科学哲学に行って、そのとき大森さんのゼミに入った。それは丹治さんも一緒で、ただ丹治さんはちゃんと単位を取っていた。私はストライキに関係していて、試験のボイコットなどをして、単位がそろわなかった。だから一年留年したんです。それはともあれ、それまで大森さんに関しては、『科学時代の哲学』という三巻本の本のなかに「論理実証主義」という大森さんの書いているものがあって、それがすごく面白いなあと思っていた。

丹治　飯田さんが話したその最初のゼミというのは、ウィトゲンシュタインの『トラクタートゥス』（*Tractatus*,『論理哲学論考』）です。大森ゼミでびっくりしたのは、大森さんという人に初めて会ってとにかくびっくりしたのと、『トラクタートゥス』に初めて接してびっくりしたのとふたつあった。それは鮮明に覚えています。で、その『トラクタートゥス』に関して、「私はこれわかりません。だから、みんな順番なていいから、自分の気に入ったところを担当して、これはこういうことだろうと、自由に話をしなさい」と言うんですね。大学三年生のときにいきなりそういうことをやらされてびっくりした、というのが大森さんとの出会いですね。

野矢　ぼく自身はこのなかでは若輩で、ぼくが博士課程に行くときに大森先生は停年でおやめになった。それで伺いたくなるのですが、大森先生のゼミや授業の中で、飯田、丹治、野家の三人が顔を合わせるなんていうことはあったのですか。それはいまから考えると、すごい授業だなあと思うんですが、どんな感じだったんでしょう。

飯田　あのときは野家さんが東北大から科学哲学の大学院に来て、丹治さんと同級生でしょ。

野家　いや、丹治さんは一年上。ぼくと同級は、村田純一さん、長岡亮介さん、小川眞里子さんなどです。

飯田　そうか。私は本郷の大学院に行っていて、大森さんのゼミがあるときには駒場に行った、という感じですね。

野家　ぼくがいちばん印象に残っているのは、大森さんのウィトゲンシュタインの『ブルー・ブック（青色本）』の演習です。『ブルー・ブック』はちょうど大森さんがウィトゲンシュタインの全集で翻訳していたんですね。ぼくは当時マッハやポパーを読んでいたので、まずウィトゲンシュタインの哲学のスタイルに引きつけられたのと、それに対する大森さんの突っ込みの入れ方がなんとも魅力的でしたね。その結果、後期ウィトゲンシュタインにのめりこんでいくことになりました。

野矢　ぼくの頃はちょうど、『新視覚新論』を書いている頃で、自分が書いているとずっとそれをやるでしょう、だから鏡像論とかの印象がすごく強い。飯田さんのときはどんなことをやっていたんですか。

飯田　いつだったかはよく覚えていないんだけど、カントの『純粋理性批判』を読んだことがあったよね。

丹治　岩波文庫でね。

野家　それは、ぼくが来る前ですね。たしか久保元彦さんが駒場で助手をしているときで、久保さんが参加しようとして大森さんに「テキストはアカデミー版ですか、カッシーラー版ですか」と聞いたら、大森さんは「いや、岩波文庫をポケットにねじ込んできてください」と答えたという話を聞いたことがあります。

飯田　トゥールミンの『科学哲学』というのを読みかけたこともあった。

野矢　あ、そういうのをやっていたんですか。自分で書いたものをしゃべるというスタイルではなかったんですか。

飯田　大森さんは、自分がまとまった本を書かなくちゃいけないというときには自分の書いているものの話をするけれども、だいたいは、私の知っている限りでは、出てきた学生が、これを読もうと言っているのを取り上げて、それに付き合う、ということでしたね。

とにかく大森さんでびっくりするのは、哲学っていうのは勉強じゃない、と言うのね。だから、テキスト読んでいるときっていうのはなにも準備してこない。それで学生が何か言うと、学生と議論して、大森さんが言っていることはとても変だから、学生のほうもどうにか大森さんを批判しようとするんだけれど、言い返されて、だいたいポシャンとなる。

野家　そうでしたね。ふつう教師というのはしつこく質問されると嫌がるものだけれど、大森さんは、学生の質問がないと授業が一時間もたないと言っていましたね。それから、先ほど言った『ブルー・ブック』のほかにもバークリの*New Theory of Vision*（視覚新論）を取りあげたこともあったけれど、大森さん特有の決まり文句があって、「もしバークリが正しく考えているなら、こうなるはずです」と言うんです。そして結局は大森哲学の土俵に引きずり込む、というのが非常に印象的でした。ただ、学生の質問には非常に真面目に考えて答えていましたね。

飯田　大森さんはいろいろな質問について、それは一度自分で考えたことがある、だからこれにはこう答える、という、そういうのがすごく多くて、われわれはひどく感心して、なんか全部考えたことがあるんじゃないか、って。

丹治　ほんとうに、これはこう考えたらどうか、ああ考えたらどうか、と徹底的にやってきている、すでにやっちゃっている。ぼくらが考えていることは、もうとっくに考え済み、そういう印象は非常に強かったですね。

飯田　それから、ぜんぜん関係ないような質問が出てくると、「あ、それはまったく賛成です」と答えてやりすごす。そこはうまかったよね。

オオモリショウゾウという事件

野矢　ぼく自身は科学哲学に学士入学して、そのときには、とくに、哲学やるぞとか、大森荘蔵に学ぶぞとかいう気持ちはなかったんです。実は大森荘蔵を知らなかった。科哲で、本を読む前に生身の大森荘蔵に出会った。それはある意味で幸福な出会いだったなと感じています。大森さんのゼミなんかも、あえて大森さんの本を読まないで手ぶらで行ってやりあうみたいなことをやらせてもらって、すごくありがたかった。それで、大森さんに出会って、一年二年の間にどんどんいわば哲学に感染してしまった。大森さんがいなかったら、ぼくはこういう哲学の仕事には入っていなかっただろうという気がします。それで、皆さんにお聞きしたいのは、ぼくにとってはもちろん人生の大事件だったわけなんだけれども、日本の哲学界にとっても、大森荘蔵という存在は大事件だったんじゃないか、ということです。

野家 ぼくは、大森さんと同じだけれど物理学から哲学へという道を辿りましたが、ぼくが物理学から哲学に変わるきっかけとなったのは、大森さんじゃなくて廣松渉さんでした。廣松さんのマッハの翻訳(『認識の分析』)、その巻末に「マッハの哲学と相対性理論」という論文がついていたのを読んで、いまで言う科学哲学とか科学思想史という分野があるんだ、と思ったのがきっかけでした。大森さんに会う前は、もちろん『科学時代の哲学』の大森さんの論文は読んでいましたが、積極的な影響を受けたわけではなかったと思います。その頃は大学闘争の真っ最中だったので、科学哲学と言ってもどちらかというと市井三郎さんとか中村秀吉さんとか、マルクス主義の影響を受けたような人たちに関心があって、そういう意味では大森さんの哲学については、その頃は「ブルジョア哲学」というふうに共産党系の人たちから批判されていましたが、そういう印象をもっていましたね。それから実物に出会って、演習に出たりして、それで印象が根本からくつがえされました。

丹治　ぼくも大森さんに出会う前は、野家さんに近いですね。野家さんはちゃんと物理学科を卒業されているけれど。ぼくも大学に入る前は物理学を志していたんだけれど、大学に入ってしばらくして、これは違う、ということがわかって、それでストライキのあいだに勝手に本を読んでいたら、科学哲学というものがある、たまたま駒場にも科学哲学の勉強をできるところがある、というので行ってみたら大森さんに出会った。で、先ほど言ったように、いきなり大森さんと『トラクタートゥス』で衝撃を受けた。ああいうふうに徹底的に考えている人というのは、ほかにいないですよ。こうだと決めて、自分の考えはこうです、と言う人が多いなかで、こう考えたらどうか、ああ考えたらどうか、全部考えているんだよ、という人だってことがすごかった。ぼくにとっての大森先生の特徴というのは、ともかく考えることを促される、強制されるわけではないけれども、いやおうなしに、なにくそと、こちらも考えざるを得なくなる、ということです。

話はとんじゃうかもしれませんが、大森先生の影響をすごく受けたという人はわれわれを含めたくさんいるんだけれども、大森哲学の学説を継いでいる人というのは非常に少ないんじゃないか。どうしてそうなのか、と考えた。それは、なにくそ、と考えるように刺激を与えるのが大森荘蔵氏であって、そうすると、大森さんの議論に対しても、なにくそ、どこかおかしいところがあるはずだって、考えるようになる。

ぼくも一九七七年に書いた大森批判があって（「立ち現われ」と二元論的構図」『理想』一九七七年七月号）、今日のために見つけて読んでみたら、いまだに、ああなかなかよく書けているな、と思った（笑い）。たしか、これを書いたときに飯田さんはアメリカにいて、こういうものを書いたんだ、これを書いて便秘が治ったような気がする、という手紙を書いた記憶があります。やっぱり大森さんは、ものを考える、なにくそと考えるように促す刺激が非常に強い。だから、大森荘蔵先生にものすごい影響を受けた、それで哲学にはまっちゃった、という人はたくさんいるにもかかわらず、学説を継いでいる人は少ない。ぼくはそれでいいんだと思います。考える、哲学をするということを日本人のあいだにまったく新しい形で根づかせた、それが大森さんだったと思う。

野矢　ぼくは自分では、けっこう学説を継いでいるかもしれないと思っているんです。大森さんの議論は、例えば知覚についての議論でも、とにかくとことん考えているから、大森さんの根本的な考えには同意できなくても、多くの道具立てで、まったく正しい洞察がいっぱいある。だから大森さんの議論を半分以上使いながら大森さんと違う結論を出すというようなことをぼくはやったりするんです。一所懸命大森さんから抜け出るというか、反発するようなことをやっていながら、ふと気づくと、古い喩えだけれども、お釈迦さんの手の中、あれ、大森さんと同じことを言っているかな、と思うこともある。だからぼくは、大森さんの内容をかなり濃厚に引き受けながら、文字通り引き継ぐということではないけれど、やっているというところはあります。例外的な存在かもしれませんが。

飯田　大森さんのなにが面白いか、という話にもどれば、個人的に影響を受けて哲学に入った人はたくさんいるわけで、例えば中島義道さんの本で大森さんの名前を知っているという人は多いと思うんだよね。ただ、大森さんの大きな意味合いは、日本の哲学はやっぱり西洋のものを輸入したわけで、日本の大学の哲学科って、ずうっと昔に死んじゃった人が、日本語ではない、よその国の言葉で書き残したものを一所懸命読む、それで何かする、というものとしてずっとやってきた。自分の前にいる人と自分がお互いに哲学の議論をやるんだ、ということを経験できたのは、戦後の日本では、大森さんのゼミぐらいで、だから、それは非常にまれな場所だったと思うんだよね。ほかのところは知らないから、ほかに全然なかったとは言いきれないけれど、そういう意味で戦後の日本の哲学にとって、大森さんの存在は非常に大きいんじゃないかな。そして、われわれみんな、大森さんみたいにはできないけれども、自分の授業ではそういうことを目指そうとやってきたわけでしょう。そういうことが、日本の哲学のあり方を変えたんじゃないかな、という気がするんです。

散文精神と瘴気／前期の「魅力」と中期の「豊かさ」

野家　大森さんと一緒に、東大の山本信さんや慶応の沢田允茂さんとかが中心となって、自然科学者との対話をやったりしてましたね。たしか『科学の基礎』（東京大学出版会）という本にまとめられていたと思いますが。それから一九五〇年代に「アメリカン・セミナー」というのがありましたね。スタンフォード大学からゴヒーン教授、それにクワインやデイヴィドソンとかがやってきて日本の哲学者に分析哲学の手ほどきをした。クワインはそのとき『ことばと対象』の原型となるような講義をしたらしく、それを聞いた吉田夏彦さんが、なんだ発達心理学じゃないかと思った、と言ってました。また、クワインが銀座でラビット印のスクーターを目にして「ガバガイ!」と叫んだというエピソードを聞いたこともあります。この時期、大森さんは留学から帰ってきていたんでしょうか。あのころから分析哲学や科学哲学という分野が、日本の中にかなりはっきりした勢力として登場してきた。その意味では、大森さん個人というよりは、アメリカ哲学のスタイルを受け継いだゆるやかなグループが出来つつあって、そういった流れの影響が大きくなっていったのかな、というのが外から見た印象ですね。科学哲学会が結成されたのもそのころだったと思います。

野矢 でもそのなかでも、大森さんは独特というか、異彩を放っているんじゃないですか。大森さんはよく、哲学における散文精神を強調して、それも日本の哲学界に風穴を開けた一つですね。それは、アメリカの風通しのよいスタイルが日本に流れ込んできた、ということだったと思うんです。でも、大森さんの特徴は、そういう風通しのよさというよりも、悪い言い方をすれば、瘴気に満ちているような、非常に挑発的で、毒々しいとか禍々《まがまが》しいという言い方は当らないけれども、必ずしも散文精神というのでは捉えられないものが大森さんの中にあると思うんです。

大森さんの哲学のポイントというのは、自分が生きている現場から、それを超越したものをどうやって理解していくか、というところにある。とにかく彼の中で、分からないものを分かりたいという気持ちがあって、最後まで分からなかったものが他我の問題だったという感じがしますが、最初『言語・知覚・世界』では、知覚、しかも独我論的な、利那的な知覚というところから、それを超えたものをどうやって理解するかということだった。それが、その理解の基盤となる持ち駒がだんだんと多くなっていく。後期がいちばん多くなっていると思うんだけれども、読者として、同じ哲学研究者としてではなくて、大森荘蔵を読む読者としてみたときには、少ない手駒から多くのものをどう捉えていくかというのがものすごくスリリングであるわけです。だから、『言語・知覚・世界』を読んでいると、ワクワク、ドキドキしてくる。ある意味では哲学的な陶酔感が、あのころの大森さんの強靭な議論にはある。散文精神といっても、平板さからはまったく程遠いものが、大森さんの書くものにも談話にもあって、その魅力というのがものすごく大きいんじゃないかという気がするんです。

野家　それはまったく賛成ですが、散文精神ということを大森さんがことさら強調したのは、このセレクションに収められているけれども「哲学的知見の性格」で書いていることで、やっぱり当時の日本の哲学に対する一種の反発があったと思う。「哲学は黙示と啓示の秘儀にとどまることなく、広場で対話され街頭で流通できるもの」（七八頁）とあって、科学と哲学は共通して事実の解明に当たる、ただその関心の向け方が異なるのだ、と言っている。当時の実存主義だ、マルクス主義だ、西田哲学だ、という我が仏尊しといった潮流に対する一種のアイロニーが「散文精神」という表現にはこめられていたんじゃないかと思うんです。また、「哲学は語るものであって、歌うものではない」という言葉は、大森さん自身、台所言葉で哲学をしなくてはならない、と絶えず繰り返し言っていましたが、ふつうの人が分かる言葉で述べなおすことができなければ、それは誰にも理解できないし、まして専門的ジャーゴンを振り回して相手を煙に巻くような態度は哲学からもっとも遠い、というのが大森さんが一貫して哲学する際にとっていた態度だと思います。ですから「散文精神」とはいわゆる「散文的」とは対極にある精神で、たしかヴァレリーが散文を歩行に詩を舞踊に喩えていましたが、地に足のついた歩行する哲学という意味ではなかったでしょうか。歌うのではなく語る、というのもそれと同じことだと思います。

野矢　でも、けっこう歌になっていませんか（笑い）。

丹治　さっき野矢さんが「挑発的」と言ったのは、なにくそ、と考えさせるというのと同じことだと思うんですね。それで、戦後のアメリカ哲学を受け継いだ一群の人々というのと、そのなかでの大森荘蔵というのは、ちょっと違うということはあると思うんですね。

野矢　そういう言い方をすると、もしも後期の大森さんの書いたものが、ぼくが学生のときに触れた最初の大森荘蔵だったならば、こんな形の影響ではなかったのではないか、

丹治　ぼくもそう思います。

野矢　こんな人の人生を狂わせるようなパンチ力ではなかったんじゃないかという気がするんですよ。後期のほうが、もっとしらふで健全な哲学だと思うんです。

丹治　そうかなあ？（笑い）

野矢　『言語・知覚・世界』が読者としてはいちばん面白くって、哲学やっている者としては『物と心』がいちばん豊かという感じがする。で、後期は、持ち駒が多いわけですよ。最初は独我論的な知覚というところから説明し、理解しようとする。で、『物と心』では「立ち現われ」で、そのなかに「思い」とか「虚想」とか、もっと道具立てが豊かになる。道具立てが豊かになると、『言語・知覚・世界』にあった論証というのが影を潜めて、もっと記述的になっていくんですね。『物と心』は論証が減っていくんです。で、後期になると、もっと手駒が増えて、「われわれの社会的言語実践」とかを、大森さんらしくもなく言いだす。そうすると、危険な香りがしなくなってくるんです。そんな感じなんですけどね。

野家　うーん、ちょっと微妙に印象が違う。中期の『物と心』がいちばん豊かというのは賛成ですが、後期になっても懸案の問題とストラグルするという姿勢は一貫して変わらなかったと思う。むしろ後期には文体の上からも「熟成」というか、新たな魅力が出てきている。道具立ての多さというのは表面上のことで、要するにあらゆる可能性を試してみる、考え尽くしてみる、ということだったのではないか。

野矢　野家さんは後期の内容にご自分と非常に近いものを感じているでしょう。それはぼくは哲学的なスタンスとしては、健全だと思うんだけれど。

丹治　野矢さんと同じことかどうかはわからないんだけれども、後期は、ぼくにはある種の疑問が多くて、結論は近いかもしれないけれども、結論に到る道筋が弱い、昔の大森さんだったらもっときっちりやるだろうという気がする、ということはありますね。

野家　それは病気になったあとが後期、ということですから、多少の気力や持続力の衰えはあったかもしれない。

丹治　仕方がないということがあるわけですが……。

野矢　それだけではないでしょう。全体論とか、社会的な言語実践とか言ったらどうしたってシャープさがなくなって、

丹治　そうかなあ？（笑い）

野家　ぼくは最晩年の論文「後の祭り」を祈る」に大森哲学健在なりと感じましたけどね。シャープさというよりは外連味《けれんみ》がなくなって無理筋を押し通さない柔構造の哲学という印象を受けます。

野矢　構造上鋭利じゃなくなってくると思う。独我論的な、刹那的な知覚という禁欲的なものをもとにした方が、より議論が鋭利になっていくと思いますね。

丹治　ちょっと違うような気がする。

野家　ただ、「独我論」といっても大森個人のものであって、普遍性を持つのは非常にむずかしいと思う。もちろん議論の相手としては非常に対決しがいがあるわけだけれども、『言語・知覚・世界』にはどこか肩肘を張って読者を何としてでも説得してみせる、という自意識過剰なところが見える。そこが一方ではたいへん魅力的なんだけれども、中期・後期とくらべると多少鼻につく面もある。

野矢　その頃の大森哲学が全面的に正しいとか言っているわけじゃなくて、哲学の正しさと魅力というのは必ずしも一致しない。

飯田　『言語・知覚・世界』というのは、まだ論理実証主義的な影響が強いんです。その意味

で、かなり極端な立場ではある。哲学としてみたら、『物と心』のほうがずっと豊かだし、その前の極端さというものもまだもっているんだけれども、もっと人を納得させる力があるものになっていると思います。

野家　前期の『言語・知覚・世界』に収められた論文というのは、いま論理実証主義と言われましたが、基本的に「現象主義と行動主義」とまとめられるような枠に収まっていると思うんですね。ただ、それを抜け出して「大森哲学」と呼べるような独自の展開を見せはじめるのはやはり「ことだま論」以降だろうとぼくは思っています。あの世界というのは非常に魅力的で、さっき野矢さんは「論証的であるよりは記述的」と言ったけれども、それはそのとおりなんだけれども、あれだけ新たな概念装置を繰り出してきて世界の見方を一新してみせるというのは、見事でかなわないと思いましたね。ぼくは「ことだま論」から『新視覚新論』に至る十年くらいが大森哲学のピークだと思っています。後期というのは、ある意味で大森さんの落穂拾いというか、それまで取り組んできてどうもまだ完全に解決に至っていないいくつかの問題を取り上げて格闘している。とくに時間論ではゼノンのパラドックス問題、それから他我認識、脳産神話、心身問題、そういった問題を取り上げて、たしかに中期にくらべるとパワーは落ちているかもしれませんが、説得力という点ではかえって増しているような気がしますね。

立ち現われ一元論と二元論批判

丹治　そういうふうに、飯田さんや野家さんが中期は哲学として豊かなんだ、というときに、

「ことだま論」には賛成だ、私は「ことだま論」は正しいと思う、という考えですか。

飯田　いや「ことだま論」については基本的に賛成ではない。だから、私が賛成するのは、知覚の分析のときに彼が使っているいろいろな道具立てだとかで、立ち現われ一元論を基本的に正しいと思っていないけれども、実物が立ち現われるということを擁護しようとする大森さんの議論には、やはり優れたものがたくさんあると思う。これが、われわれの知覚だとか、過去についての認識だとかを正しく描写している理論だとは思わないけれども、そこからわれわれがいろいろ学ぶことができるということです。

丹治　その点どうなんですか、引き継いでいるものがあるという野矢さんの場合。「ことだま論」は正しいんだ、と思う？

野矢　なかなかひとことでは答えられないけど、ぼくは立ち現われ一元論は（独我論から脱け出た地点から捉え直すことができるならば）基本的には正しいと思ってます。現象の背後に実在を想定する二元論を拒否すること、世界の立ち現われの内に心を捉えようとすること、これは基本的に正しいと思ってる。

丹治　いや、どうしてそういうことを言い出したかというと、知覚の場面で、実物があって、実物からの因果的影響があって、そして写しとしての知覚像ができる、という写しと知覚の二元論。これはいけない。けれどそこから、二元論的な考え方は全部いけないんだ、と言う。そのときの二元論のひとつとして、対象と性質の二元論、主語と述語のような二元論もいけないんだ、ものとことの二元論もいけないんだ、と言ってる。ちょっと、いろいろな二元論を一緒くたにしすぎているんじゃないかという気がするんですね。たしかに知覚の場面というのは、これはおかしい。このおかしいという大森さんの感じは非常に賛成できるんです。神経生理学的な言い方で、実物があって、物理的な因果作用があって、脳状態ができて、そこから風景が生産される、脳産の風景が形成される、これでやったら実物と像との関係が分からなくなって、非常におかしいことになっちゃうというのは賛成できるんですが。

野矢　大森哲学というと二元論批判、ですよね。だけど、それでいいのか、というかそれだけでいいのかなという感じがしていて、二元論批判というのはいま哲学をやろうとしている学生たちにはそんなにアピールしないような気がするんですよ。大森荘蔵は二元論批判の人と括《くく》っちゃうと、尊敬はされるけれど過去の人という扱いになっちゃうんじゃないか。大森荘蔵というのはなにも二元論批判がその核心だったわけじゃないんだという気がするんです。

飯田　二元論ということで、どのへんまで含めるかということにかかわるんだけれども、大森さんとか大森さんと同じくらいの世代、われわれぐらいもそうなんだけれど、科学的な世界像と、日常的なものの見方との間の関係はどうなっているのか、という関心がすごく強い。

野矢　それはいまでもアクチュアルな問題ですよね。

飯田　ただ、いまの学生はそれについてでさえ、そこに大きな関心を持っているんだろうか、という気がするんだけどね。科学的世界像みたいなものがいちばんこの世界の実在を明らかにする描像を与えてくれるんだという考え方はもう、へたをすると、ある意味では廃《すた》れちゃったんじゃないかという気がしないでもない。

野矢　定着したんじゃなくて廃れた？

飯田　定着しちゃったから、哲学的問題としてはもう意識されないということなのかなあ。

野家　そっちのほうじゃないかな。自然主義が隆盛になると、科学的世界像は自明の前提となって、その基盤を哲学的に問う必要はもはやなくなる。ぼく自身は、それは哲学の自殺だと思いますけどね。

飯田　そっちのほうかなあ。べつに社会構成主義っていうわけじゃないよね。大森さんの『流れとよどみ』を学生と読んでいると、そのへんでなにか違和感があるんだよ。単に私だけの感じかもしれないけれど。そのへんはどう思います？　物と心とか心身問題を問題にしたんだという括り方では大森さんの哲学は矮小化されてしまうと思うんだけれど、科学的世界像とその知覚的風景、そういうものの関係とか、そういうことをずっと問題にしていた、というのは……。

丹治　ひとつのまとめ方かなあ。

野矢　大森さんの無脳論とか脳透視の話というのは、ぼくはけっこう引き受けようとしているんだけれど。

丹治　ああそうですか。

野矢　脳透視は一見荒唐無稽に聞こえるだろうけれどもじつは正しいのだ、と。大森荘蔵の脳透視を引き受けるというのが私のテーゼになっちゃうような（笑い）ものなんだけれど、あそこらへんの議論は正しいかどうかはともかくとしても、非常にアクチュアルな、意義のある、関心をもたれるべきものですよね。

野家　脳科学がいま盛んですから、大森さんの脳産神話批判や無脳論はいまこそ読み返される価値がある。「心の哲学」が消去的唯物論に行き着いてしまえば、それこそ「心なしの哲学」になります。「脳透視」が正しいかどうかは保留するけれども、脳科学万能の風潮に対する大森さんの抵抗の姿勢は大いに見習うべきものがあると思います。「脳が考える」と言うのは、「人間が考える」と言っているにすぎないわけですから。

大森哲学をどう語るか——前期と「独我論」

野矢　さっきぼくが話したことを繰り返して、御三方のご意見をうかがいたいと思うんですが、大森さんの基本というのは、自分の理解できないものをなんとか理解してやろうという努力で、大森さんの議論は基本的に、認識論的な「われわれが真なる認識を得るにはどのようにすればよいのか」というのではなくて、わけが分からないものをどうやって分かってやろうか、ということだと思います。だから大森病に感染すると、まず、分かっていたつもりのことが分からなくなるわけですよ。「君たち、分かっているつもりだろうけれど、こんなことはぜんぜん分からないじゃないか」と。でも、分からなくなるのは大森さんの前提があるからで、ふと我にかえると、やっぱり分かっていたりして、そこらへんのスタンスはむずかしいんだけれど。

大森さんがいちばん初めに立ったのは、独我論のなかでも刹那的な知覚、「いま私はこれを見ている」。ところが、これをはみ出る多くのものがある。簡単な話が、隣りの部屋の椅子だのテーブル、これらを、いま私は見ていないし、「他人の心」なんかもそうだし、「無限」なんてのもそうだし、そういうものはどんどんはみ出ている。それを「いま私はこれを見ている」ということからどうやって捉えていくか、それが『言語・知覚・世界』の問題の、大森さんが設定した枠組みです。これらを、つまり超越しているものを理解しようとする元手というのはその後だんだん増えてくる。中期になってくると「思い」というのが入ってきて、その思いのなかにはさらに「虚想」というのが入ってくる。この「思い」や「虚想」が知覚に込められるから、知覚も刹那的なものではなくてもっと豊かなものになってくる。でも、それでも、「私がいまここから見ている」ということは動かないんですね。豊かな道具立てで、見ている立ち現われ風景はものすごく豊かになっていく。それでもはみ出ていくものがある。他我がそうだし、過去がそうだ。そのはみ出ていくものをどう捉えていくかという流れになっていく。さらに、第Ⅳ部になると、「立ち現われ」という「いま私が」というところにこだわっていてはどうしても手がとどかないものがあるというので、さらに道具立てを、「語り」――われわれの社会的な語り――というところに広げていった。非常におおざっぱだけれども、こういう流れが、ぼくが大森哲学の全体にみている運動の形なんです。「正しい」とひとこと言ってもらえれば、それでもういいんですけど（笑い）。

野家　あまりにもきれいに整理されてしまいましたが、だけどまず、前期の立場が果たして「独我論」なのか、というところから疑わなくてはならないんじゃないか、と思うんですね。独我論とは「私」と私の「意識内容」のみに実在性を認める立場ですが、大森さんの場合、知覚の「作用―内容―対象」という三項図式を前期から徹底して批判しています。ですから「私」の存在も「意識内容」もむしろ消去しようとする。「私がいまここから見ている」という一人称言明は大森さんの立場からは「いまここに知覚風景が見えている」という非人称言明になる。したがって一見すると独我論に見えるけれども、「いま私が」にこだわる独我論とは似ていて非なる立場だと思いますね。

飯田　だから、私なんかは、大森さんの議論を追いかけて、途中ではっと気づくと、最初からだまされていたような感じがするんだよね（笑い）。哲学というのは、むずかしいんで、いちばん最初が肝腎で、始まっちゃったらもう終わっちゃっているという、ウィトゲンシュタインか何かにそういう話があったじゃない。だから、それは独我論なんだろうな、と思うんだけど、どうやったらこれが独我論だと言えるのか、むずかしいなあという気がする。

野家　ふつうの場合の独我論というのは私の意識がすべてで、意識内在主義の立場から私の意識の内部にあらゆる確実性を封じ込めていこうとする。ただ、大森さんの場合には初めっから、意識の内部とか心の中とかいうスタンスはないんじゃないんですか。日常的な知覚風景の中でじかに対象を知覚するわけですから。だから、それがプライベートなものだとか、私的言語でしか語れないんだとか、黒田亘さんはそこを批判するわけですけれども、そういうスタンスというのはないように思う。

飯田　ないね。

野矢　いやいや、前期の代表作で今回は長さの都合で収録できなかった「物と知覚」では、知覚像語を私的言語だとむしろ積極的に認めてますよ。だけど、確かに野家さんが言われたように、「意識」という発想は大森さんには最初からなくて、そういう意味では、意識の中に閉じこもる独我論ではなかった。それはそのとおりですよね。

丹治　「現われ」から始めるっていうこと。心とか意識とかって言うからいけないんだけれど、何か自分に「現われて」いる、ここから全部始めなくちゃいけない、っていうところは確かなんじゃないか。

飯田　それはだから「自分の」知覚風景で、ほかの人の知覚風景なんかわからないよ。

野矢　だから、やっぱり独我論でしょう。

野家　だけどその知覚風景は、後に四次元の宇宙風景にまでひろがっちゃうわけですね。するともうこれは独我論というよりも、知覚経験にラッセルの言う"sense of reality"すなわち実在感覚の基盤をおいたということで、その知覚風景は「無我的」ないしは「非人称的」ですらある。「私」はいわば風景が映し出される無限にひろがったスクリーンのようなものにすぎない。

飯田　何万光年もあるわけだ。

野矢　でも、あれだけ他我っていうのが解きえぬ謎になってしまったというのは、少なくともかなり独我論的であった、と言うことはできる。

野家　それは言えますね。ただし、他我問題は独我論でなくとも生じますね。例えばライプニッツのモナドには「窓がない」わけだし。大森さんの場合、他我の存在は電子の存在と同じ類型の問題だったと思います。

飯田　それは出発点がそうだったからじゃない？　つまり知覚風景を出発点にすれば、他我っていうのは知覚風景の中に現われる何かでしかない。

野家　それに大森さんにとって、出発点は断片的な感覚じゃなくて知覚なわけですね。論理実証主義ならば、感覚に依拠した方法論的独我論で、カルナップのように感覚与件から論理的なコンストラクションによってさまざまなものを構築していく。大森さんはそれではないですね。初めから物として、意味をもった対象として立ち現われてくるわけだから。

野矢　でも『言語・知覚・世界』では利那的な知覚にまで局限している、大森さんの言い方では「意味切断している」ので、やっぱり立ち現われ論のときの豊かな知覚じゃない。確かにそれは感覚与件ではないけれど、それでもまだ物は知覚の中に姿を現わしてはいないですよ。

少し違う角度から言いますが、中期から後期にかけて、大森さんは心を世界に返還するというプログラムをもっていたでしょう。ふつうは意識の中、心の中で起こっているとされるできごとを全部世界におけるできごとだと捉え直していく。感情も全部世界に投げ出す、で、有情の世界という言い方をしていく。十人十色の意識の内なる世界があって、その中で起こっていると常識的に思われているものを全部世界に返還していく、それはたぶん独我論だからできた、と思う。私ひとりしかいなければ、内も外もないから、だから簡単にぽいぽい外に放り出せるんだと思う。あれを、独我論じゃなくてやろうとするとものすごい力わざが必要なんだけれども、ぼく自身も一人一人が意識の世界をもっているなんて考えないので、大森さんの「心を世界に返還する」というのは、なんとかして非独我論的にやりたいという気持ちをもっているんです。

丹治　独我論であることが心を世界に開いちゃうために果たして必要であるのかどうか、それは検討を要することですね。

野矢　そうですね。いまのはちょっと訂正しなくちゃいけない。独我論だから心がぽんぽん世界に返還できたなんて、そんな単純なものじゃないですよね。もっと格闘しながらやっていたわけですし。

飯田　これでいくと、感情みたいなものはパースペクティヴみたいなものと同じだ、ということになるよね、きっと。それぞれ違う場所から見ている、そのなかに含めていこうということだよね。

大森哲学と三角形――中期と「相貌」

飯田　野矢さんの場合は脳透視の話を引き継ごうというわけだよね。野家さんは第Ⅳ部で展開されているような時間論の話がある。あとでその話はきっと出ると思うのですが、私は「思い」の話。ところどころで出ているんだけれど、例えば三角形とか、抽象的な対象をどうするかという話がチラッと出てきては、いつも、これは他日、というふうに言ってやっていない。抽象的対象をどう扱うかというのは知覚的な話と「思い」というのと、案外パラレルにできるんじゃないかという気が私はしているんだね。例えば、三角形というとき、無数の三角形が待機的に現われるという話でしょ。むずかしいのは、そのとき「無数の三角形」ということで何を考えているかということだよね。やっぱり時間的・空間的に具体的な三角形のことを考えるのでなければ、その考えているものも抽象的な三角形だとすれば話にならないわけだよね。そういう具体的なものとかかわる形で抽象的対象というのを考えていけないか。そこで典型的に出てくるのがタイプとトークン（個別事例）ということで、文字みたいなものなんだね。文字というのは基本的にはトークンがあってはじめて存在するわけだけど、ふつうわれわれが知覚しているのは、トークンを通じてタイプを知覚している。こうやってしゃべっているときだって、基本的に音を聞いているんじゃないんだよね。そういう方向で大森さんの話を発展できないかな、という気がする。

野家　それはたぶん、三角形とかかわりと知覚的な体験に近い場合は「思い」の拡張でいけるんだけれど、波動方程式とかになるとタイプとトークンの区別はむずかしい。大森さんは波動方程式も思い的に立ち現われるわけだから（笑い）。

飯田　そんな先まではちょっと無理だな。三角形とか幾何学的な図形と、それから文字、音声言語、それからさまざまな人工的なもの、芸術作品を含めて。知覚的思いというのは、可能であたり、すでに生じてしまった知覚の思いだから、知覚との接点がないものは無理だろう。

野矢　相貌というのは基本的にタイプ的なものでしょ？

飯田　タイプ的ですかね。

野矢　例えば、犬としての相貌。

飯田　だから実際の物体の知覚のところでもすでに、われわれは抽象的なものを前提して知覚しているわけだから、抽象的なものと具体的なものとはそんなに簡単に切り離せない、という感じがするんだけどね。

野矢　『言語・知覚・世界』のときにも「相貌」という言葉は出すんですけど、そのころの枠組みでは「相貌」がもっているタイプ的な性格を取り出すなんてできるわけもなくて、大森さんが「相貌」ということをもっと自由に語りだすのは立ち現われ論になってからで、『言語・知覚・世界』のときには、「相貌」は非常にいごこちの悪い概念なんですね。で、『言語・知覚・世界』のときには、「三角形」のような普遍概念をどう考えているかというと、実は大森さんの言い方は揺れていて、ぼくはそれはたいへんよくないことだと思っているんですが、例えば、「三角形」の意味は三角形の無限集合である、というような不用意な言い方をしている。だけれども、大森さんはもっとそこのところを潔癖にやるべきで、「三角形」という語がなんらかの意味をもっているという考え方を彼はそもそも拒否するべきだと思うし、拒否していたと思う。むしろ大森さんが言っているのは、「三角形」の意味は何か、ではなくて、「三角形」の意味を理解している、とはどういうことか、なんです。「三角形」の意味を理解しているとは、何が三角形で何が三角形じゃないかを弁別できることだ、「犬」の意味を理解しているとは何が犬で何が犬じゃないかを識別できることだ、それ以上でも以下でもない。だけど、どうも徹底していなくて、普遍語の意味とは無限集合だというふうに言ってしまうところも何回も出てくる。でも、大森さんの哲学の中でももっと潔癖に徹底するんであれば、「意味」みたいなものを出さないで、「意味を理解している」というところでいくべきだと思う。

飯田　そのへんのことは、その時期にはけっこう考えていたことなんだけれど、その先になってその話を続けてやるということがたまたまなかったんじゃないかという気がするね。第Ⅱ部に入れた「言語と集合」というのはそのプログラムみたいなものを書いている論文なんだね。

野矢　飯田さんの話を聞いていて思ったのは、『言語・知覚・世界』の識別能力という形で普遍語の意味理解を捉えるというのはかなり健全なものなのだけれども、でも、基本的にわれわれが出会うのはトークンであって、そのトークンを分類していく能力をもっているんだということでしょ。だけれども、中期の「相貌」というのは、もう最初からタイプに出会っている。犬というタイプに出会う。「相貌」というのはトークンというよりもタイプでしょう。こっちのほうがたぶん正しい。

飯田　私もそれは正しいと思うよ。タイプに出会っていると思う。

丹治　タイプに出会うということと弁別ができるというのは違うことなの？

野矢　あ、なるほど。だから、弁別能力をもっているとその能力がそのタイプという相貌を与えるという形になるんでしょうね。ちょうど、実験室に入っていったときに、その実験室の機器を使えるか使えないかによってその実験室の相貌がまるで違うように、扱う能力があることによってその対象の相貌は全然変わるわけです。

飯田　対象として認めるというのはどういうことか、つまりタイプという対象みたいなものを措定するとはどういうことか、というそこの話になってくるんじゃないかなあ。それは単に、そのタイプに分類されるトークンを弁別する能力をもっているということには還元できない何かだと思う。

丹治　でも、そういうことに関心があるんですかねえ？

飯田　大森さんね。関心ないと思う（笑い）。

「存在したとは想起されることだ」
——後期と想起と言語

飯田　私がちょっと聞きたかったことは、大森さんの時間論、つまり過去論ですよね、大森さんは倒れる前から時間論を気にしていたと思うんだけれど、「過去の制作」という論文は、その前からの話を引きずってきてという感じで書かれたんですか?

野家 いや、ぼくは非常に唐突な感じを受けました。ただ、時間論というとき、ひとつはゼノンのパラドックスに大森さんはずっとこだわっていましたね。線形時間、あるいは数直線で表される時間に対する批判ということで。ただ、過去論というのはそれとは少し別の系列で、前から実物と記憶像の関係に関連して、ところどころで、大森さんは主題的ではないにしても過去の問題を扱っていた。「ことだま論」のところでも過去の「思い的立ち現われ」という形で論じているのですけれども、それを過去の歴史全般におしひろげるような議論は「過去の制作」で初めてなされました。大森さんの場合、知覚と想起との対比で、想起が知覚のコピーでないとすれば想起内容の真偽はどうやって決まるかというような、そういうところで過去の問題は出てきたわけですから、記憶論の場合は時間論という文脈で展開されたのではないような気がします。それが、大森さんが病院から出てこられて、最初に発表されたのは放送大学の教科書ですが、あれは倒れる前に書かれていたものので、退院後に初めて書かれたものとしては八〇年代半ばの岩波の『新・哲学講座』でしたね。しかもあれは、「いま哲学とは」という編集委員総出演の最初の巻で、ほかの執筆者は哲学史を参照しながら哲学とは何かを論じているのに、大森さんは「過去の制作」を書いて、これが哲学ですって差し出した(笑い)。それが実に見事だと思いました。しかも大森さんは「過去の制作」の中で、記憶だけでなくて歴史一般にまで話をひろげているのが非常に印象的でしたね。「想起過去説」とのちに呼ばれることになるわけですが、想起から離れて「過去そのもの」なんていうものは実在するものではなくて、想起されたものの中に過去がじかに立ち現われる。記憶の場合には、記憶像は知覚の写しではなくて記憶を通じて過去がじかに立ち現われると言っていましたけれど、それを過去一般にまでおしひろげて、バークリの「存在するとは知覚されることだ」というのを、「存在したとは想起されることだ」と置き換えて、カントの「物自体」が存在しないように、「過去自体」なるものも存在しない、というか意味をなさない、と言う。そういう議論にはやっぱり鮮烈な印象を受けましたね。あともうひとつは、大森さんの議論の中心というのは当然、知覚と同じく現在の想起、つまり体験的過去の想起ですね。ところが、歴史の問題に入り込むと、体験しない過去、明治時代とかローマ時代とかの歴史的過去をどう説明するかということが問題になる。そこに大森さんは言語的制作、ポイエーシスという概念をもってきて、過去を物語り、ナラティヴという次元へ移すことで、体験的過去と歴史的過去をつなごうとした。ただ大森さんの場合、体験的過去のほうが非常にリアルで強烈な議論になっているものだから、歴史的過去との接続がうまくいっているとはぼくには思えなかった。そこのところがぼくが物語り論を展開するひとつのきっかけにはなっているんです。

野矢　ぼくも「過去の制作」は過渡的という印象をもっていて、「過去の意味は想起という体験が与える」というのは中期の思考圏の中でのテーゼですよね。そのときには想起というのはあくまで体験として、過去に体験したことを再び体験するということで、自分の経験の中から過去を理解し捉えるということですね。ところがそのひとつの論文の中で、想起というのはむしろ言語的なんだ、と言いだしてきて、けっきょく、のちの「語り存在」というのにつながっていくような論点があそこで出てくる。同じ論文の中で、中期のことを確認しながら、新しいものがモコモコモコモコと出てきているような不思議な論文という感じがしているんです。その後でもっと一貫性をもった形で「殺人の制作」という論文がありますが、そちらのほうがもっと語り存在にウェイトをかけた叙述をしている。もし語り存在というアイデアを出してきて、過去についてわれわれが語り合うことが過去形命題の意味を与えるんだということになるんだったら、想起にこだわる必要はまったくなくって、野家さんがやっているような物語り論でずうっとやっちゃってよいと思うんです。

丹治 それはぼくもまったく同じ感想をもっていて、想起の話が、突然、想起というのが言語的なんだ、と言うんですね。ほんとうかいな、という感じがするわけですね。そして想起と関係ないところに語りというのが出てくる。最初から、想起のないところとのつながりを考えてああいう話をされたのか？　つまり、想起というのが言語的だとはぼくには思えないんですよ。そのへん皆さんはどう考えたのか。

野家 そのへん、大森さんは、想起の際に現われるイメージは挿絵だ、と言っていますね。想起の本質は言語的で、一緒に現われるイメージは挿絵だと説明するわけです。ただ、実際、われわれは、人の顔が思い浮かんでも名前が分からない、ということはしばしばある（笑い）。

そのうえで大森さんを多少弁護すれば、想起された腹痛は痛くも痒くもない。現在の腹痛ならば「痛い！」と叫んでお腹を押さえれば伝わる。しかし、想起されたのが頭痛でも歯痛でもなく腹痛であることを確認し、分節化するためにはどうしても言葉に頼らざるをえない。

丹治　たしかにあそこで強調されるのは、想起というのは過去の経験の再現ではない、痛かったことを思い出しても全然痛くない、これはまったく正しいと思うんです。例えば、自分が昨日これこれしたということを思い出してみる。自分が出勤して、正門を入ったということを思い出してみる。その思い出す中に、自分の姿が現われる。だけど自分が経験したことの中に自分の姿なんか現われっこないわけで、そういう意味でも再現ではないし、痛くないという意味でも再現ではない。これは確かだと思うんだけれど、再現ではない、だから言語的なんだ、そういうのは唐突な感じがする。

野家　たしかにおっしゃるとおり、大森さんの出発点は、想起というのを知覚のコピーととらえる実物と写しの二元論的な剥離というか、それに対する批判から出発するんだけれど、だんだんと言語的な契機が強まってくる。そこのところをどう考えるか、あるいは大森さんの論証がはたして妥当なのかという問題は残ると思います。ただ、ぼく自身の「物語り論」の関心から言えば、「語り存在」の方向へもってゆくためには、どうしても言語的契機が必要になる。想起が非言語的イメージである限り、それは「夢」と同じくプライベートで他者と共有できない。過去の共同化、公認の過去を制作するためにも大森さんは「語り」を必要としたのではないかと思います。

野矢　非言語的な思い出しがあるのは明らかなことでしょう。例えば、コンサートを思い出しても、それはほとんど非言語的な記憶。でも、だいじなことは、非言語的な思い出しというのは、それ自体としては志向性をもたないということだと思うんですよ。そこには過去性の特徴というものがいっさいない。昔は大森さんは消印というような言い方をしていましたが。

丹治　ぼくはそれでよかったと思っていた。

野矢　いやいや、例えばコンサートの音楽を再現しても、それ自体には昨日の夜のことという ような特徴はまったくなくて、過去に対する志向性をもつのは、われわれが過去形で語り合うことにあると思う。

丹治　そうかなあ。

野矢　その点は、野家さんもたぶん賛成してくれると思うんだけれど。大森さんもそういう意味で、過去の本質を語りに見たんじゃないか。でも、非言語的な思い出しがあるのは明らかなことだと思う。

丹治　例えば昔の東京駅を思い出すとき、それは実物の東京駅そのものじゃなくちゃいけない、写しじゃダメだ、というとき、それは写しが生じただけでは、東京駅まで届かないからだ。それと同じに、昨日のコンサートだというときに実物が立ち現われているんだ、ということはいいと思うんです。でも、実物が立ち現われているということから言語にはすぐにはいかないだろう。実物が立ち現われているということで、野矢さんがいま言われた志向性というのはすむんじゃないか、と。

野矢　なるほど。……いや、もう少し考えてみたいという気持ちになりました。

野家　昨日のコンサートはタイプとして立ち現

われているのか、それともトークンなのか。

丹治　それはトークンでしょう。

野家　そうするとそのトークンのなかに過去性がもう含まれている。

丹治　そうそう。昨日のコンサートとして立ち現われている。

野家　だからそれは三日前や一年前のコンサートとは異なっているわけですね。問題はそれが、画像的イメージの中に刻印されているか、ということですね。大森さんが「挿絵」と言ったときには、その刻印のないタイプとしての画像を考えていたんじゃないでしょうか。

丹治　だから「像」じゃあダメなんです。

野矢　単純な話、絵では過去形は描けない。

丹治　うん、それはまったくそうだと思う。絵は像だから、だから像はダメなんで、実物なんだ。

野家　そうすると、非言語的な想起というのは何を思い出していることになりますか？

丹治　実物がじかに立ち現われる。

飯田　過去の場合、なんで言語が突然出てくるのか。知覚の場合、言語はどういう役割を果たしていたのか、ということがあまりよく分からない。もしも、知覚の場面でも言語が本質的な働きをしているのだとすれば、過去の場面でも言語が出てきて語り存在みたいなことを言うのは不思議はないんだけれど、知覚の場面での言語の働きがよく分からないから。

丹治　大森さんも語っていない。

飯田　中期の知覚の話をある視角で想起の話に発展させていったときに、晩年のこの話と違う話というのが可能性としてあったんじゃないかと、私はよく思うんです。例えば、大森さんが中期でよく強調しているのは、われわれの知覚風景というのは四次元構造をもっていて、空間的に遠ければ時間的にも遠いんだ、という話をするわけでしょう。これはすごく面白い話だと思うんだよね。もうすでに、知覚のなかで過去にまで到達している。それともそれはすべて現在なんだろうか？　そうだとすると、きっとものすごく広がりのある現在だよね。何万光年という。そういうときはまた、ぜんぜん別の話になるけどね。

野矢　想起というのは、大森さんの基本的なアイデアとしては、フッサールの「射映」みたいなもので、知覚において同一の物がさまざまなアングルにおいてさまざまな見え姿で——さまざまな空間的射映として——現われてくる。それと同じに、時間的な射映として想起を考えて、過去のできごとがさまざまな時点においてさまざまな射映として現われてくる、ということだと思う。

飯田　そうするとそれはべつに言語的である必要はないよね。

野矢　うん、その考え方だと言語的である必要はなくて、大森さんはそういう議論をしているときに、「離隔の事実」という言い方をしていて、空間的に離隔であり、時間的にも離隔……

飯田　見えるものは離れている、という話ね。

野矢　その路線で突っ走るやり方もあったかもしれない。

野家　ただ、その路線で突っ走ると、何万光年も離れた星の観察は何万年前の過去の星を見ていることになる。そうすると目の前の知覚でも、一メートル離れていれば、何ナノ秒過去の例えばペットボトルを見ていることになる。すべての立ち現われは過去だと言わねばならない。それはいささかグロテスクだと思いますね。

丹治　それでなんか困ることとあるの？

野矢　それは、自然科学的な時間というのを知覚のところにもち込むからでしょう。大森さんが言っている、いまなになにしている最中である、という茫漠とした「いま」であれば、いま目撃しているものは当然「いま」、このあたりだったらすべて「いま」目撃しているということになるわけですよ。しかし、面白いなあ、「大森哲学の魅力を語る」じゃなくって、こういう話になっていくというのは。やっぱり哲学の話になっちゃう。いかにも大森的というか（笑い）。

「額に汗して考える」人

野矢　大森哲学についてという話に戻りますが、大森さんは、自分の理解の元手というものをちゃんと見定めていて、それらを元手にしてどうやってこれを理解するかという、出発点と課題が非常にクリアだったから、時期によって議論は変わっていっても、そこらへんがぶれないんですね。だからこそ、なるほど体系志向型ではなくて問題志向型ではあるけれども、たんにさまざまな問題が並列しているのではなくて、一種、体系的な様相を呈してきたのだと思うのですが。

野家　一九五七年に「類比による想像」という論文を書いていて、あそこでこれからやるべき課題を列挙しているんですよね。俗に作家は処女作に帰るというけれども、大森さんは出発点で掲げた課題を手離さず、一生をかけて解決に腐心しましたね。これは後期の三部作を見るとよく分かります。範とすべき哲学的精神だと思います。

野矢　それ、ぼくも言及したことがあります。「大森哲学の源流」という言い方で。

野家　その論文で、自分が解決すべき課題を、知覚の問題、構成概念の問題、他我の問題、過去の問題、というふうにあげている。それからはもう、一貫して、手を替え、品を替えては亡くなるまで追究しつづけましたね。とくに他我の問題なんかは、振る舞い集合のパターン説から、虚想から、アニミズムから、ホーリズムから、いろいろなアイディアを繰り出しては、あでもないこうでもないと挑戦しつづけました。驚くべき執念と持続力です。

野矢　最初は道具立てが少ないだけ、そこで理解できないもの、課題は多いわけですよ。道具立てが豊かになってくると、取り込めるものも多くなってくるから、残された課題っていうのはだんだん少なくなってくる。で、時間とか他我問題が最後まで残った。

丹治　うーん。ちょっといまのは。ほかの問題は解決がついたと本人が思っていたかどうかなんだよね。これでもう大丈夫だ、こうなんだ、と書いているけれど、内心は。

飯田　その時の解決はまた別のものに変わるかもしれないとはつねに思っていたんじゃないか。

野家　後期になると、「〇〇問題、何とかの決着」とかそういうタイトルが増えてくる。ともかく、手持ちの時間が少ないということを自覚していたんだと思います。

丹治　そういうのを見て、ちょっと不安を感じるんです。後期になると、ちょっとけんかごしの文章になってくるのが気になる。

飯田　それだけ本気で解決したいということなんだよね。私なんかはけっこういいかげんだから、この程度のところまで見当つけばいいんじゃないの、というふうなんだけれど、それは大森さんはかなり本気だった。

丹治　あるいは残された時間ということがあった。

野家　たぶんそうですよね。おそらく自分の中でなんとか決着をつけてからこの世とおさらばしたいということはあったかもしれない。

丹治　そういう哲学に対する執念というのは、まったくかなわないという感じがする。

野家　まったく同感ですね。大森さんは絶えず「額に汗して考える」と言ってましたからね。

二〇一一年八月二〇日、平凡社会議室にて

大森荘蔵主要著作

『言語・知覚・世界』、岩波書店、1971年
『物と心』、東京大学出版会、1976年
『流れとよどみ——哲学断章』、産業図書、1981年
『新視覚新論』、東京大学出版会、1982年
『音を視る、時を聴く——哲学講義』（坂本龍一との対談）、朝日出版社、1982年／ちくま学芸文庫、2007年
『知識と学問の構造——知の構築とその呪縛』、旺文社、1983年／『知の構築とその呪縛』、ちくま学芸文庫、1994年
『思考と論理』（放送大学教材）、放送大学教育振興会、1986年
『時間と自我』、青土社、1992年
『時間と存在』、青土社、1994年
『哲学の饗宴——大森荘蔵座談集』、理想社、1994年
『時は流れず』、青土社、1996年

『大森荘蔵著作集』、岩波書店、1998-99年
第1巻　前期論文集Ⅰ
第2巻　前期論文集Ⅱ
第3巻　言語・知覚・世界
第4巻　物と心
第5巻　流れとよどみ
第6巻　新視覚新論
第7巻　知の構築とその呪縛
第8巻　時間と自我
第9巻　時は流れず
第10巻　音を視る、時を聴く

平凡社ライブラリー　748

大森《おおもり》 荘 蔵《しょうぞう》セレクション

発行日…………2011年11月10日　初版第1刷
2022年6月5日　初版第4刷

著者……………大森荘蔵

編者……………飯田隆・丹治信春・野家啓一・野矢茂樹

発行者…………下中美都

発行所…………株式会社平凡社
〒101-0051　東京都千代田区神田神保町3-29
電話　東京(03)3230-6579［編集］
東京(03)3230-6573［営業］
振替　00180-0-29639

印刷・製本 ……中央精版印刷株式会社

DTP…………エコーインテック株式会社＋平凡社制作

装幀……………中垣信夫

ISBN978-4-582-76748-3
NDC 分類番号121.6
B6変型判（16.0cm）　総ページ496

平凡社ホームページ　https://www.heibonsha.co.jp/

平凡社ライブラリー　既刊より

【思想・精神史】

市村弘正 編……………………藤田省三セレクション
杉田敦 編……………………丸山眞男セレクション
立松弘孝 編……………………フッサール・セレクション
マルティン・ハイデッガー……………形而上学入門
マルティン・ハイデッガー……………ニーチェⅠ・Ⅱ
G・W・F・ヘーゲル……………精神現象学 上・下
イマヌエル・カント……………純粋理性批判 上・中・下
渡邊二郎 編……………………ニーチェ・セレクション
N・マルコム……………………ウィトゲンシュタイン——天才哲学者の思い出
黒田 亘 編……………………ウィトゲンシュタイン・セレクション
S・トゥールミン ほか……………ウィトゲンシュタインのウィーン
丹治信春……………………クワイン——ホーリズムの哲学
廣松 渉……………………マルクスと歴史の現実
廣松 渉……………………青年マルクス論
熊野純彦 編……………………廣松渉哲学論集